예언서 강의

예언서 강의

| 이사야 – 말라기 |

2023년 1월에 개론서인 「구약성경, 책별로 만나다」(비아토르)를 출간하
게 되었습니다. 이어서 각 장르별로 좀 더 자세한 내용을 담은 「모세오
경 강의」(세미한), 「역사서 강의」(세미한), 「시가서 강의」(미션앤컬처)를 출간하
게 되었고 이번에 구약의 마지막 장르인 「예언서 강의」를 출간하게 되
었습니다. 이로써 구약 각 장르별로 출간을 마무리하게 되었습니다.

　예언서는 구약에서 가장 많은 성경 본문(17권)을 가지고 있음에도
불구하고 한국 교회에서 서자 취급을 받아왔습니다. 예수 그리스도와
신약 시대에 성취된 말씀을 중심으로 종종 인용되기는 하지만 예언서
를 자체적으로 설교하거나 공부하는 경우는 드뭅니다. 왜 한국 교회에
서 예언서가 이런 취급을 받고 있을까요? 하나님의 말씀을 가감하지 않
는 교회가 참 교회입니다. 이런 측면에서 그동안 한국 교회는 너무나 오
랜 시간 하나님의 말씀을 가감했습니다. 하나님께서 허락하신 66권의
생명의 양식 가운데 10권 미만의 본문만을 지나치게 편식하고 있습니
다. 그 편식의 결과가 오늘날 한국 교회의 기형적 성장을 만들어낸 원인
가운데 하나라고 할 수 있습니다. 그동안 한국 교회가 소홀하게 대했던
예언서와 다시 한 번 정직하게 대면함으로써 우리의 생각과 삶을 전환
시켜 낼 수 있기를 기대하는 마음을 담아 이 책을 세상에 내놓습니다.

　「예언서 강의」는 2022년에 1년 동안 진행된 '말씀과함께' 과정에서

예언서를 강의한 내용들을 풀어 정리한 것입니다. 이 책은 구어체로 쓰였기에 읽기에는 그리 어렵지 않을 것입니다. 강의 현장에 함께하고 있다는 마음으로 읽어주시면 좋을 것 같습니다. 이 책을 통해 예언서의 주요 내용들과 친숙해 짐으로써 하나님이 원하시는 하나님 나라 백성의 삶을 힘 있게 걸어갈 수 있는 영양분을 섭취하실 수 있기를 소망합니다.

「시가서 강의」에 이어 「예언서 강의」도 미션앤컬처에서 출간하게 된 것을 기쁘게 생각합니다. 미션앤컬처는 이웃 사랑이라는 신앙의 실천과 관련하여 그동안 신실한 사역을 감당해 왔습니다. 믿는 바를 삶으로 구현시켜 내는 일에 누구보다 수고하고 계신 이현걸 목사님과 귀한 동역을 할 수 있어서 참으로 기쁜 마음입니다.

인생의 시간만큼 사랑의 빚이 늘어나고 있음을 매일 깨닫습니다. 매일 밤마다 아들과의 통화 시간을 즐거워하시는 어머니와 신앙의 길벗 된 모든 분들에게 감사의 말씀을 전합니다. 예수 그분으로 인해 만났으니 우리의 만남을 통해 예수 그분의 뜻을 더욱 드러낼 수 있기를 소망합니다. 하나님의 임재와 부재가 혼재된 삶의 여정 속에서 말씀과 함께 걸어가는 삶의 기쁨이 더욱 가득하시기를 소망합니다.

2024년 6월 14일 양진일 목사

목 차

1강

서론 I

말씀과함께 | 예언서강의

서론 I

   세상이 말하는 예언과 성경이 말하는 예언의 차이를 이해하는 것이 중요합니다. 세상이 말하는 예언은 '미리 예'(豫)를 씁니다. 즉 미래에 일어날 일을 미리 말하는 것을 예언이라고 합니다. 그런데 성경이 말하는 예언은 '미리 예'가 아니라 '맡길 예'(預)를 씁니다. 즉 하나님께서 맡겨주신 말씀을 있는 그대로 선포하는 것을 예언이라고 합니다. 세상이 말하는 예언은 미래에 일어날 일을 미리 말하는 것으로 대표적인 것이 노스트라다무스 예언 같은 것입니다. 100년 후에, 200년 후에 이런 일이 있을 것이라고 미리 말하는 것을 예언이라고 합니다. 그런데 성경이 말하는 예언은 일차적으로 미래에 일어날 일을 말하는 것이 아니라 하나님께서 맡겨 주신 말씀을 있는 그대로 선포하는 것입니다. 하나님께서 맡겨 주신 말씀 가운데 일부가 미래에 일어날 일에 대한 내용입니다. 그러나 대부분의 예언은 그 말씀이 선포되는 당대에 일차적인 의미를 갖습니다. 정리하면 세상이 말하는 예언은 '미리 예'로 미래에 일어날 일을 미리 말하는 것이고 성경이 말하는 예언은 '맡길 예'로 하나님께서 맡겨주신 말씀을 있는 그대로 선포하는 것이라고 이해하시면 좋겠습니다.

예언의 중요한 특징 가운데 하나는 청중의 반응에 따라서 얼마든지 변경 가능한 말씀이라는 것입니다. 대부분의 신앙인들이 예언서를 읽는 것을 좋아하지 않습니다. 왜냐하면 대부분의 예언서가 심판을 경고하는 어두운 분위기가 강하기 때문입니다. 그럼에도 하나님께서 예언자를 보내신 이유와 목적이 무엇인가를 생각한다면 예언서에 대한 우리의 태도도 달라질 것입니다. 한번 생각해 보십시오. 하나님께서 예언자를 보내셔서 누군가에게 심판을 경고하실 때 예언자를 보내셔서 심판을 경고하시는 목적이 어디에 있습니까? 말씀하신 그 때에 심판이 임할 것을 미리 예고하는 것에 목적이 있는가요? 그렇지 않습니다. 하나님께서 예언자를 통해서 심판을 경고하실 때 청중들이 그 경고를 듣고 돌이키기를 기대하시는 것입니다. 청중들이 회개하면 하나님은 자신이 경고한 심판을 철회하십니다. 이것이 예언입니다. 다시 말해 청중이 어떤 반응을 보이냐에 따라서 얼마든지 변경 가능한 것이 예언입니다. 예언의 이러한 특징은 묵시와 비교가 됩니다. 예언이 청중의 반응에 따라 얼마든지 변경 가능한 것이라면 묵시는 청중의 반응과 상관없이 미리 결정되어 있는 것입니다. 예를 들면 요한계시록은 묵시입니다. 에스겔의 일부도 묵시입니다. 다니엘의 일부도 묵시입니다. 이 본문의 말씀들은 청중의 반응이 그리 중요하지 않습니다. 하나님이 계획하신 바가 때가 되면 이루어지는 것입니다. 그러나 예언은 청중의 반응에 따라서 얼마든지 변경 가능합니다. 청중의 반응에 따라서 변경 가능한 것이 예언이라면 묵시는 결정론적 시간표를 특징으로 한다는 것을 기억하시면 좋겠습니다.

성서학자들은 구약성경 이사야부터 말라기까지 17개의 본문을 예언서로 분류했습니다. 구약성경이 총 39권인데 그 가운데 17권이 예언서입니다. 성경에서 가장 많은 분량을 차지하는 책이 예언서입니다. 그런데 이렇게 많은 분량을 차지하고 있는 예언서에 대해 한국 교회는 거의 설교하지 않거나 주목하지 않습니다. 목사님들의 강해 설교집을 보면 마가복음 강해 설교, 요한복음 강해 설교, 사도행전 강해 설교는 많은데 이사야 강해 설교, 에스겔 강해 설교, 스가랴 강해 설교는 거의 없습니다. 성경에서 가장 많은 분량을 차지하고 있음에도 불구하고 가장 설교되지 않거나 공부하지 않는 성경이 예언서입니다.

한국 교회에서 예언서를 언제 볼까요? 예수님에 의해 성취된 구절들을 인용할 때 예언서를 봅니다. 예를 들면 동정녀 탄생을 말하는 이사야 7장 14절, 베들레헴 탄생을 말하는 미가 5장 2절, 나귀를 타고 입성하는 스가랴 9장 9절 등이 대표적입니다. 구약의 이러한 구절들을 살피면서 이 구절들이 예수님에 의해서 성취되었음을 강조하는 방식으로 예언서를 언급하는 것이 오늘날 일반적인 교회의 모습입니다. 구약은 약속, 신약은 성취의 도식을 강조하면서 예언서 말씀이 선포될 당시의 일차적 의미를 무시하는 경우들이 많은데 그 예가 이사야 7장 14절입니다.

그러므로 주께서 친히 징조를 너희에게 주실 것이라 보라 처녀가 잉태하여 아들을 낳을 것이요 그의 이름을 임마누엘이라 하리라.

한국 교회는 본문을 예수님께서 탄생하신 성탄절 예배에서 자주 인용합니다. 여기서 처녀가 잉태하여 아들을 낳는 것이 동정녀 탄생이고 그렇게 태어난 아이가 예수님임을 강조하면서 이사야의 예언이 700년 후에 멋지게 성취된 것을 놀라워하며 강조합니다. 이런 설명을 듣다 보면 저절로 할렐루야가 나옵니다. 700년 전에 예언자 이사야의 입으로 예언한 것을 700년 후에 그대로 성취시켜 내신 하나님의 능력에 대해 경배를 돌릴 수밖에 없습니다. 이것이 일반적으로 한국 교회가 예언서를 취급하는 방식입니다. 그런데 자세히 보십시오. 한국 교회는 이사야 7장 14절까지만 읽고 더 이상 읽지 않습니다. 다시 한 번 본문을 자세히 살펴보겠습니다. 먼저 14절에 '처녀'로 번역된 히브리어는 '하알마'로 아이를 낳을 수 있는 젊은 여인을 가리킵니다. 성서학자들은 이사야 7장에 젊은 여인을 이사야의 아내 또는 아하스 왕의 아내로 봅니다. 그리고 태어난 임마누엘을 이사야의 둘째 아들이나 아하스의 아들인 히스기야로 봅니다. 일반적으로 교인들이 가지고 있는 생각과는 조금 다르다는 것을 알 수 있습니다. 한글 성경에 '처녀'라고 번역된 단어는 히브리어로는 아이를 낳을 수 있는 '그 젊은 여인'인데 70인경 번역부터 처녀로 수정이 되었습니다. 그러나 진짜 중요한 것은 이것이 아닙니다. 처녀가 되었건, 아이를 낳을 수 있는 젊은 여인이 되었건 14절에는 어떤 여인이 아이를 낳는다고 합니다. 그리고 그 아이의 이름이 임마누엘이라고 합니다. 그런데 여기서 끝나는 것이 아니라 15절과 16절을 읽어야 합니다.

그가 악을 버리며 선을 택할 줄 알 때가 되면 엉긴 젖과 꿀을 먹을 것이라 대저 이 아이가 악을 버리며 선을 택할 줄 알기 전에 네가 미워하는 두 왕의 땅이 황폐하게 되리라.

이사야 7장에서 핵심 구절은 16절입니다. 7장은 북이스라엘과 아람이 힘을 합쳐서 남유다를 공격하는 상황에서 주어진 말씀입니다. 당시 남유다는 북이스라엘과 일대일로 싸워도 이기기에는 역부족이었습니다. 아람은 북이스라엘보다 더 강했습니다. 그런 아람과 북이스라엘이 힘을 합쳐서 남유다를 공격하고 있는 상황입니다. 그러니 남유다 백성들이 얼마나 두려움에 떨었겠습니까. 그때 하나님께서 내가 너희를 반드시 구원해주시겠다고 이사야를 통해서 말씀하신 것입니다. 누구에게 선포하셨습니까? 아하스 왕에게 선포하셨습니다. 그런데 아하스 왕은 믿지를 않았습니다. 아하스 왕이 믿지를 않으니까 하나님께서 징조를 하나 보여주겠다고 하십니다. 그것이 바로 아이를 낳을 수 있는 그 젊은 여인이 아이를 임신하고 출산한다는 것입니다. 그런데 중요한 것은 14절이 아니라 16절입니다. 태어난 그 아이가 악을 버리고 선을 택할 줄 알기 전에 남유다를 공격한 두 나라를 하나님께서 황폐하게 하시겠다는 것입니다. 일반적으로 아이가 태어나서 몇 세 정도가 되면 무엇이 옳은지 잘못 되었는지 판단할 수 있습니까? 보통 4~5세 정도 되면 말귀를 알아듣지 않습니까? "악을 버리며 선을 택할 줄 알기 전에"라는 말은 '그 아이가 4~5세 되기 전에' 라는 말입니다. 핵심이 무엇입니까? 네가 미워하는 두 왕의 땅이 황폐하게 될 것이라는 것입니다. 남유다를 공격하는 아람과 북이스라엘이 하나님의 심판을 받을 것이라는 것이 7장의 핵심 메시지입니다.

일차적으로 이사야 7장 14절은 700년 후에 일어날 예수 탄생을 예고하는 것이 목적이 아닙니다. 성경 예언의 중요한 특징이 뭐라고 했습니까? 성경 예언은 미래에 일어날 일을 말하는 것이 아니라 하나님이 맡겨주신 말씀을 있는 그대로 선포하는 것입니다. 그리고 하나님이 맡겨주신 예언의 말씀은 그 말씀이 선포되는 당대에 일차적인 의미를 갖습니다. 그렇지 않고 한국 교회가 해석하는 것처럼 이사야 7장을 해석해 보십시오. 북이스라엘과 아람이 남유다를 공격하는 것으로 인해 불안에 떨고 있는데 하나님이 이사야를 보내셔서 이렇게 위로하시는 것입니다. "걱정하지마, 너를 이 위기상황으로부터 구원해 줄 분이 곧 오셔." "그 구원자가 언제 오시나요? 700년 후에."

　　지금 당장 죽을 것 같은데 700년 후에 임마누엘 구원자가 나타난다고 한다면 그 말씀이 위로가 되겠습니까? 그런데 한국 교회는 구약 예언서의 말씀들을 대부분 이렇게 읽고 있습니다. 이 말씀이 700년 후에 이렇게 성취되는 것인데 그것을 700년 전에 미리 예언했으니 너무 놀랍지 않아. 그러면 700년 전에 그 말씀을 들었던 사람들에게 이 말씀은 과연 어떤 의미가 있는 것입니까? 한국 교회가 구약의 예언서를 이해하는 방식은 그 예언의 말씀을 당대에 들었던 사람들에게는 아무런 의미도 없는 것으로 해석하는 것입니다. 절대로 그렇지 않음을 알아야 합니다. 성경이 말하는 예언의 핵심은 하나님이 맡겨주신 말씀을 선포하는 것이고 성경 예언의 가장 중요한 특징은 예언의 말씀이 선포되는 당대에 일차적인 의미를 갖는다는 것입니다. 그 가운데 하나가 이사야 7장을 예로 말씀드린 것입니다. 한국 교회는 이사야 7장 14절을 읽고 예수님께로 점프합니다. 그러나 그래서는 안 됩니다. 아이가 태어나는 것이 중요한 것이 아니라 그 아이가 태어난 후 4~5년이 지나지 않아서 남유다를 공격했던 두 나라를 하나님이 심판하신다는 7장 16절이 핵심 구절입니다. 이사야 7장 14절의 말씀도 길어야 5년 안에 성취되는 말씀입니다.

한국 교회는 구약 예언서를 거의 읽지 않습니다. 종교 개혁자들이 지상에는 참 교회도 있고 거짓 교회도 있다고 하면서 참 교회와 거짓 교회를 구분할 수 있는 몇 가지 기준을 제시했습니다. 그 가운데 첫 번째 기준이 하나님의 말씀을 가감 없이 선포하는 교회는 참 교회이고 하나님의 말씀을 가감하는 교회는 거짓 교회라고 했습니다. 우리가 이단으로 규정하고 있는 집단은 대부분 하나님의 말씀에 무엇인가를 더한 교회입니다. 하나님의 말씀만으로는 부족하다고 생각해서 하나님의 말씀에 무엇인가를 덧붙인 곳이 이단입니다. 그런데 하나님의 말씀에 무엇인가를 덧붙이는 것도 위험하지만 하나님의 말씀에 무엇인가를 빼는 것도 위험합니다.

그런 의미에서 한국 교회가 하나님의 말씀을 가감 없이 선포하고 있는가를 잘 살펴야 합니다. 이렇게 착각하는 분들이 있습니다. "우리 교회 목사님은 설교할 때마다 십자가를 말씀하시고 구원을 말씀하시고 전도를 말씀하시고 성령을 말씀하시니까 우리 목사님 설교는 너무도 복음적이야." 절대로 그렇지 않습니다. 십자가와 부활만 전한다고 해서 복음적인 것이 아닙니다. 창세기부터 요한계시록까지 하나님께서 우리에게 성경 66권이라는 영의 양식을 주셨습니다. 그 영의 양식을 골고루 섭취하고 있는가를 잘 보셔야 합니다. 안타깝게도 한국 교회는 성경 66권의 영의 양식 가운데 10권 미만만 편식하고 있습니다. 여러분이 출석하는 교회의 10년 설교 목록을 한번 보십시오. 그리고 목사님들이 인도하는 성경공부 본문을 보십시오. 유다서를 설교하고 있습니까? 예언서를 설교하고 있습니까? 그렇지 않을 것입니다. 하나님이 주신 말씀 가운데 한국 교회가 얼마나 많은 말씀을 감하고 있는가를 잘 보셔야 합니다. 이것은 말씀을 더하는 것만큼이나 위험한 것입니다. 오늘날 한국 교회는 말씀과 관련해서 지나치게 편식하고 있습니다. 특히 예언서는 거의 설교하지 않습니다.

그렇다면 한국 교회에서 예언서가 왜 이렇게 홀대당하고 있을까요? 한국 교회가 가장 사랑하는 본문은 요한복음, 사도행전, 로마서, 갈라디아서 순서입니다. 요한복음은 헬레니즘의 이원론적 인식을 가진 사람들을 대상으로 쓴 복음서입니다. 사도행전은 전도를 강조하여 교회를 성장시키기 위한 가장 좋은 본문입니다. 로마서는 믿으면 구원받음을 강조하는 신앙인들에게 구원의 확신을 제공하는데 가장 탁월한 본문입니다. 이런 본문들이 한국 교회가 특별히 사랑하는 말씀들입니다. 그렇다면 한국 교회는 성경에서 가장 많은 부분을 차지하고 있는 예언서를 왜 설교하지 않을까요? 가장 중요한 이유는 한국 교회가 생각하는 좋은 신앙인의 기준과 예언서가 말하는 좋은 신앙인의 기준이 하늘과 땅만큼 다르기 때문입니다. 우리가 일반적으로 신앙인들을 바라보면서 "저분은 신앙이 참 좋다"거나 또는 "저분은 신앙이 왜 저럴까"라고 말할 때 무엇을 기준으로 신앙이 좋다 또는 나쁘다를 평가합니까?

한국 교회가 생각하는 좋은 신앙인의 기준은 먼저 예배에 잘 참석하고 기도를 많이 하고 성경을 많이 읽고 알아야 합니다. 무엇보다 교회에서 봉사를 많이 해야 합니다. 이런 것을 좋은 신앙인의 기준으로 생각합니다. 그런데 우리가 생각하는 좋은 신앙인의 기준은 성경 어디에 나옵니까? 성경 어디에도 나오지 않습니다. 그렇다면 이러한 기준은 누가 만든 것일까요? 분명히 말씀드리지만 저는 만들지 않았습니다. 그렇다면 여러분 가운데 이런 기준을 만드신 분이 계십니까? 아마도 없을 것입니다. 그렇다면 이 기준은 누가 만든 것일까요? 제가 생각할 때 목사님들이 만드셨을 것이고 목회자들에 의해 계속 강조되었을 것입니다. 왜 이런 추측이 가능하냐면 한국 교회가 생각하는 좋은 신앙인의 기준에 근거해 보면 교회 안에서 누가 가장 신앙이 좋은 사람으로 인정을 받을까요? 단연 목사님들입니다. 여러분 목사님들이 예배에 빠지는 것을 보신 적이 있습니까? 저도 목사지만 토요일 저녁까지 아무리 아파도 주일 오전만 되면 회복이 됩니다. 참 기적 같은 일입니다. 목사님들은 절대로 예배에 빠지면 안 됩니다. 목사는 성경 읽고 기도하고 교회를 위해 충성하라고 세움 받은 사람입니다. 목사만큼 어떻게 성경을 많이 읽습니까? 목사만큼 어떻게 기도를 많이 합니까? 목사만큼 어떻게 교회에 충성합니까? 목사들은 그런 수고를 한 것에 대해 사례라도 받지 않습니까? 저는 그런 의미에서 성도들의 헌신이 대단하다고 생각합니다.

성도들은 자신의 시간과 물질을 들여 충성합니다. 어떤 대가도 기대하지 않습니다. 그런데도 한국 교회가 말하는 좋은 신앙인의 기준은 모두가 교회 중심이고 종교 의식 중심입니다. 그래서 목사가 최고의 신앙인이 됩니다. 과연 하나님도 그렇게 평가하실까요? 예언서를 보면 우리가 하나님께 올려드리는 종교 의식보다 하나님께서 더 기대하시는 것이 있습니다. 바로 일상의 삶에서의 순종입니다. 종교 의식은 일상의 삶을 힘 있게 살아 갈 수 있도록 기름을 주유하는 것과 같습니다. 기름을 주유하는 그 자체는 자랑거리가 아닙니다. 기름을 주유했다면 세상에서 하나님의 백성으로 지치지 않고 타협하지 않고 힘차게 살아가야 합니다. 그것을 하나님께서 원하십니다. 그런데 일상의 순종은 없이 종교 의식에만 몰두하는 것을 하나님께서 과연 기뻐하실까요? 결코 그렇지 않습니다.

그런 의미에서 한국 교회는 예언서와 완전히 반대로 가고 있습니다. 예언서는 일상에서 순종 없는 종교 의식에 대한 과잉적인 헌신을 드러내는 것에 대해 문제를 제기합니다. 예언서를 읽다가 놀라운 사실을 하나 발견하게 되었습니다. 하나님께서 시대마다 예언자를 보내서 이스라엘을 책망하시는데 단 한 번도 종교 의식에 최선을 다하지 않는다는 이유로 이스라엘이 책망 받은 적이 없다는 것입니다. "너희가 요즘 예배를 잘 안 드리네, 기도를 열심히 하지 않네" 등 이런 이유로 이스라엘이 책망 받은 적은 한 번도 없습니다. 너무 놀라운 것은 이스라엘이 하나님께 책망 받을 때마다 지나치다 싶을 정도로 예배를 많이 드렸습니다. 찬양도 뜨거웠고 기도도 엄청 뜨거웠습니다. 그런데 하나님이 뭐라고 말씀하십니까? 너희의 기도와 찬양을 듣지 않으시겠다고 하셨습니다. 너희는 예배를 드린 것이 아니라 성전 마당만 밟았을 뿐이라고 하셨습니다. 이렇게 말씀하시는 이유가 무엇입니까? 일상에서의 순종의 부재 때문입니다.

그토록 많은 예배를 드리면 뭘 합니까? 정말 하나님이 원하시는 일상의 순종이 없는데요. 일상에서 순종 없이 드려지는 종교 의식은 하나님을 분노하게 만듭니다. 예배에서는 하나님의 백성으로 살아가겠노라고 다짐하고 결단하면서 예배가 끝나고 세상으로 들어가서는 하나님을 망각하며 세상의 주류 문화와 가치에 동화되어 살아가는 것은 매순간 하나님을 속이는 행위입니다. 그런데 우리는 반대로 생각합니다. 내가 일상의 삶에서 세상에 휘둘리며 하나님께 온전히 순종하지 못하더라도 주일 예배 한 번 잘 드리면 6일 간의 모든 죄를 하나님이 용서해 주실 것이라고 생각합니다. 도대체 성경 어디에 그런 말씀이 나옵니까? 절대로 그렇지 않습니다. 도리어 예언서를 보면 한국 교회가 강조하는 것과 완전히 반대의 주장을 합니다. 사실 목사님들은 예언서를 말하는 것 자체를 부담스러워 합니다. 하나님이 진정으로 원하시는 것은 종교 의식의 과잉이 아니라 일상의 삶에서 하나님의 백성다움을 드러내는 것입니다. 이것을 우리는 마음 속 깊이 새겨야 합니다.

코로나 팬데믹 이후 대면 예배를 드리면서 특별새벽기도회를 시작하는 교회들이 많습니다. 특별새벽기도회로 유명한 강남의 한 대형교회도 최근 특별새벽기도회를 진행했습니다. 기독교 언론에서는 그 교회의 특별새벽기도회에 대해 긍정적인 기사를 썼습니다. 이번 특별새벽기도회에 5만 명 가까운 교인들이 모였다는 것입니다. 어떻게 보면 추앙하는 근거가 옛날 방식 그대로입니다. 강대상에 올라가서 교인들이 수백 명 앉아 있고 뜨거운 기도와 찬양이 있으면 그 자체로 성령이 역사하신 것입니까? 진지하게 질문해 볼게요. 특별새벽기도회 기간에

5만 명이 참여해서 엄청난 성령의 역사를 경험했다고 하는데 그 결과로 존재가 새로워지고 이전의 삶에서 돌이켜 새로운 삶을 살아낸 사람에 대한 이야기를 들어보셨습니까? 특별새벽기도회에 참석한 판사가 정의로운 재판을 하고, 특별새벽기도회에 참석한 사업가가 정직한 사업가로 변화되고 세상 가치를 추종하던 교인들이 하나님의 사람으로 인식이 바뀌고 삶이 바뀐 이야기를 들어보셨습니까? 그런 삶의 변화가 없다면 5만 명이 모이고 그 자리에서 놀라운 종교적 체험을 한 것이 과연 어떤 의미가 있을까요?

제가 생각할 때 종교 의식의 심취는 마치 마약 주사를 맞는 것과 똑같습니다. 그것도 일종의 종교 의식 중독입니다. 뜨겁게 기도하고 열광적으로 찬양하면 마치 성령이 임한 것 같은 카타르시스를 느끼면서 자기 착각에 빠지게 됩니다. 진정한 성령의 임재는 우리 삶의 변화를 추동해 냅니다. 그것을 사도행전 2장이 잘 보여주고 있습니다. 종교 의식의 심취 자체가 하나님의 뜻과 무슨 상관이 있습니까. 한국 교회 상당수 목회자들이 팀 켈러 목사에 대해 공부합니다. 제가 교제하는 목사님도 팀 켈러에 대한 이야기를 자주 하십니다. 제가 단도직입적으로 "목사님, 그래서 팀 켈러가 목회하고 있는 그 교회 교인들이 어떤 존재의 변화, 삶의 변화를 일궈냈는데요?"라고 물어보니 그런 것까지는 잘 모르겠다고 하셨습니다. 저는 성경을 공부하는 사람으로서 어떤 목회자가 어떤 프로그램을 통해 그 교회 교인들이 몇 만 명이 되었다고 하는 것에 별 관심이 없습니다. 그러한 수적인 성장이 과연 하나님께 무슨 의미가 있습니까? 한 사람이라도 그 교회 공동체를 통해서 생각이 바뀌고 삶이 바뀌고 사람을 대하는 모습이 바뀌고 물질을 소비하는 모습이 바뀐 사례가 있다면 저는 그것이 의미 있는 신앙의 모습이라고 생각합니다.

강남의 한 대형교회에서 '정감 운동'을 펼쳤습니다. 정감 운동 기간 동안 교회는 메일을 보낼 때도 마지막에 '정직합시다, 감사합니다'라는 문구로 인사했다고 합니다. 저는 정감 운동을 하는 취지에 대해서는 지지하는 마음이 있지만 사실 별로 기대는 하지 않았습니다. 당시 그 교회 목회자들과 성도들이 정감 운동을 통해 더욱 정직해졌습니까? 하나님 앞에서 더욱 진실해졌습니까? 저는 그렇게 생각하지 않습니다. 교회 안에서만 하는 운동이 과연 어떤 의미가 있습니까? 저처럼 말하는 사람들이 예언자입니다. 이런 예언자가 한국 교회에 등장하게 되면 교인들이 좋아하겠습니까? 자기들은 나름대로 의미 부여를 하고 너무 좋다고 하는데 그것의 본질적인 문제들을 거론하면서 문제 제기를 한다면 그것을 좋아할 사람은 많지 않을 것입니다. 그래서 예언자들은 종교 의식에 심취한 사람들에게 늘 미움을 받습니다. 오늘날 예언자가 이 땅 교회에 출현하게 되면 대부분의 교인들은 예언자들을 비난할 것입니다. "저것도 목사야"라고 말할 것입니다. 교회 안에서 오래 길들여진 사람들은 종교 중독에서 헤어 나오지 못합니다. 그런 분들이 예언서를 읽을 때마다 얼마나 부담스럽겠습니까? 예언서는 신앙생활을 열심히 하면서 "나 정도면 괜찮은 신앙인 아닌가?"라고 자기만족에 빠져 있는 사람들을 매우 부담스럽게 만듭니다. 그런 차원에서 저는 성경 내용에 근거해서 좋은 신앙인의 기준을 재고해야 할 필요가 있다고 생각합니다. 오늘날 한국 사회에서 우리가 그동안 자랑해 왔던 모든 것들이 부메랑이 되어 지금 우리들을 공격해 오고 있습니다. 그 대표적인 것이 예배무용론과 설교무용론입니다.

예를 들면 지금까지 예배를 수천 번 이상 드린 사람과 예배를 한 번도 드리지 않은 사람이 있다고 가정해 보십시오. 그런데 두 사람의 세계관이 다르지 않고 사람을 대하는 자세가 다르지 않고 인생의 지향과 목표가 다르지 않고 선택의 기준이 다르지 않다면 그동안 한 사람이 드린 수천 번의 예배는 과연 그 존재에게 어떤 의미가 있는 것인가요? 하나님의 말씀을 몇 번이나 읽고 설교를 수천 번 들은 사람과 성경 구절을 한 번도 읽어보지 않은 사람이 세계관이 다르지 않고 인생을 살아가는 모습이 다르지 않다면 이것을 어떻게 받아들여야 할까요? 설교가 한 존재의 생각과 삶을 조금도 변화시켜 내지 못했다는 것을 증명하는 것 아닙니까? 이것이 바로 설교무용론입니다. 그리고 예배를 아무리 많이 드려도 존재가 바뀌지 않는다고 하는 것이 예배무용론입니다. 그동안 한국 교회는 "우리 교회는 매일 밤마다 기도회를 해, 저분은 새벽기도를 10년 동안 한 번도 안 빠진 분이야, 저분은 성경을 세 번이나 필사하신 분이야." 이런 것들을 자랑했습니다. 그런데 이것이 지금 우리에게 부메랑이 되어 우리를 공격하고 있습니다.

이것이 전형적인 예언서의 상황입니다. 그래서 우리가 예언서를 읽으면서 스스로에게 이런 질문을 할 필요가 있습니다. "정말 나는 하나님을 제대로 믿고 있는가? 혹시 내가 이론적으로는 하나님을 믿고 있지만 실천적인 무신론자로 살아가고 있는 것은 아닌가? 머리와 입으로는 하나님의 살아계심을 고백하면서도 일상의 삶 속에서는 하나님 없이 하나님을 망각한 채 살아가고 있는 것은 아닌가? 내가 하나님과 참 언약 관계 속에서 일상을 신실하게 살아가고 있는가? 하나님의 백성으로 살겠다고 세례를 받았는데 세례 받은 이후 내가 다짐하고 결단한 것처럼 하나님의 백성으로 살기 위해 분투하고 있는가?" 이런 질문이 오늘 우리에게 필요합니다. 그리고 일상의 삶 속에서 하나님의 백성다운 모습이 무엇인지를 고민하면서 이원론적인 신앙을 타파하고 신앙의 일상성을 회복하는 것이 무엇보다 중요합니다. 이런 것들 하나하나를 예언서를 통해 잘 살펴봐야 합니다.

그러면 왜 우리의 순종이 중요할까요? 하나는 하나님의 말씀에 순종함으로써 하나님께 속한 하나님의 백성임을 스스로 증명해야 하기 때문입니다. 결국 각자가 순종하며 살아가는 그 삶을 통해 자신이 무엇을 주인으로 섬기고 있는지를 알 수 있습니다. 다른 하나는 우리의 순종은 그 자체가 이웃 사랑의 행위가 된다는 사실입니다. 우리가 하나님께 제대로 순종하지 않게 되면 결국은 그 피해를 사회적 약자들이 떠안게 됩니다. 하나님께서 주인들에게 지키라고 명령하신 안식일법을 제대로 지키지 않게 되면 종들이 그 피해를 입게 되는 것입니다. 안식년 법을 준수하지 않게 되면 종들과 땅이 피해를 입게 되는 것입니다. 우리가 진실하지 않고 정직하지 않으면 우리로 인해 누군가는 피해를 입을 수밖에 없습니다. 그리고 그 피해를 입는 사람들은 대부분 사회적 약자들이 될 가능성이 높습니다.

저는 5층짜리 빌라에 살고 있습니다. 저희 집은 501호이고 아래 층 402호에는 할머니 혼자서 살고 있습니다. 할머니는 일이 있을 때마다 저에게 전화를 합니다. 전구가 고장 나도 보일러가 고장 나도 전화합니다. 가끔은 말벗도 해드립니다. 할머니도 교회를 다니는데 제가 목사인지는 모릅니다. 목사라고 말씀드리지 않았습니다. 저는 빌라에서 인사하는 유일한 사람입니다. 빌라로 이사 와서 보니까 주민들끼리 인사하지 않더라고요. 저는 주민들을 볼 때마다 인사했습니다. 그랬더니 저를 만나는 분들도 인사하게 되었습니다. 빌라 앞에 지저분한 쓰레기가 있으면 제가 열심히 치웁니다. 저는 이웃과의 관계에서 선한 이웃으로 살아가는 것이 일상에서 하나님 나라 백성 됨의 모습이라고 생각합니다. 그런데 오늘날 많은 신앙인들이 현관문에는 무슨 교회를 다닌다는 교패는 붙여있는데 이웃에게 냉담하고 집 앞에 지저분한 것이 있어도 치우지도 않고 공동체의 문제 앞에서 무관심할 때가 너무 많습니다. 이럴 때는 제발 어느 교회 다닌다고 교패나 붙이지 않았으면 좋겠습니다. 차라리 교패를 붙이지 말고 선한 이웃으로 살아가다가 이사하는 날 "저 사실 교회 다니는 사람입니다, 무슨 교회 다니는 집사입니다"라고 한마디 하는 것이 더 좋습니다. 우리가 신앙의 승부를 걸어야 할 곳은 세상입니다. 그런데도 한국 교회는 종교 의식만 너무 강조합니다. 시간 날 때마다 교회 나오라는 교회는 절대로 좋은 교회가 아닙니다. 목사님들도 교인들이 일상의 삶에서 신앙인답게 살아갈 수 있는 길을 모색하고 그것을 지지해주어야 합니다.

예언서에서 우리가 주목해야 할 다른 하나는 선택과 계약이라고 하는 것은 남용되어야 될 특권이 아니라 오히려 높은 윤리와 고상한 삶으로 감당해야 할 책임이라는 사실입니다. 이스라엘은 자신들이 하나님의 언약 백성이라는 것을 믿고 하나님의 심판에 대해 두려워하지 않았습니다. 오늘날도 목사님들 가운데 이렇게 말씀하시는 분들이 있습니다. "하나님이 우리를 얼마나 사랑하시는데 우리가 무엇을 좀 잘 못했다고 해서 그의 백성 된 우리들을 심판하시겠어?" 구약의 이스라엘 백성들도 이런 생각에 빠져 있다가 하나님의 심판을 받게 되었습니다. 이스라엘은 하나님의 언약 백성이라는 것을 무슨 면책 특권처럼 생각했습니다. 그러나 하나님의 언약 백성이라는 것은 더 높은 윤리와 고상한 삶으로 살아야 될 책임을 말하는 것입니다. 하나님의 백성이기 때문에 더 고상하게, 더 윤리적으로, 더 진실하게 살아가야 하는 것입니다. "나는 하나님의 백성이기 때문에 세례 받았기 때문에 구원 받을 것이고 절대로 하나님의 심판을 받지 않을 거야"라고 생각하며 자신만만하면서 엉망진창으로 살아서는 안 됩니다. 이것은 너무나도 큰 착각입니다. 안타깝게도 이스라엘 백성들이 그런 착각에 빠졌습니다. 이스라엘은 하나님께 순종함으로써 이스라엘이 되는 것입니다. 하나님과의 언약을 체결했다고 해서 이스라엘의 정체성이 유지되는 것이 절대 아닙니다. 이스라엘의 참 정체성은 말씀 순종의 삶을 통해 드러납니다. 말씀 순종이 이스라엘의 증표가 되는 것입니다. 율법을 준수하고 십계명을 준수하고 안식년과 희년을 준수하고 하나님께 순종함을 통해서 이스라엘은 하나님의 백성임을 드러내야 합니다.

저는 한국 교회 초기 전통 가운데 오늘날 교회가 계승했으면 하는 것이 하나 있는데 신앙 토론회입니다. 한국 교회는 초기에 사경회를 많이 열었습니다. 사경회는 말 그대로 성경을 집중적으로 공부하는 모임입니다. 그런데 초대 교인들은 말씀을 공부만 하지 않았습니다. 말씀 공부를 통해 하나님의 뜻을 깨닫게 된 이후에는 하나님의 뜻을 구체적인 일상 속에서 어떻게 실천하며 살 수 있을지에 대해서 진지한 고민을 했습니다. 그것이 신앙 토론회였습니다. 예를 들면 황해도 감바위교회는 '하나님이 원하시는 남편과 아내의 관계는 어떤 모습일까'에 대해 신앙 토론회를 열었습니다. 교인들은 그동안 말씀 공부를 통해 하나님의 뜻을 깨닫게 되었고 토론을 통해 자신들이 실천해야 할 구체적인 두 가지 사항을 결정하게 되었습니다. 첫째는 하나님의 말씀을 배워보니 하나님께서는 남편과 아내가 상호존대하기 원하신다고 결론 내리고 그렇게 하기로 결정했고, 둘째는 말씀을 배워보니 하나님은 남편과 아내가 식사할 때 겸상하길 원하신다고 결론 내리고 그렇게 하기로 결정했습니다. 그리고 토론회에 참석한 교인들이 이것을 지키기로 함께 약속했습니다. 우리 신앙의 선조들은 하나님의 말씀을 배우는 일에도 열심을 다했지만 무엇보다 자신들이 깨닫게 된 하나님의 말씀을 구체적인 일상에서 살아내고자 애썼다는 사실에 큰 감동을 받습니다.

그렇다면 초대 교인들이 어떻게 이런 결정을 하게 되었을까요? 조선 사회에서 남자들은 대부분 여자들을 하대하고 여자들은 남자들을 존대했습니다. 그리고 식사할 때 할아버지, 아버지, 아들 모두 독상인데 여인들은 어디에서 밥을 먹는지에 대해 누구하나 관심을 갖지 않았습니다. 철저하게 가부장적인 사회였고 이것이 오랜 시간 굳어진 것이 조선의 질서였고 문화였습니다. 그런데 교인들은 자기 인생의 주인을 바꾼 사람입니다. 그들은 하나님만을 자기 인생의 주인으로 고백했습니다. 그리고 자기 인생의 주인 되신 하나님께서는 자신들이 그러한 삶을 지속하며 살아가는 것을 원하지 않으신다는 것을 깨닫게 되었습니다. 그래서 하나님이 원하시는 바대로 자신들의 삶을 전환시켰습니다. 우리 신앙의 선조들은 자신들이 하나님의 백성이라는 것을 일요일에 성경과 찬송가를 들고 예배당에 가서 예배드리는 것으로만 증거 하지 않았습니다. 일상의 삶에서 아내를 존대하고 겸상하는 모습을 통해서 자신이 하나님께 속한 하나님의 백성임을 증거 했습니다. 저는 이런 신앙의 자세가 너무 중요하다고 생각합니다. 이와 마찬가지로 오늘날에도 우리는 일상의 삶에서 어떻게 하나님의 백성 됨을 드러낼 수 있을 것인가에 대해서 진지한 고민을 해야 합니다. 일상에서 구현되는 신앙의 삶이 없다면 우리가 행하고 있는 종교 의식은 그 자체로는 별 의미가 없음을 기억하셔야 합니다.

서론 II

말씀과함께 | 예언서강의

서론 II

    구약에서 많은 예언자들을 만나게 되는데 크게 두 부류로 나눌 수 있습니다. 참 예언자와 거짓 예언자입니다. 참 예언자는 자신들을 예언자로 불러주신 하나님의 뜻에 근거하여 사역하는 사람들입니다. 다시 말해 파송자 중심의 사역을 하는 사람들입니다. 반대로 거짓 예언자들은 소비자 중심, 곧 고객 중심의 사역을 하는 사람들입니다. 참 예언자들은 창세기 2장 18절에 나와 있는 돕는 배필의 역할을 잘 감당하는 사람들입니다. 돕는 배필의 첫 번째 역할이 무엇입니까? 반대하여 돕는 것입니다. 이스라엘 백성들이 하나님의 뜻에 어긋난 삶을 살아갈 때마다 이러면 안 된다고 책망하고 올바른 길로 인도하는 역할을 감당한 사람들이 참 예언자입니다.

    에스겔 3장 17~19절을 보면 파수꾼에 대한 이야기가 나옵니다. 하나님께서 악인들의 죄를 질타하라고 하셨는데 만약 파수꾼이 질타하지 않고 그 상태에서 악인이 죄 된 삶을 돌이키지 않고 죽게 되었을 때 하나님께서는 그 악인의 죄에 대한 책임을 악인들의 죄를 질타하지 않았던 파수꾼에게 묻겠다고 하십니다. 사실 한국 교회는 개인 윤리를 많이 강조하는 편입니다. "네가 하나님을 제대로 믿었냐? 네가 정직하고 진실하게 살아왔냐?"라는 식의 질문을 많이 합니다. 그런데 에스겔 3장과 33장에 나오는 파수꾼의 이야기는 내가 윤리 도덕적으로 아무리 선한 삶을 살았다 하더라도 악인들의 죄를 깨우치지 않았다면 그것이 치명적인 죄가 될 수 있음을 알려주고 있습니다. 여기서 악인은 정치 사회적인 악인만 말하는 것이 아닙니다. 교회 공동체 안에서도 하나님의 뜻을 우습게 생각하는 사람들이 있을 수 있습니다. 그들이 무엇을 잘못하고 있는지를 알고 있음에도 불구하고 내가 침묵하거나 방관하면 그들의 죄에 대한 책임을 하나님께서는 우리에게 되묻겠다고 하십니다. 이런 의미에서 파수꾼의 이야기는 한국 교회가 일반적으로 강조하고 있는 개인 윤리를 뛰어넘는 것입니다. 우리가 공동체 문제라든가 국가적인 사안에 대해서 관심을 가져야 하는 중요한 이유가 파수꾼 이야기 때문입니다. 구약에 나오는 참 예언자들은 창세기 2장 18절에 나오는 반대하며 돕는 배필의 역할을 신실하게 감당한 자들이고 공동체를 아프고 병들게 만들었던 악인의 죄에 대해서 질타할 줄 알았던 파수꾼의 역할을 신실하게 감당했던 자들입니다.

성경이 말하는 참 예언자들은 성경책에서는 승리하고 역사에서도 옳은 사람으로 인정을 받았지만 예언자가 활동했던 당대에는 배척당하고 버림받고 고난 받은 자들이었음을 기억해야 합니다. 그러면 성경

책에서 승리했다는 것이 무슨 말입니까? 지금 우리가 가지고 있는 성경에는 참 예언자들이 기술한 하나님의 말씀과 그들이 활동했던 내용들이 기록되어 있습니다. 이사야, 예레미야, 에스겔, 호세아가 그러한 책들입니다. 그러나 예언자들이 활동했던 당대에는 하나님이 보내신 예언자로 인정받지 못했습니다. 그러면 언제 참 예언자로 인정받게 되었을까요? 그들이 경고한 것처럼 이스라엘이 하나님의 심판을 받게 된 이후에 참 예언자로 인정받게 되었습니다. 예언자가 죽은 다음에 역사에서 승리한 것이고 성경책에서 승리한 것입니다. 그들이 사역했을 당시에는 마치 거짓 예언자인 것처럼 사람들에게 끊임없이 핍박당하고 버림받고 무시당하고 죽임 당했습니다. 안타깝게도 참 예언자들은 직업적인 거짓 예언자들에게 밀려났습니다.

2007년 1월에 개최된 한국복음주의협의회 월례회에서 옥한흠 목사님께서 목회자들이 모인 자리에서 이런 말씀을 하셨습니다. "목사님들 정말 하나님의 말씀을 제대로 설교하고 있습니까? 뭐 좀 설교하려고 하면 여기 앉아 있는 김 장로 때문에 못하고, 뭐 좀 설교하려고 하면 저기 앉아 있는 이 권사 때문에 못하고, 뭐 좀 설교하려고 하면 저기 있는 박 집사 때문에 못하고, 그래서 이것 빼고 저것 빼고 결국 교인들이 듣기 원하는 메시지만 선포하고 있는 것은 아닙니까?" 교인들의 헌금으로 생계를 유지해야 하는 한국 교회 목회자들의 가장 큰 딜레마가 여기에 있습니다. 성경에 근거했을 때 죄 된 행동에 대해서조차 교인들에게 그것이 죄라고 담대하게 선포하지 못합니다. 우리나라에서 내로라하는 유명 목회자 가운데 투기가 죄라고 담대하게 설교하는 목사님들이 몇 분이나 계십니까? 그런 설교를 못합니다. 자기 교회에 있는 김 장로도 집이 열 채이고 이 권사도 집이 열 채인데 어떻게 그런 설교를 할 수 있습니까? 대부분은 그런 설교를 못합니다. 그냥 교인들이 듣고 싶어 하는 것, 듣기 원하는 것을 중심으로 메시지를 선포합니다.

이렇게 보면 직업적 목회자들 가운데 과연 얼마나 천국에 들어갈 수 있을지 참으로 두렵습니다. 사실 저도 불안합니다. 하나님보다 자기 생계를 우선하게 되면 결국은 청중과 타협하게 됩니다. 그들에게 서비스를 제공하는 것을 목회라고 착각합니다. 참으로 안타까운 일입니다. 그런데 성경에서도 참 예언자들은 항상 직업적 예언자들에게 밀렸습니다. 그 이유가 무엇입니까? 청중들이 참 예언자들의 메시지를 좋아하지 않기 때문입니다. 끊임없이 죄를 질타하고 회개를 촉구하는 참 예언자를 좋아할 사람이 얼마나 있겠습니까. 참 예언자들이 자신을 예언자로 세우신 하나님 중심, 파송자 중심의 사역을 했다면 거짓 예언자들은 고객 중심, 소비자 중심의 예언 활동을 한 사람들입니다. 여기서 소비자 중심이란 말은 교인들이 듣고 싶어 하고 원하는 것 중심으로 메시지를 선포하고 사역했다는 것입니다.

이런 소비자 중심의 사역은 문화 기독교의 폐해라고 할 수 있습니다. 한국 교회는 미국 교회를 그대로 모방하고 있습니다. 그 이유는 우리나라 선교 초기에 오셨던 선교사들의 약 70%가 미국에서 왔기 때문입니다. 전 세계에서 미국 교회를 가장 모방하고 있는 곳이 한국 교회입니다. 미국 교회에서 10년 전에 유행했던 것들이 10년 후에 한국 교회에서 유행합니다. 미국에서 성장하는 교회를 그대로 벤치마킹하는 교회들도 많고 미국에서 유명한 목회자의 저서가 한국 교회에서 널리 읽히는 경우들도 많습니다.

  미국에서 2천명 이상 모이는 교회를 메가 처치라고 부릅니다. 우리 말로 하면 대형교회입니다. 이 메가 처치 안에서 중요한 특징을 발견 하게 되는데 그것을 문화 기독교라고 합니다. 문화 기독교의 핵심은 교인들의 필요에 신속하게 응답해준다는 것입니다. 예를 들면 교인들 이 앉는 의자가 너무 딱딱해서 허리가 아프다고 하면 극장식 의자로 바꿔줍니다. 엘리베이터나 에스컬레이터가 없어서 불편하다고 하면 곧바로 설치해줍니다. 주차장이 없어서 교회 오는 것이 힘들다고 하면 주차장을 만들어줍니다. 성경과 찬송가를 들고 오기 힘들다고 하면 스 크린을 설치해서 예배드릴 수 있도록 도와줍니다. 그래서 빈손으로 편 안하게 예배드릴 수 있도록 도와줍니다. 이처럼 교인들이 필요로 하는 것에 신속하게 응답해 줍니다. 교인들의 불만에 대해 신속하게 응답하 지 않을 경우 그 교인은 자신이 원하는 모든 것들이 구비된 교회로 옮 길 가능성이 아주 높습니다. 그래서 그 교인을 놓치지 않기 위해서는 신속 정확하게 응답해야 합니다. 저는 여기까지는 그럴 수 있다고 봅 니다.

  그런데 문화 기독교의 가장 큰 문제가 뭐냐면 교인들의 필요에는 민감하게 응답하면서 교인들이 부담스러워하는 것에 대해서는 성경 에 기록되어 있다고 하더라도 절대로 선포하지 않는다는 것입니다. 이 것이 문화 기독교의 폐해입니다. 우리나라에서 내로라하는 대형교회 목회자들 가운데 한국 사회의 중요한 문제들에 대해 언급하는 목사님들이 얼마나 계십니까? 예컨대 투기 문제라든가 사교육 문제라든가 학벌 숭배 문제에 대해 그런 것들을 추종하고 부추기는 교인들을 향해 과감하게 용기 내어 질타하는 목사님들이 과연 얼마나 됩니까? 목사님들이 말하는 죄에 대한 내용은 대부분 종교 행위와 관련된 것들입니다. 예를 들면 성경 안 읽는 것, 기도 열심히 안 하는 것, 예배에 참석하지 않은 것, 헌금 제대로 하지 않는 것, 교회 봉사하지 않는 것, 전도 하지 않는 것 등입니다. 이처럼 종교적인 행위에 열심을 내지 않는 것에 대해 질타를 많이 합니다. 하지만 한국 사회를 망가뜨리고 있는 이 시대의 중심 죄악에 교인들이 동참하고 있는 것에 대해서는 왜 강력하게 질타하지 않습니까? 저는 중대형교회 목사님들 가운데 한국 사회의 주요 문제에 대해 구별된 삶을 살아가자고 설교하는 목회자가 있다는 이야기를 거의 들어보지 못했습니다.

한국 교회에서 행해지고 있는 제자훈련이 정말 예수 제자를 키워내는 훈련이었다면 제자훈련을 수료한 분들이 투기를 끊어야 하지 않겠습니까? 학벌 숭배 문화에 더 이상 동참하지 말아야 하는 것 아닙니까? 이 시대를 지배하고 있는 주류 문화와 주류 가치에 대해 구별된 삶을 창조하고 살아내야 하는 것 아닙니까? 이런 신앙인들을 탄생시켜 내야 정말 제자훈련이라고 말할 수 있지 않겠습니까? 그런데 단답형 문제에 기계적으로 답을 쓰는 것이 무슨 제자훈련입니까? 그런 제자훈련으로는 절대로 예수 제자를 탄생시켜 내지 못합니다. 제자훈련을 시킨 목사의 제자를 만들 뿐입니다. 이것을 문화 기독교라고 합니다. 한마디로 거짓 예언자들의 전형적인 특징이 오늘날 미국 교회나 한국 교회에서 문화 기독교의 형태로 드러나고 있는 것입니다. 참 예언자들은 하나님의 영에 사로잡힌 하나님의 지상 대리자로 하나님 나라의 이익을 대표합니다. 국가 중심, 성전 중심의 이익을 추구하지 않음으로 인해서 지상 권력자들과 충돌하였습니다. 참 예언자들은 하나님의 뜻에 사로잡힌 사람들입니다. 그들은 교회가 잘못된 길을 걸어갈 때 하나님의 이름으로 교회를 질타했습니다. 그런데 사람들은 예언자에게 "예언자가 교회를 비판하면 안 되죠"라고 말합니다. 그러나 예언자는 하나님의 편에 선 사람이기 때문에 하나님께 등을 돌리고 있는 교회를 향해 해야 할 말을 올곧게 선포합니다.

우리가 기억해야 할 것은 하나님은 늘 옳지만 지상의 교회는 늘 옳지는 않다는 것입니다. 하나님과 지상 교회는 동일 인격체가 아닙니다. 하나님과 교회가 내딛는 걸음이 일치할 경우에는 당연히 교회를 위해 충성하고 교회를 지지해야 합니다. 그러나 하나님의 뜻과 교회가 내딛는 걸음이 다를 때는 하나님께 순종하기 위해서라도 분연히 교회의 잘못에 대해서 질타해야 합니다. 그런데 교회를 비판하게 되면 교회 중심적인 사람들은 비판하는 그 사람을 좋아하지 않습니다. 그의 충심을 제대로 보지 못하는 것입니다. 당장에는 듣기 싫은 말이더라도 예언자의 말을 경청할 때만 하나님의 백성들은 살 수 있습니다.

참 예언자들은 하나님의 눈과 마음으로 세상을 바라보면서 하나님의 심판을 경고한 자들입니다. 참 예언자들의 가장 중요한 특징은 하나님의 마음에 공감되었다는 것입니다. 이것을 '파토스'라고 합니다. 하나님께서 이스라엘 공동체를 바라보시면서 느끼시는 마음이 있지 않겠습니까. 그 하나님의 마음에 전적으로 공감된 자가 참 예언자입니다. 하나님께서는 하나님의 마음에 공감된 자를 예언자로 부르셔서 그에게 대언 사역을 맡기셨습니다. 참 예언자 중에 이스라엘 공동체의 죄를 질타하고 심판을 경고하면서 "내가 볼 때 지금의 이스라엘이 너무나 좋은데 왜 하나님은 이스라엘에 대해서 이렇게 저렇게 문제를 많이 제기하시고 심판을 경고하시지. 나는 동의하지 않지만 하나님이 선포하라고 하시니까 어쩔 수 없이 선포한다"는 이런 마음으로 사역한 예언자는 한 사람도 없습니다.

예언자가 이스라엘 공동체의 죄를 책망하고 심판을 경고할 때 그것은 하나님의 말씀임과 동시에 예언자의 생각입니다. 그만큼 이스라엘을 바라보시는 하나님의 시선과 마음에 예언자는 절대 공감하고 있던 것입니다. 오늘날도 마찬가지입니다. 하나님께서 한국 교회를 바라보시면서 느끼시는 마음이 있을 것입니다. 오늘 이 시대의 참 예언자들은 하나님께서 한국 교회를 바라보시면서 느끼시는 그 마음에 공감한 자들입니다. 따라서 예언자가 선포하는 메시지는 하나님의 말씀임과 동시에 예언자가 평소에 한국 교회를 바라보면서 느꼈던 안타까움, 슬픔, 분노들이 그 안에 담겨 있는 것이라고 봐야 합니다.

예언은 미래 예측이 아니라 말씀으로 시대를 분석하고 돌아가야 될 근본을 제시하는 사역입니다. 세상에서는 미래에 일어날 일을 미리 말하는 것을 예언이라고 하지만 성경이 말하는 예언은 하나님이 맡겨주신 말씀을 있는 그대로 선포하는 것입니다. 지금 이스라엘 공동체가 잘못되고 있다고 판단할 때 무엇을 통해 이것을 판단할 수 있습니까? 하나님의 말씀입니다. 이스라엘 공동체는 하나님의 말씀에 온전히 순종하는 백성이 되겠다고 다짐한 사람들의 모임입니다. 어디에서 다짐 했습니까? 시내산입니다. 시내산 언약에서 하나님께서 십계명과 율법을 주셨습니다. 예언자가 이스라엘의 현재를 판단할 때 잣대는 시내산 언약에서의 토라입니다. 토라에 근거해서 볼 때 지금 이스라엘 공동체의 모습이 하나님의 뜻하심과 너무나 멀리 떠나 있거나 이탈되어 있을 때 예언자들은 다시 하나님의 말씀인 토라로 돌아가야 한다고 외쳤습니다. 이것이 예언자가 외치는 메시지의 핵심이었습니다.

예언은 말씀에 근거한 당대의 시사평론이라고 할 수 있습니다. 당대의 정치, 경제, 사회, 문화, 종교, 환경, 가정, 사법, 언론 등 모든 영역에 대해서 하나님의 뜻에 근거해서 평가를 내리는 것입니다. 그런 의미에서 당대에 대한 시사평론이 예언입니다. '하나님은 이러한 모습을 원하셨는데 오늘 우리의 삶이 하나님의 원하심과 일치하는가 아니면 이탈되어 있는가?'를 하나님의 말씀에 근거해서 평가하는 것이 예언입니다. 예언자들은 당대의 중심 과제를 안고 씨름했던 사람들입니다. 그리고 당대에 대한 불만 지성인입니다. 대다수 예언자들은 사회 경제적으로 중산층 이상인 지식인이었습니다. 그들이 지식인임을 어떻게 알 수 있습니까? 그들은 글을 알고 있었습니다. 당시에 글을 읽거나 쓸 수 있는 사람은 전체 인구의 5% 많아야 10%였습니다. 그런데 이사야, 예레미야, 에스겔, 호세아, 아모스는 자신의 이름으로 예언서를 쓴 사람들입니다. 이는 그들이 글을 알고 있었다는 것입니다. 그들은 당대 최고의 지성인들이었습니다. 사실 예언자들은 이스라엘 공동체가 잘못된다고 하더라도 먹고 사는데 아무런 문제가 없는 사람들입니다. 세상 돌아가는 일에 대해 무감각하게 눈 감고 지내면 자신의 삶 하나

영위하는 데는 아무런 문제가 없는 사람들입니다.

　예언자들은 자기가 힘들고 어려워서 예언의 메시지를 선포한 것이 아니었습니다. 이스라엘의 죄악으로 말미암아 울부짖는 자들을 대신해서 소리친 사람이 예언자들이었습니다. 예언자들은 고통의 일차 피해자가 아니라 피해 받는 자들을 위해서 대신 소리쳤던 변호인들이라고 할 수 있습니다. 그들은 밑바닥 인생들을 옹호했던 사람들이고 그들을 도우려고 했던 사람들입니다. 무엇보다 예언자들은 시대의 중심 죄악을 규탄했습니다. 시대의 중심 죄악은 누구나 동참하고 있는 것이기 때문에 죄로 인식하지 못하는 경우가 많습니다. 시대의 중심 죄악은 공동체 전체의 하나 됨을 파괴하고 약자들을 더욱 깊은 수렁 속으로 몰아넣습니다. 예컨대 우리나라에 선교사들이 들어오기 전 조선 사회에서 첩을 두는 것을 죄라고 인식하지 않았습니다. 얼마나 많은 첩을 두고 있는가 하는 것이 남성에게는 능력의 상징처럼 인식되기도 했습니다. 유력 남성들은 부인이 있음에도 불구하고 첩을 하나 둘씩 두었습니다. 그러한 시대 가운데 그리스도교 신앙이 이 땅에 들어왔습니다. 교회는 부인이 살아있음에도 불구하고 첩을 두는 것을 죄로 규정했습니다. 그리고 하나님을 믿는 신앙인들만이라도 첩을 두지 말 것을 가르쳤습니다. 첩을 두는 것이 죄가 아닌 하나의 문화라고 인식되고 있던 조선 사회에서 교회는 하나님의 뜻에 근거하여 그것이 잘못된 행동임을 분명하게 가르쳤고 하나님의 백성이라면 그러한 죄 된 문화에 동참해서는 안 된다고 가르쳤습니다. 이것이 시대의 중심 죄악에 대한 저항이었습니다.

또 다른 예가 도박입니다. 당시 농한기에는 할 일이 없었습니다. 그래서 사람들이 아침 일찍부터 모여 도박을 하며 시간을 보냈는데 교회는 도박을 죄로 규정했습니다. 조선 사회에서는 특별한 문제의식을 갖지 않았지만 교회는 도박을 잘못된 행위로 규정했고 신앙인들이 그러한 행위에 동참하지 말 것을 가르쳤습니다. 시대의 중심 죄악은 너무나 많은 사람들이 동참함으로 사람들은 그것이 죄라는 생각을 거의 하지 않습니다. 소수가 하면 죄가 되는 것도 다수가 하면 문화가 됩니다. 사교육 조장 문화, 투기 문화 등이 여기에 속합니다. 그래서 악인들이 전도에 대한 열정이 굉장히 높습니다. 왜냐하면 나만 하면 죄가 되지만 여러 사람이 하면 문화가 되기 때문에 악인들이 더 열심히 사람들을 전도하여 자신들의 행위에 동참시키고자 합니다. 그렇게 공동체를 망가뜨리는 시대의 중심 죄악에 대해서 예언자들은 과감하게 책망한 것입니다.

예언자들은 국제 정세에 대해서도 매우 해박한 지식을 가지고 있었습니다. 이것을 어떻게 알 수 있냐면 예언자들은 열방의 죄에 대해서도 거침없이 규탄했습니다. 열방이 저지른 죄악에 대해 그 내용을 알지 못한다면 그것을 어떻게 책망할 수 있겠습니까. 당시 이스라엘 주변 국가들에서 일어나는 일에 대해 예언자들은 누구보다 촉각을 곤두세우고 예의주시했음을 알 수 있습니다. 칼 바르트는 "당신들이 참 신앙인이라면 한 손에는 성경을, 한 손에는 신문을 들어야 한다"고 했습니다. 예언자들은 바르트가 말한 참 신앙인의 전형적인 모습을 보여주었습니다. 예언자들은 세상 돌아가는 이야기들을 면밀하게 살피면서 오늘 누가 어떤 사람의 죄로 말미암아 피해를 입고 있는지, 울부짖고 있는지에 관심을 기울였습니다. 그래서 책망 받아야 될 사람들을 제대로 책망하고 도와야 될 사람들 편에서 그들과 함께했습니다.

아브라함 요수아 헤셸은 예언자를 가리켜 악에 대해 민감한 사람이라고 했습니다. 보통 사람들은 무덤덤하게 넘어가는 것조차도 예언자들은 그냥 넘어가지 않았습니다. 옳지 않은 일, 그로 인해 누군가가 상처 입고 아파하고 있다면 예언자들은 그것에 대해 문제를 제기하고 고치고자 했습니다. 보통 사람들은 그것을 문화라는 이름으로 용납하고 관행이라는 이름으로 수용하지만 예언자는 왜곡된 문화나 관행을 용납하지 않고 단호하게 문제 제기를 했습니다. 왜냐하면 그것으로 인해 누군가가 피해를 보고 있기 때문입니다. 피해를 보고 있는 누군가를 돕기 위해서 예언자는 악에 대해 매우 민감한 사람이 된 것입니다. 무엇보다 예언자는 하나님의 마음을 자신에게 이식한 사람입니다. 한 시대를 바라보는 하나님의 관점과 예언자의 관점이 일치될 수 있었던 이유는 예언자가 하나님의 마음을 자신에게 이식했기 때문입니다.

무엇보다도 예언자는 회개의 순간을 놓치지 말 것을 촉구한 사람입니다. 예언자의 선포는 아직 회개의 기회가 남아 있음을 드러내는 증거이기도 합니다. 예언자가 "당신들은 삼십 일 후에 하나님의 심판을 받게 될 거야"라고 경고했을 때 예언자는 무엇을 기대하는 것입니까? 자신의 심판 경고를 듣고서 사람들이 회개하기를 기대하는 것입니다. 하나님이 누군가를 예언자로 보내시고 심판을 경고하실 때 그때 하나님이 바라시는 것이 무엇입니까? 예언자가 선포한 것처럼 삼십 일 후에 심판을 내리시는 것이 하나님의 뜻입니까? 아닙니다. 예언자의 메시지를 듣고 사람들이 참회하고 돌이키기를 기대하는 것입니다. 예언자가 아무리 극단적인 심판의 경고를 한다고 하더라도 잊지 말아야 할 사실이 있습니다. 예언자의 메시지가 선포되는 것은 하나님께서는 여전히 우리가 돌이키기를 원하시며 우리에게 또 한 번의 회개할 수 있는 기회를 주신 것이라는 사실입니다. 그런 의미에서 예언자의 선포 자체가 은혜입니다. 회개의 기회가 남아 있음을 알려주는 은혜입니다. 예언은 묵시와는 다른 장르입니다. 청중의 반응 여하에 따라 얼마든지 변경 가능한 말씀이 예언입니다. 예언자를 통해 선포되는 심판의 경고를 듣고 마지막 회개의 때를 붙잡아야 합니다.

그런 의미에서 예언자는 심판의 전달자임과 동시에 구원의 전달자입니다. 우리가 회개로 초청받는 것 자체가 은혜입니다. 하나님으로부터 받게 되는 최고의 심판은 유기입니다. 유기가 무엇입니까? 멸망의 길을 향해 내달리는 그 순간에도 하나님께서 우리를 그냥 내버려 두시는 것입니다. 누군가가 죄 된 길을 걸어가고 있는 나를 향해 "그러면 안 돼"라고 깨우쳐 주고 돌이키기를 기대하는 것은 여전히 하나님이 나를 포기하지 않으시고 버리지 않으셨음을 알려주는 은혜의 사건입니다. 예언의 근본적인 목적은 인간과 하나님 사이의 화해입니다. 죄로 인해서 하나님과 우리의 관계가 깨졌는데 다시 하나님과 하나 될 것을 요청하는 것이 예언의 목적입니다. 에스겔 18장 23절을 보겠습니다.

주 여호와의 말씀이니라 내가 어찌 악인이 죽는 것을 조금인들 기뻐하랴 그가 돌이켜 그 길에서 떠나 사는 것을 어찌 기뻐하지 아니하겠느냐.

하나님의 관심은 죄인들이 죄에서 돌이키는 것에 있지 심판하는 것에 있지 않습니다. 하나님은 심판을 원하시는 분이 아닙니다. 노아의 홍수 사건만 하더라도 하나님께서는 죄악으로 충만한 사람들에게 120년간 회개하고 돌이킬 수 있는 시간을 허락하셨습니다. 하나님은 우리가 죄를 한번 범했다고 해서 바로 응징하시는 그런 분이 아닙니다. 이런 하나님의 모습을 성경은 뭐라고 말합니까? '우리 하나님은 오래 참으신다, 자비와 긍휼이 풍성하시다' 고 말합니다. 그러나 하나님은 오래 참으시는 분이시지 영원히 참으시는 분이 아닙니다. 죄를 영원히 참으시게 되면 그로 인해 누군가는 계속해서 신음하고 절규할 수밖에 없습니다. 회개할 수 있는 무수히 많은 기회를 주시지만 그 모든 기회를 거부하고 끝내 죄 된 삶을 고집하면 하나님께서는 죄인들을 심판하십니다. 하나님께서 허락하시는 회개의 기회를 잘 붙잡아야 합니다. 오늘 우리의 삶이 말씀으로부터 어긋나 있음을 깨닫고 돌이키고자 하는데서 회개는 출발합니다. 회개는 뉘우침이 아니라 돌이킴입니다. 회개는 한자로 '뉘우칠 회'(悔)에 '고칠 개'(改)를 썼습니다. 뉘우치는 것은 반성입니다. 기도 시간에 손을 모으고 "하나님, 잘못했습니다"라고 기도하는 것은 뉘우치는 것이고 반성하는 것입니다.

진정한 회개는 어디에서 일어나야 합니까? 내가 죄를 범한 그 현장에서 다시는 그러한 죄를 재현하지 않고 반복하지 않는 새로운 존재로 살아가는 것에서 진정한 회개가 일어나야 합니다. "하나님, 잘못했습니다"라고 말하는 것은 뉘우침이지 진정한 회개가 아닙니다. 그런데 우리는 말로 반성하는 것을 회개라고 착각합니다. 참 예언자는 고객 중심이 아니라 자신을 예언자로 파송 하신 하나님 중심의 사역을 했습니다. 무엇보다 정상적인 하나님의 계시의 통로가 제대로 작동하지 않을 때 하나님께서는 예언자를 보내셔서 당신의 뜻을 알려주십니다. 하나님께서 당신의 뜻을 드러내는 계시의 통로가 있습니다. 정치 영역에서는 왕, 종교 영역에서는 제사장이 그러한 존재들입니다. 하지만 파송 받은 자들이 자신의 역할을 제대로 감당하지 못할 때 하나님께서 예언자를 보내십니다.

그런 의미에서 예언자들은 구원 투수와 같은 존재라고 할 수 있습니다. 원래 하나님의 뜻을 제대로 선포해야 할 사람들이 있는데 그들이 직무유기를 해서 공동체 전체가 위기 상황에 처하게 되었을 때 하나님께서는 공동체를 살리시기 위해서 예언자들을 보내십니다. 그렇게 파송된 예언자는 하나님께서 맡겨주신 말씀을 있는 그대로 대언합니다. 예언을 미래에 일어날 일을 미리 말하는 것으로 생각하는 분들이 많지만 성경이 말하는 예언의 본질은 하나님이 맡겨주신 말씀을 있는 그대로 선포하는 것입니다. 그래서 신학자들은 예언자라고 부르지 말고 대언자로 부를 것을 제안합니다. 예언자는 주로 어떤 역할을 하는 존재입니까? 하나님의 말씀을 대신 선포하는 것입니다. 즉 대언자인 것입니다.

하나님이 맡겨주신 말씀을 가감하지 않고 있는 그대로 선포하는 것이 대언자의 역할입니다. 여기서 예언자들에게 요청되는 하나의 덕목이 있는데 용기입니다. 예언자들은 "우리 모두는 죄인입니다. 우리 모두 회개해야 합니다"라고 말하지 않습니다. "우리 모두는 죄인입니다"라고 말하면 공동체를 망가뜨린 주범들은 미꾸라지처럼 책임지지 않고 빠져나가게 됩니다. 예를 들면 한 가정이 깨어졌다고 할 때 엄마, 아빠, 아들, 딸이 각각 25%씩 책임을 지는 것이 맞습니까? 한 교회가 교회됨을 상실할 때 목사와 교인들이 N분의 1의 책임을 지는 것이 맞습니까? 아닙니다. 한 가정이 깨어졌을 때는 그 가정의 부모들이 더 큰 책임을 져야 합니다. 교회가 교회됨을 상실하게 되었을 때 목사와 중직자의 책임이 훨씬 더 큽니다. 모든 책임을 N분의 1씩 나누면 안 됩니다. 그런 맥락에서 예언자들은 "우리 모두는 죄인입니다. 우리 모두 회개해야 합니다"라고 말하지 않은 것입니다.

예언자들은 공동체를 망가뜨린 그 사람들을 향해서 구체적으로 책망했습니다. 왕, 귀족, 부자, 장로, 재판관, 제사장 등 구체적인 대상을 향하여 그들의 죄를 질타했습니다. 막연하게 "우리 모두가 죄인이니 우리 모두 회개합시다." 즉 "다 내 탓이요"라는 표현을 사용하지 않았습니다. 예언자가 죄를 질타했던 대상들은 대부분 이스라엘 공동체 안에서 힘을 가진 사람들이었습니다. 힘을 가진 그들에게 예언자는 아부하는 말을 하지 않았습니다. 도리어 그들의 잘못을 질타했습니다. 그들의 죄악을 들추어내어 책망하면서 회개를 촉구했습니다. 예언자가 이렇게 사역하면 힘 있는 자들이 가만히 두겠습니까. 하루아침에 목숨이 위태로울 수도 있습니다. 그래서 하나님께서 누군가를 예언자로 부르실 때 예언자로서의 사역을 제대로 감당하기 위해서는 용기가 필요합니다. 미가 3장 8절에는 용기를 성령이 예언자에게 주시는 선물이라고 말씀합니다.

오직 나는 여호와의 영으로 말미암아 능력과 정의와 용기로 충만해져서 야곱의 허물과 이스라엘의 죄를 그들에게 보이리라.

성령이 임했을 때 예언자는 용기백배하여 대언자로서의 사명을 신실하게 감당할 수 있었습니다. 성경에서 예언자라는 타이틀을 제일 먼저 부여받은 인물은 아브라함입니다. 창세기 20장 7절입니다.

이제 그 사람의 아내를 돌려보내라 그는 선지자라 그가 너를 위하여 기도하리니 네가 살려니와 네가 돌려보내지 아니하면 너와 네게 속한 자가 다 반드시 죽을 줄 알지니라.

그리고 예언자의 모델은 모세입니다. 신명기 5장 5절입니다.

그 때에 너희가 불을 두려워하여 산에 오르지 못하므로 내가 여호와와 너희 중간에 서서 여호와의 말씀을 너희에게 전하였노라 여호와께서 이르시되.

모세는 하나님과 이스라엘 백성 가운데 서서 하나님의 말씀을 이스라엘 백성들에게 그대로 선포했습니다. 신명기 18장 15절에는 하나님께서 시대마다 이스라엘 공동체에 모세와 같은 예언자를 세우시겠다고 약속하셨습니다.

네 하나님 여호와께서 너희 가운데 네 형제 중에서 너를 위하여 나와 같은 선지자 하나를 일으키시리니 너희는 그의 말을 들을지니라.

이 약속처럼 하나님께서는 시대마다 이스라엘 공동체에 예언자를 세우셔서 당신의 뜻을 이스라엘 백성들에게 알려주셨습니다. 그런데 예언자로 부르심을 받는다는 것은 죽음으로 초대받는 것과 같은 의미입니다. 구약성경에 보면 메시아, 즉 하나님으로부터 기름 부음을 받는 세 부류의 사람들이 있는데 왕, 제사장, 예언자입니다. 왕으로 기름 부음을 받으면 정치권력을 쥐게 됩니다. 제사장으로 기름 부음을 받으면 종교권력을 쥐게 됩니다. 그런데 예언자로 기름 부음을 받게 되면 죽음으로 초대받는 것입니다. 그래서 아무도 예언자로 부름 받고 싶어 하지 않았습니다.

성경에는 많은 예언자들이 등장합니다. 예언자들이 등장해서 이스라엘 공동체를 향해 비슷한 이야기를 했다는 것은 그만큼 백성들의 삶이 변화가 없었다는 증거입니다. 시대마다 앞선 세대의 문제가 해결되지 않고 동일한 문제가 반복되었던 것입니다. 초대교회 사랑의 사도라는 별명을 가진 사람이 있었습니다. 누군지 아시겠습니까? 사도 요한입니다. 요한은 사람들에게 말할 기회가 있을 때마다 '서로 사랑하자'는 말을 많이 했다고 합니다. 그래서 어느 날 제자들이 요한에게 물었다고 합니다. "왜 스승님은 언제나 서로 사랑하자는 이야기만 하십니까, 우리에게 하실 다른 말씀은 없습니까?" 이때 요한이 이렇게 말했다고 합니다. "너희들이 아직까지 서로 사랑하지 않기 때문에 내가 계속 너희에게 서로 사랑하라는 이야기를 하는 것이다." 요한이 계속해서 제자들에게 서로 사랑하라는 말을 했던 이유는 제자들이 듣기는 들어도 그 말씀대로 순종하지 않았기 때문입니다.

우리가 말씀을 듣고 아는 것보다 살아내는 것이 더 중요합니다. 듣기는 듣지만 행하지 않으면 똑같은 이야기를 다시 반복할 수밖에 없는 것입니다. 그런데 청중들은 그 이야기는 지겹도록 들어서 다 아니까 그만하라는 반응을 보입니다. 사실 똑같은 이야기를 하는 사람도 얼마나 힘들겠습니까. 그런데 왜 똑같은 말을 하겠습니까? 바뀌지 않기 때문입니다. 시대마다 예언자들이 계속해서 이스라엘 백성들의 죄를 질타한 중요한 이유는 이스라엘 백성들이 바뀌지 않았기 때문입니다. 이스라엘 백성들은 자신들의 죄 된 모습을 고집스럽게 붙잡고 있었습니다. 앞 세대의 실패로부터 전혀 배우지 못하고 죄의 굴레를 그대로 반복했던 것입니다. 그럼에도 불구하고 예언자마다 선포했던 강조점이 조금씩 달랐습니다.

시대별로 예언자들의 메시지를 분류해 보면 첫 번째는 주전 9세기의 엘리야와 엘리사입니다. 이들이 사역했던 주전 9세기 북이스라엘은 오므리 왕조 시대였습니다. 오므리 왕조는 야웨 신앙을 밀어내고 바알 신앙을 국가 종교로 만들고자 했습니다. 이러한 시도를 온 몸으로 막아내고자 한 예언자가 엘리야와 엘리사였습니다. 그들은 하나님만을 믿어야 할 이스라엘 공동체에 바알이라는 우상이 버젓이 들어와 있는 현실에 대해 소리쳐 문제를 제기한 예언자들이었습니다. 사람의 몸으로 설명하면 우리가 건강한 몸으로 살아가야 하는데 우리 신체 안에 암세포가 들어와서 몸을 조금씩 망가뜨리고 있음을 발견하고 제일 먼저 소리친 사람이 엘리야와 엘리사였습니다. 이때가 주전 9세기였습니다.

엘리야는 길르앗에 우거했던 디셉 출신이었습니다. 그래서 엘리야를 외국인으로 보는 학자들도 있습니다. 엘리야는 까마귀가 물어다주는 음식으로 연명했을 정도로 그를 후원했던 사람들이 없었습니다. 주변부 예언자의 가장 대표적인 인물이 엘리야입니다. 왜 엘리야를 후원하지 않았을까요? 엘리야가 맞서 싸웠던 사람이 아합과 이세벨이었기 때문입니다. 엘리야에게 후원한다는 것은 엘리야와 한편이라는 말인데 그런 사람을 북이스라엘의 왕이었던 아합과 이세벨이 가만 두겠습니까? 그래서 사람들은 엘리야를 후원하기가 어려웠던 것입니다. 열왕기상 19장 10절과 14절에 엘리야는 자신만이 하나님에 대한 열심이 있다고 하소연했습니다.

그가 대답하되 내가 만군의 하나님 여호와께 열심이 유별하오니 이는 이스라엘 자손이 주의 언약을 버리고 주의 제단을 헐며 칼로 주의 선지자들을 죽였음이오며 오직 나만 남았거늘 그들이 내 생명을 찾아 빼앗으려 하나이다(10절).

그가 대답하되 내가 만군의 하나님 여호와께 열심이 유별하오니 이는 이스라엘 자손이 주의 언약을 버리고 주의 제단을 헐며 칼로 주의 선지자들을 죽였음이오며 오직 나만 남았거늘 그들이 내 생명을 찾아 빼앗으려 하나이다(14절).

이것을 엘리야 콤플렉스라고 말합니다. 그런데 엘리야의 하소연을 듣고 하나님께서는 7천명의 남은 자가 있음을 알려주시면서 엘리야에게 새로운 도전의 말씀을 주셨습니다. 열왕기상하에 나오는 엘리야

이야기는 오경에서 모세와 비슷한 내용이 많습니다. 모세가 경험했던 사건들과 엘리야가 경험했던 사건들이 매우 유사합니다. 이런 유사점을 통해서 성경은 엘리야가 신명기 18장 15절에서 말하고 있는 모세와 같은 자임을 강조하고 있습니다.

하나님께서 이스라엘 백성들에게 시대마다 모세와 같은 자를 세워 주겠다고 하셨는데 모세와 같은 자가 누구입니까? 바로 엘리야입니다. 엘리야가 모세와 유사한 면이 많았는데 그들은 하늘로부터 음식을 공급받았습니다. 그리고 이스라엘 열두 지파를 상징하는 열두 돌 제단을 쌓았고 하나님의 산 호렙에서 하나님의 현현을 경험했고 자신의 후계자를 통해 사명을 완수했습니다. 가나안 땅으로 이스라엘 백성들을 인도하는 사명을 모세가 받았는데 그것을 완수한 사람은 여호수아였습니다. 바알주의와 치열하게 싸울 것을 요청 받은 사람은 엘리야인데 그것을 완수해 낸 사람은 엘리사였습니다. 두 사람 모두 죽기 전에 후계자를 위임했고 그들의 무덤까지 알 수 없는 것도 동일합니다. 유대인들은 모세와 엘리야가 승천했다고 믿습니다. 예수님의 변화산 이야기를 보면 토라를 대표하는 모세와 예언자를 대표하는 엘리야가 변화산에 나타나서 예수님과 대화하는 장면이 나옵니다.

예언자의 시대별 구분으로 두 번째는 주전 8세기 예언자들입니다. 주전 8세기 대표적인 예언자는 네 명으로 아모스, 호세아, 이사야, 미가입니다. 아모스는 남유다 사람인데 북이스라엘에 가서 사역했습니다. 호세아는 북이스라엘 사람입니다. 아모스와 호세아는 북이스라엘의 죄를 질타하면서 심판을 경고했습니다. 그런데 북이스라엘 백성들은 아모스와 호세아의 메시지를 경청하지 않았습니다. 경청하지 않았기에 당연히 자신들의 죄에 대해서도 회개하지 않았습니다. 그 결과 북이스라엘은 주전 722년에 앗수르에 무너졌습니다. 이때 남유다에서 사역했던 인물이 이사야와 미가입니다. 이들은 아모스, 호세아보다는 한 세대 후에 사역했습니다. 이들의 주된 메시지는 남유다도 회개하지 않으면 북이스라엘처럼 멸망당할 수밖에 없다는 것입니다. 이것을 소리 높여 외쳤던 사람이 이사야와 미가입니다. 다행스럽게도 이사야와 미가의 외침에 귀 기울여 들은 사람이 남유다 왕 히스기야였습니다. 히스기야는 예언자들의 회개 촉구 메시지를 듣고 종교 개혁 운동을 펼쳤습니다. 이로 인해 남유다는 하나님의 심판을 받지 않고 심판이 유보됩니다.

주전 8세기에 등장했던 네 명의 예언자들은 지금이 마지막 수술의 때임을 외친 사람들이었습니다. 주전 9세기 이스라엘 공동체 안에 들어온 암세포가 너무나 커져버린 상황에서 지금 당장 수술하지 않으면 이스라엘은 죽을 수밖에 없다고 지금이 마지막 수술의 때이니까 정신 똑바로 차리고 빨리 암세포를 잘라내자고 소리 친 사람이 주전 8세기 예언자들이었습니다. 그런데 아모스와 호세아의 외침에 북이스라엘 사람들은 무시와 회개 거부로 응답했고 그 결과 그들은 죽음을 맞이하게 되었습니다. 그러나 남유다에서는 히스기야가 암세포를 잘라내는 수술을 단행합니다. 그런데 히스기야의 회개 운동이 계속되지 못하고 그의 아들 므낫세 통치기에 남유다는 다시 과거의 죄악 충만한 삶으로 회귀해 버리고 맙니다. 하나님 보시기에 죄 된 길로 가게 된 것입니다.

예언자의 시대별 구분으로 세 번째는 주전 7세기와 6세기의 예레미야와 에스겔입니다. 예레미야와 에스겔은 수술무용론을 주장했습니다. 남유다 공동체가 수술의 기회를 놓쳤다고 보았습니다. 그리고 하나님께서 사용하시는 바벨론이라는 막대기를 통해 심판의 매를 맞아야 함을 역설했습니다. 이로 인해 예레미야는 매국노라는 비판을 받았습니다. 그러나 예언자들은 하나님의 심판을 받아야 한다는 것만 강조한 것이 아닙니다. 하나님께서는 심판을 통해서 우리를 죽이시고자 하는 것이 아니라 우리를 갱신시키시고 새롭게 하길 원하신다는 것과 하나님께서 허락하시는 새로운 기회를 온전히 붙잡기 위해서라도 우리 안에 붙어 있는 죄 된 찌꺼기들을 단호하게 끊어내야 한다고 외쳤습니다. 이것을 힘 있게 외쳤던 예언자가 예레미야와 에스겔이었습니다. 이처럼 구약에 등장하는 예언자들이 매번 비슷한 메시지를 선포한 것처럼 보이지만 사실 시대마다 예언자들의 외침이 조금씩 달랐다는 것을 기억하셔야 합니다.

이사야

말씀과함께 | 예언서강의

이사야

　이사야는 신약에서 가장 많이 인용된 예언서입니다. 약 400회 이상 인용되었고 장으로 볼 때도 가장 긴 예언서입니다. 이사야는 66장까지 있습니다. 그런데 분량으로만 보면 예레미야가 더 깁니다. 예레미야는 52장까지 있는데 분량으로는 예레미야가 더 길고 장으로는 이사야가 가장 깁니다. 예언자 이사야는 세계 정치와 정세에 대한 예리한 관찰자입니다. 이사야 13장부터 23장이 이방에 대한 예언입니다. 이 본문을 통해 우리는 이사야가 주변 국가에 대해 얼마나 다양한 정보들을 습득하고 있었는가를 알 수 있습니다.

　이사야는 왕족 또는 귀족이었을 것으로 봅니다. 탈무드에 따르면 이사야는 웃시야 왕의 사촌이거나 조카로 보입니다. 실제 이사야서를 보면 이사야는 왕궁을 자유롭게 드나듭니다. 왕과도 쉽게 만납니다. 이를 통해 이사야가 사회적으로 신분이 높은 사람이었음을 알 수 있습니다. 이사야는 자신의 사역을 통해 유다의 군사적인 무장이나 외국과의 동맹 외교를 통해 안전보장을 획책하는 것은 하나님의 도우심을 거절하는 불신앙의 행위라고 봅니다. 앗수르나 이집트와 같은 강대국들과 손을 맞잡는 것은 단순히 어떤 정치적인 동맹, 군사적인 동맹으로만 끝나는 것이 아니라 야웨만을 믿어야 될 이스라엘 공동체의 신앙을 위협하는 우상 숭배의 출발점으로 이해합니다. 그래서 이사야는 이것을 단호하게 막으려고 했습니다.

이사야 당대 고대 근동에서 가장 강력한 힘을 가진 나라는 앗수르였고 그 다음이 이집트였습니다. 이사야는 끊임없이 앗수르나 이집트를 의지하지 말고 그들과 손을 맞잡지 말라고 경고했습니다. 이스라엘은 하나님만을 믿겠다고 다짐하고 결단한 신앙 공동체 아닙니까? 그런데 이방의 강대국들과 동맹을 맺는 순간 단순히 정치적 협력, 군사적 협력으로만 끝나는 것이 아니라 앗수르나 이집트의 우상 숭배 문화에 이스라엘이 지배받을 수밖에 없음을 이사야는 주목했습니다. 그래서 이것을 단호하게 끊어내려고 했습니다.

위경 가운데 「이사야의 승천」이라는 책이 있습니다. 여기에 따르면 이사야는 우상 숭배의 대명사인 므낫세 왕 통치기에 통나무에 들어가 톱으로 켜서 죽임을 당했다고 전합니다. 우리에게 믿음 장으로 알려진 히브리서 11장을 보면 믿음의 사람들이 받은 박해와 고난에 대해 말하면서 '누구는 톱으로 켜서 죽임을 당했다'라는 말씀이 나오는데 (37절) 바로 이사야를 가리키는 표현입니다. 이사야의 주제는 '누구를 의지하는 것이 구원의 길인가?'로 말할 수 있습니다. 그래서 학자들은 이사야 2장 22절을 주제 구절로 봅니다.

> 너희는 인생을 의지하지 말라 그의 호흡은 코에 있나니 셈할 가치가 어디 있느냐.

여기서 '인생'이라는 단어에는 강대국도 포함되고 돈도 포함되고 어떤 존재도 포함됩니다. 그리고 "셈할 가치가 어디 있느냐"라는 표현은 '이것이 어느 정도 되는 것인지 계산할 가치가 어디 있느냐'라는 말입니다. 정말 중요한 순간에 인생을 의지하지 말고 하나님을 의지하라는 것이 이사야가 말하고자 하는 강조점입니다. 이사야가 계속해서 폭로하고 있는 것은 평상시에는 "하나님 사랑해요, 하나님을 믿어요"라고 말하는 사람들이 정말 중요한 순간에는 하나님을 망각하고 하나님께 도움을 요청하지 않는다는 것입니다. 이사야는 이런 이중 플레이를 비판하고 있습니다. 2장 22절에서 "인생을 의지하지 말라"는 말은 바꿔 말하면 '하나님을 의지하라'는 것입니다. 지상 권력자들과 동맹 맺지 말고 하나님과 동맹을 맺으라는 것입니다. 실제 아하스 왕은 위기의 순간에 앗수르 왕에게 도움을 요청하면서 자신을 앗수르 왕의 아들이라고 표현했습니다. 하나님의 아들이 되어야 할 아하스가 중요한 순간에 하나님의 아들이 아니라 앗수르 왕의 아들로 자신을 규정하고 있는 것입니다. 그런 의미에서 오늘 우리도 누구의 아들로 살고 있는지를 고민하며 살아야 합니다.

이사야가 예언자로 활동한 시대는 주전 8세기 중후반이었습니다.

주전 8세기 고대 근동에서 최초의 제국이라고 할 수 있는 나라가 등장하는데 바로 앗수르입니다. 주전 8세기 중반부터 앗수르가 고대 근동의 절대 강자로 등장하게 됩니다. 이때 앗수르를 제국으로 성장시킨 왕이 디글랏빌레셋 3세였습니다. 열왕기하 15장 19절에 보면 '앗수르 왕 불'로 소개하고 있습니다. 한글 성경에 '앗수르 왕 불'이라는 이름으로 기록된 인물이 디글랏빌레셋 3세입니다. 어떻게 한 사람이 두 개의 이름으로 불리게 되었을까요? 조선 시대 왕들을 생각하면 금방 이해가 됩니다. 우리가 세종대왕이라고 부르는 분의 본명은 이도입니다. 본명은 이도인데 그가 왕으로 통치하다가 죽은 후에 세종대왕은 그분에 대한 시호로 붙여진 것입니다. 이것과 똑같은 것입니다. 불이라는 이름이 본명일 가능성이 높고 왕으로 그의 통치를 기념하면서 디글랏빌레셋 3세라고 불렀을 가능성이 높습니다. 하나는 원래 가지고 있던 이름이고 다른 하나는 왕명이라고 생각하시면 됩니다. 디글랏빌레셋 3세가 앗수르를 하나의 제국으로 성장시킨 인물입니다. 디글랏빌레셋 3세는 주전 740년부터 738년 사이에 성경에는 아람으로 불리는 시리아에 있던 작은 나라들을 대부분 정복합니다.

앗수르가 고대 근동의 절대 강자로 등장하던 시대 전후로 남유다 왕들은 웃시야, 요담, 아하스, 히스기야였습니다. 웃시야는 52년을 통치했습니다. 이렇게 오랜 기간 통치할 수 있었던 이유는 웃시야 통치기에 고대 근동에 절대 강자가 없었기 때문입니다. 앗수르 같은 절대 강자가 없을 경우 남유다나 북이스라엘 왕들의 통치 기간이 좀 긴 편입니다. 그런데 절대 강자가 등장하여 남유다나 북이스라엘을 공격하거나 전쟁에 휘말리게 되면 왕들의 통치 기간이 대부분 짧아집니다.

주전 8세기 남유다는 웃시야, 요담, 아하스, 히스기야가 통치했습니다. 재미있는 것은 웃시야가 주전 742년까지 52년을 통치했는데 그의 왕위를 계승한 요담이 주전 750년부터 통치를 시작합니다. 주전 750년경 웃시야는 하나님의 심판을 받아 본궁에 들어가서 통치를 하지 못하게 되고 이때부터 별궁에서 생활하게 됩니다. 이때 웃시야를 대신하여 그의 아들인 요담이 통치하게 됩니다, 그때가 주전 750년입니다. 웃시야는 주전 742년에 죽었고 그가 죽은 그 해까지를 통치 기간으로 계산합니다. 그러나 마지막 8년을 웃시야는 통치하지 못했고 별궁에 있었습니다. 그러면 통치는 누가 했습니까? 아들 요담이 했습니다. 이 것을 '공동 통치기' 라고 합니다.

앗수르가 고대 근동의 절대 강자로 부상하던 시대에 중요한 사건이 하나 발생하게 됩니다. 주전 735년부터 시작된 시리아 에브라임 전쟁입니다. 신학자들이 이렇게 표현하고 있기 때문에 저도 이 단어를 사용하지만 사실 시리아 에브라임 전쟁이라는 말은 오해를 불러일으킬 수도 있습니다. 시리아 에브라임 전쟁이라고 하면 시리아와 에브라임이 전쟁을 한 것처럼 보입니다. 여기서 시리아는 아람이고 에브라임은 북이스라엘입니다. 예언서를 보면 북이스라엘과 동의어로 나오는 표현들이 있는데 에브라임과 야곱의 집입니다. 왜 북이스라엘을 에브라임이라고 했을까요? 북이스라엘을 구성하는 지파 가운데 가장 강력한 지파, 대표 지파, 중심 지파가 바로 에브라임이기 때문에 그렇습니다. 시리아 에브라임 전쟁이라고 하면 마치 아람과 북이스라엘이 전쟁을 한 것처럼 생각하기 쉬운데 사실은 아람과 북이스라엘이 힘을 합쳐서 남유다를 공격한 것입니다. 이것을 시리아 에브라임 전쟁이라고 합니다. 신학자들이 이 사건을 시리아 에브라임 전쟁이라고 부르기로 합의했는데 제가 볼 때 이런 표현은 우리를 많이 헷갈리게 만듭니다. 다시 말씀드리지만 시리아 에브라임 전쟁은 시리아와 에브라임이 싸운 것이 아니라 시리아와 에브라임 두 나라가 힘을 합쳐서 남유다를 공격한 것입니다. 문제는 당시 남유다는 북이스라엘과 일대일로 싸워도 이기기 힘겨운 상황이었습니다. 그런데 북이스라엘보다 두 배 정도 강한 곳이 시리아입니다. 시리아나 북이스라엘이 남유다와 일대일로 싸워도 남유다가 이기기 어려운데 시리아와 에브라임이 힘을 합쳐서 남유다를 공격하게 되니까 남유다가 얼마나 불안했겠습니까. 사시나무가 바람에 떨듯이 남유다는 두려움에 떨었습니다. 그러면 왜 시리아와 에브라임이 남유다를 공격하게 되었을까요?

주전 8세기 중반부터 고대 근동의 제국으로 등장한 나라가 앗수르입니다. 역사에 등장했던 제국마다 그 특징들이 있는데 앗수르의 특징은 잔악성, 폭력성이라고 할 수 있습니다. 앗수르는 제국으로 부상하면서 식민지 백성들을 아주 가혹하게 대했습니다. 마치 일제 강점기 무단 통치를 연상하시면 됩니다. 자신들의 말을 듣지 않으면 폭력적으로 대응하고 어느 지역을 정복하고 나면 그 땅에 사는 사람들을 강제로 다른 지역으로 이주시켰습니다. 이것을 강제분산정책이라고 합니다. 앗수르 제국이 폭력적으로 식민지 백성들을 대했기 때문에 앗수르 제국의 식민 지배를 받았던 나라들이 불만이 많았습니다. 그런데 불만과 분노가 누적된다고 해서 자기들이 앗수르와 일대일로 맞서서 이길 가능성이 없었습니다. 그래서 고만고만한 나라들이 힘을 모으기 시작했습니다. 우리가 언제까지 앗수르에게 이렇게 당해야 되겠냐는 불만으로 앗수르 제국의 지배를 받던 나라들이 한 마음 한 뜻이 된 것입니다. 그래서 누군가가 깃발을 들고 '앗수르와 싸울 나라들은 여기여기 붙어라' 하면서 여러 나라들이 반 앗수르 동맹을 맺었습니다. 주전 735년경 아람과 북이스라엘이 앗수르와 싸울 나라들은 여기 붙으라고 깃발을 들었고 여기에 블레셋, 에돔, 모압, 암몬, 두로, 시돈 등 여러 나라가 동참하게 되었습니다. 그런데 유일하게 동참하지 않은 나라가 남유다였습니다. 이때 남유다 왕은 아하스였습니다. 그러면 아하스는 왜 반 앗수르 동맹에 동참하지 않았을까요? 아하스가 볼 때 힘을 모아 싸워봤자 앗수르에게 안 될 거라고 생각한 것입니다. 그래서 지금처럼 앗수르의 지배를 받는 것이 더 낫다고 판단하고 반 앗수르 동맹에 참여하지 않았습니다.

상황이 이렇게 전개되자 반 앗수르 동맹의 깃발을 들었던 아람과 북이스라엘이 애매한 상황에 놓이게 되었습니다. 모든 나라들이 힘을 모아 앗수르와 전쟁을 해야 하는데 남유다가 여기에 동참하지 않음으로 인해 앗수르와 전쟁을 하지 못하게 된 것입니다. 왜 전쟁을 하지 못했습니까? 북이스라엘이 앗수르와 전쟁을 하기 위해 모든 군대를 출병시키게 되면 북이스라엘은 무주공산이 되는 것 아닙니까. 이때 남유다가 북이스라엘을 공격하면 어떻게 되겠습니까? 남유다가 반 앗수르 동맹에 동참하지 않음으로 인해 북이스라엘과 아람과 동맹국들이 앗수르와 전쟁을 하기 위해 출병할 수 없는 상황이 되어버린 것입니다. 그래서 시리아와 에브라임은 새로운 작전을 세웠는데 앗수르와 전쟁하기 전에 먼저 반 앗수르 동맹에 참여하지 않은 남유다를 공격하여 남유다 왕 아하스를 폐위시키고 아람의 왕자 가운데 한 명인 다브넬을 남유다 왕으로 세운 후에 남유다 군대까지 동참시켜 반 앗수르 전쟁에 참여하기로 한 것입니다. 먼저 동맹에 참여하지 않은 남유다를 손보기로 한 것입니다. 이것이 주전 735년에 일어난 시리아 에브라임 전쟁입니다.

북이스라엘과 아람이 남유다를 공격하는 상황에서 남유다 백성들이 얼마나 두려움에 떨었겠습니까. 당시 남유다 왕이었던 아하스도 두려움에 떨었습니다. 지금의 위기 상황을 타파하기 위해서 아하스는 계획을 세웁니다. 어떤 계획을 세웠을까요? 아하스는 지금 반 앗수르 동맹 전쟁에 참여하지 않은 것입니다. 앗수르와의 전쟁을 피하고자 이 동맹에 참여하지 않은 것이고 이로 인해 반 앗수르 동맹국들이 남유다를 공격하게 된 것입니다. 이런 상황에서 아하스는 앗수르 왕에게 SOS를 치려고 마음을 먹었습니다. 아하스가 이러한 마음을 먹고 있을 때 하나님께서 예언자 이사야를 아하스에게 보냅니다. 그리고 뭐라고 말합니까? "네가 지금 당장 앗수르에게 도움을 요청하게 되면 지금 당장은 앗수르가 남유다의 구원자로 다가올지 모르지만 곧 앗수르는 남유다의 정복자가 될 거야. 앗수르에게 의지하지 말고 하나님을 믿어. 하나님이 명하시는 바를 온전히 순종해." 이것이 이사야를 통해서 하나님이 주신 말씀입니다. 이사야가 아하스에게 했던 핵심적 메시지는 앗수르를 의지하거나 의존하지 말고 하나님을 의지하고 의존하라는 것입니다. 앗수르에게 도움을 요청하게 되면 순간적으로는 앗수르가 남유다의 구원자인 것처럼 다가오겠지만 결국은 남유다가 앗수르에 의해서 초토화되고 앗수르의 강력한 지배를 받게 될 것임을 경고하면서 앗수르를 믿지 말고 하나님을 믿을 것을 강력하게 촉구했습니다.

그런데 문제는 아하스 왕은 이미 앗수르에게 도움을 요청하기로 마음을 정했다는 것입니다. 그때 아하스의 마음을 돌이키기 위해 이사야는 하나님의 징조를 이야기합니다. 그 징조 가운데 하나가 임마누엘 탄생 예언입니다. 이사야 7~8장에 나오는 이야기는 시리아 에브라임 전쟁을 배경으로 하고 있습니다. 이사야의 아들인 스알야숩, 임마누엘, 마헬살랄하스바스가 모두 시리아 에브라임 전쟁과 연관이 있습니다. 이사야 7~8장에 나오는 이야기들은 유다가 앗수르에게 도움을 요청하지 않아도 되는 이유를 암시하는 구조 예언입니다. 하나님을 온전히 의지하게 되면 구원받을 수 있음을 말하는 것이 핵심입니다. 그러나 이 약속을 믿지 못하게 되면 처음에는 구원자요 해방자로 다가온 앗수르가 결국 유다를 지배하게 될 것임을 경고하고 있습니다.

앗수르를 하나의 제국으로 격상시킨 디글랏빌레셋 3세는 주전 727년에 죽습니다. 그 다음 등장한 왕이 살만에셀 5세입니다. 살만에셀 5세 때 앗수르는 북이스라엘을 정복하기 위해 3년 동안 사마리아를 포위했지만 끝내 정복하지 못했습니다. 그리고 등장한 왕이 앗수르의 전성기를 이끌었던 사르곤 2세입니다. 사르곤 2세는 등극하자마자 북이스라엘을 정복합니다. 사르곤 2세가 통치한 기간은 주전 722년부터 705년까지였습니다. 사르곤 2세는 사마리아를 함락시킨 이후에 북이스라엘 백성들을 세계 각지에 포로로 끌고 갔습니다. 그의 강력한 기세 앞에서 고대 근동의 많은 나라들이 두려움에 떨었습니다. 강력했던 사르곤 2세가 죽은 다음에 등장한 왕이 산헤립입니다. 사르곤 2세가 워낙 강력한 군주였고 능력도 탁월했기 때문에 그의 후임자인 산헤립은 상대적으로 약해 보였습니다. 이때 앗수르의 지배를 받던 나라들이 지금이 독립의 적기라고 생각하고 반 앗수르 전쟁을 일으키고자 했습니다. 하지만 산헤립은 결코 만만한 사람이 아니었습니다. 사르곤 2세가 대단한 사람이다 보니 산헤립이 상대적으로 약해 보인 것이지 산헤립도 정치 군사적으로 아주 강력한 왕이었습니다. 왕권이 교체되는 지금이 독립의 적기라고 생각한 나라들이 힘을 모아서 반 앗수르 동맹을 체결했는데 이때 반 앗수르 동맹의 깃발을 든 사람이 히스기야였습니다. 이때가 주전 705년이었습니다.

그런데 산헤립이 왕이 되었을 때 앗수르 안에서도 내분이 일어나게 됩니다. 그래서 산헤립은 내분을 정리하느라 3~4년의 시간이 흘렀고 내분을 완전히 정리한 시기가 주전 701년이었습니다. 산헤립은 앗수르 안에서 발생한 내분을 정리한 후에 반 앗수르 동맹의 깃발을 들었던 남유다 히스기야를 공격하기 위해 군대를 출병시켰습니다. 당시 기록에 따르면 앗수르 군대는 남유다 46개 성읍을 초토화시켰고 20만 150명을 포로로 끌고 갔습니다. 그런데 놀라운 것은 앗수르 군대에 의해 남유다 성읍들이 초토화되었지만 예루살렘은 함락되지 않았다는 것입니다. 그 결과 히스기야는 살아남게 됩니다. 산헤립이 남긴 기록에 다음과 같은 표현이 있습니다. "내가 히스기야를 새장 안의 새처럼 가두었다, 히스기야 그는 진정 나의 적수였다." 이것이 무슨 말입니까? 앗수르라는 제국의 왕이 조그마한 남유다 왕을 가리켜 "그는 나의 진정한 적수였다"라고 말하는 것은 사실은 졌다는 표현입니다. 산헤립이 앗수르 군대를 이끌고 1,000km 이상 떨어진 남유다를 공격하러 왔을 때 46개 성읍을 박살내려고 온 것이 아니지 않습니까. 누구를 공격하러 온 것입니까? 히스기야를 공격하려고 온 것입니다. 그런데 결과적으로 예루살렘도 살아남고 히스기야도 살아남은 것입니다.

46개 성읍이 초토화되었지만 예루살렘은 안전하게 살아남은 이 사건을 통해 당시 남유다 안에서는 시온신학이 더욱 강화되게 되었습니다. 예루살렘 안에 있는 성전이 안전하게 보호됨을 통해 성전신학이 더욱 강조되었습니다. 많은 사람들이 포로로 잡혀갔지만 히스기야 왕은 건재함을 통해 왕정신학이 더욱 강조되었습니다. 역설적이게도 701년의 이 사건이 남유다 백성들의 잘못된 신학을 더욱 강화시켜준 셈이 되었습니다. 다른 곳은 다 무너져도 예루살렘은 절대로 무너지지 않는다는 것입니다. 예루살렘은 하나님의 도성이라는 것이 바로 시온신학입니다. 다른 모든 곳이 무너져도 성전은 절대로 무너지지 않는다는 것입니다. 성전은 하나님의 집이라는 것이 성전신학입니다. 북이스라엘 왕조는 멸망하더라도 남유다 왕조는 절대로 멸망하지 않는다는 것입니다. 다윗의 후손들은 하나님의 지상 대리자라는 것이 바로 왕정신학입니다. 당시 남유다 백성들이 가지고 있었던 시온신학, 성전신학, 왕정신학이 정말 그러함을 확신시켜 준 사건이 주전 701년에 일어났습니다.

이후 많은 예언자들이 등장하여 남유다 백성들에게 "너희가 회개하지 아니하면 하나님의 심판을 받게 될 것이고 예루살렘도 무너지고 성전도 무너지게 될 것이다"라고 경고해도 남유다 백성들이 콧방귀를 꼈던 이유가 주전 701년의 이 사건을 통해서 남유다 백성들은 자신들이 붙잡고 있던 시온신학, 성전신학, 왕정신학이 사실임을 뼛속 깊이 경험했기 때문입니다. 그렇다면 어떻게 당시 앗수르 군대는 예루살렘을 정복하지 못하고 돌아가게 된 것일까요? 성경에 의하면 하루아침에 앗수르 군대 18만 5천명이 죽임을 당합니다. 이 사건을 학자들은 마치 중세 시대 페스트라든가 현대의 코로나처럼 집단 전염병에 의한 사건으로 해석합니다. 쥐가 무기들을 갉아 먹음으로 인해 병균을 퍼뜨려서 하루아침에 앗수르 군인들이 몰살당한 것으로 이해합니다.

이사야를 보면 적어도 세 시기가 이사야 안에 반영되어 있습니다. 그런데 보수적인 신학교와 진보적인 신학교에서 이사야를 해석하는 입장이 아주 다릅니다. 제가 졸업한 총신대는 이사야 1~66장 전체를 주전 8세기에 사역했던 이사야가 다 썼다고 가르칩니다. 이것이 총신 같은 보수적인 신학교의 입장입니다. 하지만 장신대, 감신대, 한신대 같은 진보적인 신학교는 그렇게 가르치지 않습니다. 이사야 안에 크게는 세 명, 작게는 두 명의 저자가 있다고 봅니다. 예를 들면 저자를 세 명으로 보는 경우에는 이사야 1~39장을 쓴 사람이 있고, 40~55장을 쓴 사람이 있고, 56~66장을 쓴 사람이 있다는 것입니다. 그런데 이사야를 쓴 저자가 한 명이건 두 명이건 세 명이건 간에 보수적인 신학교나 진보적인 신학교에서 공통으로 주장하는 것은 이사야 안에 서로 다른 세 시기가 존재한다는 것입니다. 즉 이사야 1~39장은 주전 8세기, 40~55장은 바벨론 포로기 말, 56~66장은 바벨론 포로 귀환 이후를 배경으로 하고 있다는 것입니다. 이사야 1~39장은 주전 8세기를 배경으로 하고 있습니다. 이때는 지금과 같은 삶을 지속하게 되면 하나님의 심판을 피할 길이 없다는 회개를 촉구하는 메시지가 주로 등장합니다. 그런데 이사야 40장으로 들어가면서 어조가 완전히 바뀝니다. 1~2절을 보겠습니다.

너희의 하나님이 이르시되 너희는 위로하라 내 백성을 위로하라 너희는 예루살렘의 마음에 닿도록 말하며 그것에게 외치라 그 노역의 때가 끝났고 그 죄악이 사함을 받았느니라 그의 모든 죄로 말미암아 여호와의 손에서 벌을 배나 받았느니라 할지니라 하시니라.

여기서 노역의 때는 바벨론 포로기를 말합니다. 즉 바벨론 포로기를 통과하면서 남유다 백성들의 죄악이 하나님에 의해 사함을 받았다는 것입니다. 노역의 때가 끝났기 때문에 그동안 고생한 백성들을 위로하는 메시지가 선포되는 것입니다. 이사야 40~55장은 바벨론 포로기 말 또는 고레스 칙령 이후 이제는 바벨론 포로기가 끝나고 마음만 먹으면 가나안 고토로 돌아갈 수 있는 상황에서 선포된 말씀입니다. 이사야 56~66장은 바벨론 포로 귀환 이후에 선포된 말씀이라고 봅니다.

이사야의 저자가 몇 명인가에 대해서는 진보적인 신학과 보수적인 신학의 입장이 다르지만 이사야 안에 서로 다른 세 시기가 존재한다는 것에 대해서는 학자들의 의견이 대부분 일치합니다. 이사야 1~66장 전체를 이사야가 다 썼다고 보는 보수신학의 입장에 대해 사람들은 이런 질문을 할 수 있습니다. "이사야 40장 이하는 바벨론 포로기 마지막에 선포된 말씀인데 그것을 어떻게 주전 8세기에 살았던 이사야가 쓸 수 있나요?" 이런 질문에 대해 보수적인 교단에서는 하나님께서 이사야에게 천리안적인 혜안을 주셨다고 봅니다. 남유다가 바벨론에 멸망당할 것이고 남유다 백성들이 포로로 잡혀가게 될 것이고 페르시아 왕 고레스에 의해 포로로 잡혀간 자들이 다시 가나안 땅으로 돌아올 것을 다 보여주셨기 때문에 그 모든 내용에 대해 이사야가 쓸수 있었다고 보는 것입니다. 이처럼 보수신학과 진보신학에서 이사야 저자와 관련해서는 입장이 다르지만 이사야 안에 세 시기가 기술되어 있다는 것에 대해서는 동의합니다. 주전 8세기에 주어진 말씀, 주전 6세기에 주어진 말씀, 포로 귀환 이후에 주어진 말씀 등이 누군가에 의해서 지금과 같은 형태로 편집되었을 것이라고 보는 것입니다. 최종적으로 편집된 것이 지금 우리가 가지고 있는 이사야 본문이라는 것입니다.

이사야 1장 1절을 보면 예언자 이사야에 대한 소개가 나옵니다. 이사야는 '아모스의 아들'입니다. 아모스는 히브리어 원어는 '아모쯔'입니다. 주전 8세기 중반 예언자였던 아모스와는 다른 인물입니다. 아모스는 음역이 아모스이고 이사야의 아버지는 아모쯔입니다. 출애굽기와 민수기에 나오는 신 광야에 대한 설명을 기억하고 있습니까? 개역개정에는 둘 다 '신 광야'로 번역되어 있어서 출애굽기 17장과 민수기 20장을 동일 사건으로 보는 분들이 있습니다. 그러나 출애굽기 17장은 출애굽을 하자마자 일어난 사건이고, 민수기 20장은 출애굽 40년째 일어난 사건입니다. 히브리어로 보면 사건이 일어난 장소가 출애굽기 17장은 신 광야이고, 민수기 20장은 친 광야입니다. 그런데 한글로 번역할 때 히브리어 '차데'라는 알파벳을 시옷으로 음역했습니다. 1장 1절도 '아모쯔의 아들 이사야'로 번역해야 하는데 아모스의 아들이라고 번역한 것입니다. 이렇게 번역함으로 인해 어떤 분들은 이사야의 아버지를 예언자 아모스라고 주장하기도 합니다. 예언자 아모스가 이사야보다 한 세대 앞선 사람이기 때문에 그런 설명이 나름

설득력 있게 다가오기도 합니다. 그러나 히브리어 성경을 보면 이사야의 아버지는 아모쯔이고 예언자 아모스는 아모스입니다. 단어가 전혀 다릅니다. 1장 1절은 표제 역할을 합니다. 표제는 아래에 설명하는 내용이 어떤 내용인가를 미리 알려주는 것입니다.

유다 왕 웃시야와 요담과 아하스와 히스기야 시대에 아모스의 아들 이사야가 유다와 예루살렘에 관하여 본 계시라.

본문을 누가 썼을까요? 당연히 이사야라고 생각합니다. 그러면 이사야가 썼다고 하면 '아모쯔의 아들 이사야가' 라는 말보다는 '나 이사야가' 라고 해야 하지 않을까요? 표제 역할을 하는 1장 1절은 대부분 제일 마지막에 씁니다. 후대에 누군가가 쓰는 것입니다. 이 표제를 주전 8세기 예언자 이사야가 썼다고 보기는 어렵습니다. 이사야가 만약 썼다고 한다면 왜 자신을 '아모쯔의 아들 이사야' 라고 하겠습니까. 이러한 표제는 후대에 누군가가 썼다고 봐야 합니다.

이사야 1장 2절과 3절을 보면 당시 남유다 백성들의 가장 큰 죄악이 등장하는데 영적 인식 능력의 파탄입니다. 그들은 하나님의 뜻이 무엇인지를 알지 못합니다. 하나님의 뜻을 알고자 하는 간절함도 없고 자기들이 원하는 방식대로 하나님을 섬겼습니다. 그 결과 하나님께 온전히 순종하지 않고 하나님을 두려워하지도 않았습니다. 이런 자들이 어떤 삶을 살아가겠습니까. 이들의 죄 된 삶으로 말미암아 남유다 안에는 공평과 정의가 사라졌습니다. 1장에는 이런 사람들이 드리는 예배를 하나님께서 열납하지 않으신다고 분명히 선포하고 있습니다. 오늘날도 마찬가지입니다. 어떤 목회자들은 사람들을 실족시킬 만한 죄를 범한 이후에도 단 한 번도 진지하게 하나님 앞에서 용서를 구하지 않고 회개하지 않습니다. 그러한 목회자들이 드리는 예배를 하나님께서 열납하시겠습니까? 저는 열납하지 않는다고 봅니다. 그런 사람이 특새를 인도하고 특새 때 연 인원 수만 명이 모인 것이 하나님께 과연 어떤 의미가 있을까요? 이것은 종교인들의 종교 중독 같은 행동이지 하나님께 열납되는 예배와는 아무런 상관이 없습니다. 1장을 보면 우리가 어떤 자세와 태도를 가지고 예배드려야 하는지가 잘 나옵니다. 종교 의식으로 우리의 예배가 열납되기 위해서는 우리의 삶이 먼저 하나님께 열납되어야 합니다. 일상의 삶에서 하나님을 경외하고 하나님을 두려워하는 삶을 살아야 합니다. 그런 일상의 순종이 있는 자들의 기도와 찬양을 우리 하나님은 열납하십니다. 종교 의식의 화려함과 수많은 군중의 숫자가 예배 열납 여부를 결정하는 것이 결코 아닙니다.

이사야 2장 1~4절을 보면 마지막 날에 하나님의 말씀을 배운 결과 사람들이 살상용 무기들을 생산용 농기구로 전환시켜 냅니다. 이것이 진정 말씀 교육의 힘입니다. 진정 말씀을 아는 자들의 삶이 이러해야 합니다. 지금까지는 남의 것을 강탈하여 삶을 영위했던 사람들이 예루살렘에 올라와서 하나님의 말씀을 배우게 됩니다. 하나님의 말씀을 진심으로 배운 결과 그들의 삶에 변화가 일어나게 됩니다. 어떤 변화가 일어나게 됩니까? 그동안 사람들을 찌르고 죽이던 무기들을 생산용 농기구로 바꾸어 내는 것입니다. 지금까지 남의 것을 빼앗아 살아가던 사람들이 이제는 자기 스스로 땀 흘려 노동하며 그 노동의 열매들로 삶을 살아가는 것입니다. 이것이 말씀을 배운 자들의 삶의 모습이라고 할 수 있습니다.

이사야 2장 22절은 이사야의 주제 성구입니다.

너희는 인생을 의지하지 말라 그의 호흡은 코에 있나니 셈할 가치가 어디 있느냐.

누구를 의지하는 것이 구원의 길인가에 대해 말씀하면서 인간 의지적, 인간 의존적인 삶을 질타합니다. 여기서 "인생을 의지하지 말라"고 할 때 인생에는 강대국이나 돈이나 권력이나 군사력 등 인간이 만든 모든 것을 다 포함하는 것입니다. 하나님이 아님에도 불구하고 우리 인생에 하나님 노릇을 하고자 하는 것에 대해 단호하게 "너는 내 인생의 하나님이 아니다"라고 선언할 수 있어야 합니다.

이사야 5장에는 포도원 노래가 나옵니다. 5장을 근거 본문으로 예수님께서 요한복음 15장에서 포도나무 비유를 말씀하셨습니다. 포도원 노래에서 핵심은 이스라엘 공동체가 하나님의 포도원이라는 것입니다. 하나님의 포도원인 이스라엘 공동체가 정말 하나님이 원하시는 열매를 주렁주렁 맺고 있는가에 대해 말씀하면서 안타깝게도 하나님께서는 포도원에 온갖 정성을 다 쏟으셨는데 아무런 열매도 맺지 못함을 탄식하고 있는 것이 5장입니다. 그로 인해 슬퍼하고 계신 하나님을 동정하는 것이 5장의 포도원 노래입니다. 하나님의 슬픔이 이 노래의 주제입니다. 우리들이 5장을 보면서 하나님의 포도원이라고 할 수 있는 한국 교회가 과연 하나님께 어떤 열매를 드리고 있는지를 질문해야 합니다. "하나님, 우리가 이런 열매를 맺었습니다"라고 자신 있게 말할 수 있는 한국 교회의 열매에는 어떤 것이 있을까요? 제가 볼 때 대형교회의 큰 건물, 엄청난 교세를 하나님께 바칠 수 있을 것 같습니다. 세계에서 가장 많은 교인들이 모이는 장로교회와 감리교회가 우리나라에 있지 않습니까. 새벽기도를 비롯한 종교적 열심도 한국 교회가 하나님께 바칠 수 있을 것 같습니다. 그런데 문제는 과연 이 모든 것들이 하나님께도 정말 기쁨이 될 것인가 하는 것입니다. 그래서 우리가 중요하게 보아야 할 말씀이 5장 7절입니다.

무릇 만군의 여호와의 포도원은 이스라엘 족속이요 그가 기뻐하시는 나무는 유다 사람이라 그들에게 정의를 바라셨더니 도리어 포학이요 그들에게 공의를 바라셨더니 도리어 부르짖음이었도다.

하나님께서 이스라엘과 유다에게 무엇을 기대하셨습니까? "그들에게 정의를 바라셨습니다." 여기서 정의가 미쉬파트입니다. 그들에게 정의를 바라셨는데 도리어 포악의 열매를 맺었습니다. 여기서 '포악'이라는 의미의 히브리어가 미쉬파흐입니다. 미쉬파트와 미쉬파흐는 한 글자만 다릅니다. 하나님은 미쉬파트를 원하셨는데 이스라엘이 하나님께 드린 것은 미쉬파흐입니다. 하나님께서 이스라엘에게 공의를 바라셨습니다. 공의가 체다카입니다. 그런데 그들은 도리어 부르짖음인 체아카를 하나님께 바쳤습니다. 체다카와 체아카도 한 글자만 다릅니다. 무엇인가 비슷해 보이는 것을 하나님께 바쳤지만 완전히 상반된 것입니다. 미쉬파트와 미쉬파흐, 체다카와 체아카는 한 글자만 다르지만 의미는 완전히 다릅니다. 5장 7절의 말씀을 풀어쓰면 하나님은 공의로운 세상을 원하셨지만 이스라엘은 폭력이 난무한 무법천지를 만들었고 하나님은 관계에 책임을 다하는 의로운 삶, 연약한 자를 형제로 대하는 삶을 원하셨지만 이스라엘은 약자를 억압하고 약자에게 폭력을 행사함을 통해서 약자의 울부짖는 소리가 넘쳐나는 사회를 만들었다는 것입니다. 하나님께서 기대하신 열매를 이스라엘은 전혀 하나님께 바치지 못했다는 것입니다.

이사야 7장 13~17절은 앞에서도 언급했지만 이 표징의 핵심은 임마누엘이라는 아이가 태어난다는 것이 아니라 그 아이가 도덕적인 판단을 내릴 즈음 남유다를 공격한 두 나라가 하나님의 심판을 받을 것이라는 것입니다. 이사야 19장 24~25절을 보면 배타적 선민사상을 뛰어 넘어서 만민의 축복을 노래합니다. 이스라엘만 하나님의 백성이고 이스라엘만 하나님의 은혜를 받을 줄 알았는데 이사야는 무엇을 노래하고 있습니까? 앗수르와 이집트에도 하나님의 복이 임한다는 것입니다. 이러한 주장을 통해 이스라엘이 가지고 있던 좁은 시야를 넓혀주고 있는 것이 바로 이사야 19장의 말씀입니다. 뒷부분인 이사야 56장을 보면 하나님의 백성들이 될 수 없었던 고자들, 하나님의 백성들이 될 수 없었던 이방인들도 하나님에 대한 경외가 있다면 그들도 하나님의 백성들이 될 수 있는 길이 활짝 열리게 됩니다. 이사야의 의미가 바로 여기에 있다고 할 수 있습니다. 구약 시대에 기술된 본문임에도 불구하고 세계 만민을 하나님의 백성 삼고자 하시는 하나님의 마음이 너무도 잘 담겨 있는 본문이 이사야입니다.

이사야 29장 13절을 보겠습니다.

주께서 이르시되 이 백성이 입으로는 나를 가까이 하며 입술로는 나를 공경하나 그들의 마음은 내게서 멀리 떠났나니 그들이 나를 경외함은 사람의 계명으로 가르침을 받았을 뿐이라.

이스라엘이 고백하는 언어만 보면 너무도 하나님을 사랑하는 것처럼 보입니다. 그런데 실제 그들의 마음은 하나님을 멀리 떠나 있었습니다. 구약에서 '마음'이라는 것은 지, 정, 의의 전부입니다. 마음을 존재의 일부라고 생각하지 말고 존재의 전부라고 이해하시면 됩니다. 잠언에 이런 말씀이 있습니다. "무릇 지킬 만한 것보다 네 마음을 지켜라." 여기서 "네 마음을 지키라"는 것은 나의 지식, 나의 감정, 나의 의지, 나의 존재 전체, 나의 정체성을 지키라는 말입니다. 안타깝게도 이사야 당시 남유다 백성들은 입으로만 하나님을 믿고 일상의 삶에서는 하나님을 멀리 떠나 있었습니다.

이사야 29장 13절의 상황이 오늘 한국 교회의 현주소 아닌가요? 오늘 한국 교회 강단을 지배하고 있는 신앙들을 보십시오. 성공신앙, 번영신앙, 기복신앙이 한국 교회를 지배하고 있습니다. 한국 교회에서 가장 뜨거운 기도회 현장이 수능 기도회입니다. 교인들이 남북의 평화 통일을 위해서 기도합니까, 세대 갈등의 해결을 위해서 기도합니까, 빈부의 양극화 극복을 위해서 기도합니까? 그런 기도는 하지 않습니다. 목사님들의 설교도 대부분 교회에 헌신 봉사 많이 하면 하나님이 복을 내려주신다는 식입니다. 한국 교회 강단에서 선포되는 메시지를 보면 존재를 다해서 이 시대의 중심 죄악과 맞서 싸우는 하나님의 백성으로 우리를 인도하는 것은 찾아보기 어렵습니다. 대부분 개인의 욕망을 신앙의 이름으로 정당화시키는 경우들이 훨씬 많습니다. 개인의 욕망을 얼마나 교묘한 신앙의 포장지로 싸느냐의 문제이지 사실은 그 본질을 보면 결국 개인의 욕망을 신앙의 이름으로 정당화시켜주는 경우들이 많습니다. 이것이 입으로는 하나님을 경외하는 것처럼 보이지만 사실은 하나님을 경외하는 마음이 없는 것입니다.

미국 윌로우크릭교회 30주년 행사에서 지나온 날들을 돌아보며 이런 고백을 했다고 합니다. "우리는 예수의 제자를 키워내지 못했습니다." 옥한흠 목사님도 은퇴 이후에 그런 인터뷰를 하신 적이 있습니다. "우리는 예수의 제자를 키우지 못했습니다." 조용기 목사님도 그런 고백을 하셨습니다. "내가 너무 값싼 은혜를 선포했습니다, 내가 너무 사회 정의에 무관심했습니다." 이동원 목사님도 은퇴식에서 "교인들 눈치 보느라 하나님 말씀을 제대로 선포하지 못했습니다"라고 고백했습니다. 한국 교회에서 옥한흠 목사님이나 이동원 목사님은 대형교회 목사님들 가운데 그래도 설교 제대로 하고 성경 제대로 가르친 목사님이라고 인정받으시는 분들 아닙니까? 그런데 그런 분들이 이런 고백을 하신 것입니다. 교인들의 카톡 방을 보면 자신이 좋아하는 목사님 설교를 올리는 분들이 계십니다. 저는 이것이 스팸 문자라고 생각합니다. 절대로 카톡 방에 설교 올리지 마세요. 목사님들의 설교 들을 시간에 성경을 읽으십시오. 아무리 미사여구를 동원한다고 하더라도 많은 설교들이 인간의 욕망을 종교의 이름으로 포장하는 경우들이 많습니다. 이것을 누가 부인할 수 있겠습니까. 이것이 이사야 당대의 문제이고 오늘 한국 교회의 문제입니다. 그런데 우리 한 사람 한 사람이 한국 교회라는 어머니에게서 양육 받은 자녀들 아닙니까. 자연스럽게 그러한 신앙적 경향들이 우리의 존재 안에 너무 깊숙이 뿌리 박혀 있습니다. 그래서 이사야 29장 13절의 문제가 나의 문제임을 고백해야 합니다. 하나님을 믿는다고 하면서도 하나님을 위해 살고자 하는 마음은 없고 단지 나를 위해서 하나님이 존재하기만을 바라는 어린아이 단계의 신앙을 극복하고자 하는 마음의 의지가 그 어느 때보다 필요합니다.

오늘 한국 교회를 어지럽히고 있는 최고의 이단이 신천지입니다. 신천지 교인들이 가장 중요하게 생각하는 말씀이 이사야 34장 16절입니다. 신천지에서 강조하는 교리가 하나 있는데 '말씀의 짝 교리'입니다. 말씀의 짝 교리는 모든 말씀에는 짝이 있다는 것입니다. 성경을 교육하면서 여기 있는 말씀과 저기 있는 말씀이 짝이라고 설명해주면 교육생들이 '우와!' 하면서 성경공부에 빠져들게 됩니다. 신천지는 말씀의 짝 교리를 주장하면서 그들이 그 근거로 내세우는 구절이 34장 16절입니다.

너희는 여호와의 책에서 찾아 읽어보라 이것들 가운데서 빠진 것이 하나도 없고 제 짝이 없는 것이 없으리니 이는 여호와의 입이 이를 명령하셨고 그의 영이 이것들을 모으셨음이라.

이 구절을 읽게 되면 정말 말씀에 짝이 있다는 느낌이 듭니다. 왜냐하면 "여호와의 책에서 찾아 읽어보라 이것들 가운데서"를 읽으면서 우리는 여기에 나오는 '이것들'을 여호와의 책이라고 생각합니다. 그리고 뒤이어 여호와의 책에서 빠진 것이 없고 제 짝이 없는 것이 없다고 말하니까 당연히 모든 말씀에는 다 짝이 있다고 생각하기 쉽습니다. 이처럼 신천지는 34장 16절 말씀을 근거로 모든 말씀에는 짝이 있다고 주장하면서 말씀의 짝을 가지고 설명하니까 사람들이 신천지 교육에 놀라게 되고 현혹이 되는 것입니다. 정말 그럴까요? 여러분이 유튜브에서 신천지 강사들의 말도 안 되는 주장들을 들을 수 있는데 신천지 성경 교육의 가장 큰 단점이 뭐냐면 강사들이 히브리어를 너무 모른다는 것입니다. 한 동영상을 보면 예언서에 나오는 '그룹'을 영어 group으로 설명합니다. 그러면서 천사들은 그룹으로 다닌다고 설명합니다. 그러면 교육생들이 열심히 메모합니다. 성경에 나오는 '그룹'이라는 단어를 한글로 음역하다 보니 이렇게 말도 안 되는 설명을 하게 되는 것입니다. 34장 16절에서 '여호와의 책' 다음에 나오는 '이것들'은 여성형입니다. '여호와의 책'은 남성형입니다. 히브리어의 성만 제대로 알고 있어도 이것들과 여호와의 책이 아무런 상관이 없음을 알 수 있습니다. 이것들은 여성형이기에 남성형인 여호와의 책을 말하는 것이 아닙니다. 그러면 '이것들'은 무엇을 말하는 것일까요? 이사야 34장을 보면 계속 동물 이야기가 나옵니다. 11절에는 당아새, 고슴도치, 부엉이, 까마귀가 나오고, 14절에는 들짐승, 이리, 숫염소, 올빼미가 나오고, 15절에는 부엉이, 솔개가 나옵니다. 계속해서 동물들이 나오는데 16절의 '이것들'은 동물들을 가리키는 것입니다. 새번역 성경은 '이것들'이 동물들임을 잘 살려서 정확하게 번역하고 있습니다.

주님의 책을 자세히 읽어 보아라 이 짐승들 가운데서 어느 것 하나 빠진 것이 없겠고 하나도 그 짝이 없는 짐승은 없을 것이다.

그러면 여기서 '짝'은 무엇을 말하는 것일까요? 짐승의 암수 짝을 말하는 것입니다. 말씀의 짝을 말하는 것이 아닙니다. '여호와의 책'과 '이것들'은 성이 다릅니다. 16절에서 '이것들'은 짐승을 가리키는 것으로 짐승에게는 암수 짝이 있다는 말입니다. 신천지에 계신 분들이 여러분들을 전도하려고 이사야 34장을 펴면 잘 설명해주시기 바랍니다.

이사야 44장 28절에 고레스라는 사람이 나옵니다. "고레스에 대하여는 이르기를 내 목자라." 하나님께서 고레스를 당신의 목자라고 말씀합니다. 이사야 45장 1절을 보면 "여호와께서 그의 기름 부음을 받은 고레스에게"라는 말씀이 나옵니다. 여기 '기름 부음 받았다'는 말은 메시아라는 말입니다. 하나님께서 고레스를 자신의 메시아라고 말씀하고 계신 것입니다. 44장 28절에는 하나님이 쓰시는 목자, 45장 1절에는 하나님의 기름 부음 받은 메시아라고 칭하고 계십니다. 그런데 45장 4절 하반 절에 "너는 나를 알지 못하였을지라도 네게 칭호를 주었노라"는 말씀이 나옵니다. 고레스는 하나님이 누구인지를 전혀 알지 못했습니다. 하나님에 대한 경외도 전혀 없었습니다. 그리고 자신이 하나님께 쓰임 받고 있다는 것도 전혀 인지하지 못했습니다. 고레스는 전혀 인지하지 못하고 있었지만 하나님께서는 고레스를 당신의 도구로 사용하신 것입니다.

고대 근동에 등장했던 제국들마다 식민지 백성들을 대하는 전략이 조금씩 달랐습니다. 앗수르는 어떤 지역을 정복하게 되면 그 지역에 사는 사람들을 뽑아서 여러 지역으로 분산시켰습니다. 이것을 강제분산정책이라고 합니다. 계속해서 강제분산정책을 시행하게 되면 결과적으로 여러 민족이 섞여 살게 됩니다. 예를 들면 앗수르가 ABCD 네 개의 나라를 정복했고 그 땅에 살고 있던 사람들을 강제분산 시키면 이후에는 A라는 나라에 ABCD 사람들이 모두 모이게 될 것이고 B라는 나라에도 ABCD 사람들이 모두 모이게 됩니다. 여러 민족들이 섞여 살게 되면서 자연스럽게 민족들 간의 통혼이 일어나게 되고 민족 간의 통혼으로 인해 혼혈 자녀들이 태어나게 됩니다. 이렇게 2~3세대가 지나게 되면 민족주의는 약화될 수밖에 없습니다. 민족주의가 약화되게 되면 앗수르 제국에 대한 저항의 불씨가 사그라지게 됩니다. 이것이 앗수르가 식민지 백성들을 대했던 방식이었습니다.

바벨론이 취한 정책은 식민지 백성들의 엘리트들을 제국의 중앙으로 데리고 가서 그들을 제국에 충성하는 신민으로 만드는 것이었습니다. 바벨론에 포로로 끌려갔던 다니엘과 세 친구를 생각해 보십시오. 그들을 제국의 중앙으로 끌고 가서 바벨론화 시키고자 했습니다. 일제시대 일본이 행했던 문화 통치와 비슷하다고 생각하면 됩니다. 일본은 삼일운동이 끝난 다음에 문화 통치를 시행하면서 조선의 엘리트들을 일본이나 미국으로 유학을 보냈습니다. 그들을 유학 보내면서 일본의 가치관을 자연스럽게 수용하도록 만들고자 한 것입니다. 그리고 일본화 된 조선인들로 하여금 조선을 다스리고자 했습니다. 그렇게 되면 실제는 일본의 지배를 받으면서도 대다수는 자신들이 조선 사람에게 통치를 받는다고 생각하게 됩니다. 이것을 일본이 의도했습니다. 바벨론의 통치 방식이 일본의 문화 통치와 아주 유사합니다.

페르시아 제국은 변방을 강화하는 정책을 시행했습니다. 제국이 튼튼하려면 변방이 강해야 된다는 것이 페르시아의 생각이었습니다. 변방이 무너지게 되면 도미노처럼 제국의 중앙이 몰락할 수밖에 없다고 생각했습니다. 이때 페르시아 제국의 가장 중요한 변방이 어디겠습니까? 이스라엘입니다. 왜 그렇습니까? 이스라엘 바로 옆에 누가 있습니까? 이집트가 있습니다. 페르시아는 이스라엘과 1,500km나 떨어진 곳에 위치했지만 이집트는 이스라엘과 국경이 맞닿아 있었습니다. 당시 페르시아 제국을 유일하게 위협할 수 있는 나라가 이집트였기 때문에 페르시아 제국은 이스라엘이 친 페르시아적 태도를 견지해주기를 간절히 바랐습니다. 그래서 페르시아 왕 고레스는 이스라엘에게 엄청난 혜택을 제공했습니다. 이스라엘이 제국의 가장 중요한 변방이었기 때문입니다. 만약에 이스라엘이 친 이집트로 넘어가게 되면 제국의 다른 지역들도 도미노처럼 이집트에 넘어갈 가능성이 높았기 때문에 페르시아 제국은 이스라엘에게 호의를 베풀었던 것입니다.

이사야 49장 6절에 '이방의 빛'이라는 구절이 나옵니다. "내가 또 너를 이방의 빛으로 삼아 나의 구원을 베풀어서 땅 끝까지 이르게 하리라." 이 말씀에 의지하여 바울이 이방 전도를 한 것입니다. 바울이 목숨을 걸고 1차, 2차, 3차 전도여행을 수행할 수 있었던 가장 중요한 이유가 이사야 42장 6절과 49장 6절에 나오는 '이방의 빛'이라는 말씀 때문입니다.

이사야 53장은 우리가 잘 알고 있는 고난 받는 어린 양에 대한 말씀입니다. 그리스도인들은 이사야 53장이라는 말만 들어도 메시아 예언이라고 생각하지만 유대인들은 그렇게 오랜 기간 이사야 53장을 읽고 들으면서도 그것을 메시아 예언이라고 생각한 적이 없습니다. 이스라엘 전체의 죄를 짊어지고 바벨론에 포로로 끌려 간 사람들에 대한 내용으로 이해했지 메시아 예언이라고 생각하지 않았습니다. 왜냐하면 유대인들이 상상하고 기대하는 메시아는 매를 맞고 고난 받고 죽임 당하는 메시아가 아니기 때문입니다. 그런데 초대 교인들이 예수 사건을 경험하고 나서 구약을 다시 읽으면서 그동안 자신들의 눈에 포착되지 않았던 무수하게 많은 메시아 예언이 있음을 깨닫게 되었습니다. 그래서 초대교회 때부터 이사야 53장을 교회는 메시아 예언으로 분류했습니다. 지금도 유대인들은 이사야 53장을 메시아 예언이라고 생각하지 않습니다. 제가 이것을 강조하는 이유가 있습니다. 그리스도교 관점에서 이사야 53장을 이해하다 보면 이런 생각이 들기 쉽습니다. 하나님께서 오래전 이사야 53장을 통하여 고난 받는 메시아에 대한 예언의 말씀을 주셨는데 왜 예수님 당시 유대인들은 이사야 53장의 말씀을 기억하지 못하고 이 땅에 오신 메시아를 죽였을까 하고 생각하게 됩니다. 하지만 어떤 유대인들도 이사야 53장을 읽으면서 고난 받는 메시아를 상상하거나 죽임 당하는 메시아를 상상한 적이 없습니다. 그들이 상상한 메시아는 승리하는 메시아이고 군림하는 정복자 메시아였습니다. 초대교회가 이사야 53장을 메시아 예언으로 해석한 것입니다. 같은 성경을 읽으면서도 유대교와 초대교회의 해석이 너무도 달랐습니다.

이사야 56장 4~5절을 보면 이전에는 하나님의 백성이 될 수 없었던 고자들 중에서도 하나님에 대한 믿음을 가진 고자들은 이제 하나님의 백성이 될 수 있는 새로운 길이 열렸습니다. 바벨론 포로기를 거치면서 본인의 의지와 무관하게 고자가 된 사람들이 있습니다. 그 대표적인 인물이 다니엘과 세 친구, 술 맡은 관원장인 느헤미야, 에스더의 삼촌으로 왕궁에서 일하던 모르드개입니다. 신명기 23장 1절에 근거할 때 '생육하고 번성하라'는 말씀에 순종할 수 없는 고자들은 하나님의 백성이 될 수가 없습니다. "여호와의 총회에 들어오지 못하리라." 그런데 바벨론 포로기 때 고자가 된 자들이 야웨 신앙을 버렸습니까, 하나님을 믿지 않았습니까? 그렇지 않습니다. 그래서 바벨론 포로기 이후에 새로운 말씀이 주어진 것입니다. 이제는 고자들 중에서도 하나님을 경외하고 하나님이 명령하신 안식일을 준수하는 자들은 하나님의 백성이 될 수 있다는 새로운 말씀이 주어진 것입니다. 누가 진정한 이스라엘입니까? 하나님께 순종하는 자들이 이스라엘입니다.

이사야 58장 6~7절에는 하나님께서 원하시는 참된 금식에 대한 내용이 나옵니다. 우리는 흔히 밥을 먹지 않는 것을 금식이라고 생각하는데 하나님이 원하시는 금식은 그런 것이 아닙니다. 내가 밥을 먹지 않는 것이 하나님께 무슨 의미가 있습니까? 자신에게만 영향을 미치는 종교 행위는 하나님께 의미가 없습니다. 예를 들면 하루에 3시간씩 기도한다, 하루에 성경을 100장 읽는다, 하루에 두 끼씩 금식한다는 것이 하나님께는 의미가 없습니다. 그 대신 우리가 이웃을 사랑한다, 사람을 진실하게 대한다, 학벌로 사람을 차별하지 않는다는 것은 큰 의미가 있습니다. 이사야 58장의 금식도 이것을 잘 보여줍니다. 하나님이 진정으로 원하시는 금식이 무엇입니까? 배고픈 자에게 먹을 것을 주는 것입니다. 헐벗은 자에게 입을 옷을 주는 것입니다. 잠잘 곳이 없는 자들에게 잠잘 곳을 제공하는 것입니다. 그것을 하나님께서는 금식이라고 말씀하십니다. 58장이 말하는 금식의 핵심은 누군가를 유익하게 한다는 것입니다. 참된 금식은 내가 밥을 굶는 것이 아니라 배고픈 자에게 먹을 것을 주는 것입니다.

우리가 주목해야 할 것은 이 말씀이 나오게 된 배경입니다. 이사야 56장부터 66장은 바벨론 포로 귀환 이후에 주어진 말씀입니다. 이때 바벨론 포로지에서 돌아온 사람들이 일 년에 4개월씩 금식했습니다. 지금도 무슬림들은 일 년에 한 달 동안 금식합니다. 이것을 라마단이라고 합니다. 라마단 기간에는 한 달 동안 금식을 하는데 엄밀한 의미에서는 오전 6시부터 저녁 6시까지 금식하는 것입니다. 재미있는 것은 라마단 기간에 음식 소비가 더 많다는 것입니다. 저녁 6시부터 새벽 2시까지 계속 먹기 때문입니다. 이런 라마단 같은 의식을 바벨론 포로기 이후에 이스라엘은 일 년에 네 번이나 한 것입니다. 4개월 동안 오전 6시부터 저녁 6시까지 금식했습니다. 그렇다면 왜 이스라엘이 바벨론 포로기 이후에 1년에 4개월씩 금식했을까요? 이스라엘은 자신들이 이렇게 금식하게 되면 자신들의 종교적 열정에 감동 받으신 하나님께서 메시아를 곧 보내주실 것이고 메시아를 보내게 되면 이스라엘이 세계만방을 다스리는 제국이 될 것으로 기대했습니다. 그런데 이스라엘 백성들이 기대했던 그런 일은 일어나지 않았습니다.

그래서 이스라엘 백성들은 하나님께 불평과 불만을 쏟아내게 되었습니다. 우리가 이렇게까지 했는데 왜 하나님은 우리를 도와주지 않으시냐고 불평과 불만을 쏟아낸 것입니다. 그때 하나님께서 하신 말씀이 이사야 58장 6~7절입니다. 내가 언제 그런 금식을 너희에게 원하였느냐, 내가 정말 기뻐하는 금식은 이런 것이라고 알려주신 것입니다. 성경에는 하나님이 원하시는 금식이 무엇인지 기술되어 있음에도 불구하고 여전히 밥을 굶는 것을 금식이라고 말하는 것을 이제는 바꾸어야 합니다. 내가 밥을 굶는 것은 금식이 아니라 다이어트입니다. 금식은 배고픈 자에게 먹을 것을 주는 것입니다.

내가 기뻐하는 금식은 흉악의 결박을 풀어 주며 멍에의 줄을 끌러 주며 압제 당하는 자를 자유하게 하며 모든 멍에를 꺾는 것이 아니겠느냐 또 주린 자에게 네 양식을 나누어 주며 유리하는 빈민을 집에 들이며 헐벗은 자를 보면 입히며 또 네 골육을 피하여 스스로 숨지 아니하는 것이 아니겠느냐.

예레미야 I

말씀과함께 | 예언서강의

예레미야 I

예언자 예레미야는 중앙에서 밀려나 있는 재야 목회자로 아비아달의 후손이었습니다. 아비아달이 누구였습니까? 다윗의 신하들은 크게 두 계파로 나눌 수 있습니다. 하나는 헤브론파이고, 다른 하나는 예루살렘파입니다. 헤브론파의 대표적 인물이 요압과 아비아달입니다. 그런데 예루살렘파가 지지했던 솔로몬이 이스라엘 왕이 된 이후에 요압은 처형당하고 아비아달은 유배를 떠나게 됩니다. 요압과 아비아달이 솔로몬에게 반기를 들었는데 왜 요압만 처형당했을까요? 요압은 군사령관으로 언제든지 군대를 동원할 수 있는 사람이었기 때문입니다. 다시 말해 솔로몬 체제에 저항할 수 있는 무력을 가진 사람이었기 때문에 요압을 처형했습니다.

반면 아비아달은 제사장이었습니다. 군대를 동원할 만한 권력이 그에게는 없었습니다. 그래서 아비아달은 처형하지 않고 유배를 보냈습니다. 그때 아비아달이 유배를 간 곳이 아나돗이었습니다. 아나돗으로 유배를 갔던 아비아달의 후손이 바로 예레미야입니다. 지방이었던 아나돗의 제사장으로서 예레미야는 예루살렘 성전에 대해 비판적인 시각을 가지고 있었습니다. 만약 아비아달이 아도니야의 반란에 동참하지 않았다면 아비아달의 후손인 예레미야도 예루살렘 성전에서 사역했을 것입니다. 그런데 아도니야의 반란에 동참함으로써 아비아달은 아나돗으로 유배를 가게 되었고 유배를 간 아나돗 땅에서 태어난 후손이 예레미야였습니다. 예레미야는 지방 성소에서 사역하면서 누구보다도 예루살렘 성전을 객관적으로 볼 수 있는 시각을 가지게 되었습니다. 그 결과 자연스럽게 예루살렘 성전에 대한 비판적 입장을 드러내게 됩니다. 예레미야는 지방 성소에서 사역하면서 예루살렘 성전에서 누릴 수 있는 혜택이나 특권을 향유하지 않았습니다. 오늘날로 말하면 예레미야는 수도권에 있는 대형교회 목회자가 아닌 지방에 있는 작은 교회 목회자라고 생각하시면 됩니다. 예레미야는 대표적인 주변부 예언자였습니다.

예레미야는 예언자로 장기간 사역했습니다. 요시야 통치 13년인 주전 627년에 예언 사역을 시작해서 여호아하스, 여호야김, 여호야긴, 시드기야에 이르기까지 40년 넘게 몰락해가는 남유다를 대상으로 사역했습니다. 요시야는 우리가 잘 알고 있는 왕으로 종교 개혁 운동을 일으켰고 예루살렘에 있는 온갖 우상들을 타파했던 왕입니다. 하나님 보시기에 A+를 받을 수 있는 왕이 히스기야와 요시야입니다. 그런데 요시야가 주전 609년 므깃도에서 이집트 군대를 막으려다가 전사하게 됩니다. 요시야가 갑작스럽게 전사하면서 남유다는 몰락의 길을 걷기 시작합니다. 요시야 사후 22년 동안 네 명의 왕이 바뀌었습니다.

요시야가 전사한 이후 먼저 왕이 된 사람은 그의 아들 여호아하스였습니다. 요시야를 죽인 나라가 이집트였기 때문에 요시야의 아들 가운데 가장 반 이집트주의자인 여호아하스를 왕으로 등극시켰습니다. 하지만 왕으로 등극한 지 3개월이 지났을 무렵 바벨론과의 전쟁에서 패배한 이집트는 여호아하스를 끌고 갔습니다. 그리고 이집트에 충성 맹세를 한 여호야김을 왕으로 세웁니다. 여호야김은 11년을 통치했습니다. 여호야김이 죽은 이후 그의 아들 여호야긴이 왕으로 등극했는데 여호야긴은 바벨론에 포로로 끌려가게 됩니다. 이때가 여호야긴 통치 3개월 때입니다. 그리고 바벨론은 자신에게 충성 맹세를 한 시드기야를 왕위에 앉힙니다. 시드기야는 요시야의 아들이었고 11년을 통치했습니다. 요시야 사후에 등장한 네 명의 왕의 특징은 통치 기간이 3개월, 11년, 3개월, 11년으로 반복된다는 것입니다. 그리고 3개월씩 통치했던 왕 가운데 한 명은 이집트로 다른 한 명은 바벨론으로 끌려갔습니다. 이렇게 요시야 사후 22년 동안 네 명의 왕이 교체되었을 정도로 격변기였습니다.

예레미야는 잦은 구타와 투옥 등 예언자로서 고난을 가장 처절하게 경험했습니다. 예언자들은 이스라엘 공동체의 죄악을 책망하고 심판을 경고함으로 인해 사람들의 미움을 받았습니다. 미움이 누적된 결과 매를 맞는다거나 감옥에 투옥된다거나 심지어는 죽임을 당하기까지 했습니다. 이러한 예언자의 고난을 가장 처절하게 경험한 인물이 예레미야였습니다. 예레미야는 40년 예언 사역 중에서 대부분의 시간을 감옥에 투옥되어 있었습니다. 그러면 왜 예레미야는 남유다 백성들에게 심한 미움을 받게 되었을까요? 예레미야는 공평과 정의가 무너진 공동체에 대한 하나님의 심판의 불가피성을 역설했기 때문입니다. 이것은 무엇에 근거한 메시지입니까? 땅 신학에 근거한 메시지입니다.

땅 신학은 사람들이 발 딛고 살아가는 모든 땅의 주인은 하나님이시고 하나님은 특정한 민족과 공동체에게 그 땅에 거주하도록 기회를 주셨다는 것입니다. 그 땅에 거주하는 민족과 공동체는 땅의 주인이 아니라 임차인으로 그 땅에 거주하게 된 것입니다. 임차인인 그들이 그 땅에 계속 거주하기 위해서는 땅의 주인이신 하나님께 성실하게 임대료를 납부해야 합니다. 임차인들이 납부해야 할 임대료는 사법적 정의가 구현되는 미쉬파트와 서로가 서로를 형제답게 대하는 체데크의 삶입니다. 미쉬파트와 체데크가 구현되는 공동체를 건설하게 되면 하나님께서는 임차인들이 성실하게 임대료를 납부했다고 보시고 임차인들로 하여금 그 땅에 계속 거주할 수 있도록 기회를 주십니다. 반대로 임차인들이 살아가는 사회가 폭력이 난무하고 강자가 약자를 억압하고 지배하고 착취함으로 인해 약자들의 아우성과 울부짖음이 넘쳐나면 임대료가 체납된 것으로 보십니다. 임대료가 체납되면 하나님께서는 예언자를 보내셔서 임대료가 체납되었다고 경고하십니다. 이런 경고의 메시지를 듣고도 임차인들이 임대료를 납부할 마음이 제로 상태가 되었을 때 하나님께서는 땅의 임차인을 교체하신다는 것이 땅신학입니다.

땅 신학에 근거해서 가나안 땅에 새로운 임차인으로 왔던 사람들이 출애굽 공동체인 이스라엘이었습니다. 그런데 이스라엘은 가나안 땅에 거주하면서 하나님께 성실하게 임대료를 납부하지 않았습니다. 그 결과 주전 722년에 북이스라엘이 앗수르에 멸망당해 그 땅에서 내어쫓김을 당했습니다. 이제 문제는 남유다였습니다. 남유다 백성들은 성전신학과 시온신학과 왕정신학이라는 왜곡된 신학을 붙잡았고 북이스라엘은 멸망해도 자신들은 절대 무너지지 않는다는 착각에 빠져 있었습니다. 그러한 왜곡된 인식으로 인해 남유다의 멸망을 경고했던 예언자들의 말을 경청하지 않았습니다. 그 시기 남유다가 멸망하는 과정에서 예언 사역을 한 사람이 예레미야였습니다. 예레미야는 무엇을 예언했습니까? 공평과 정의, 미쉬파트와 체데크를 구현하지 않는 공동체는 하나님의 심판을 받을 수밖에 없음을 예언했습니다.

예레미야 시대 가장 심각한 문제는 거짓 신념과 신앙이었습니다. 예레미야 7장 4절을 보겠습니다. 예레미야가 예루살렘 성전 문 앞에 서서 성전에 들어가는 사람들에게 이렇게 선포했습니다.

너희는 이것이 여호와의 성전이라, 여호와의 성전이라, 여호와의 성전이라 하는 거짓말을 믿지 말라.

만약 여러분들이 예루살렘 성전에 예배하러 가는 사람이라고 생각해 보십시오. 경건한 마음으로 예배하기 위해서 성전을 들어가려고 하는데 지방에서 올라온 별 볼일 없는 목사가 소리칩니다. "여기가 여호와의 성전이라고 하는 거짓말을 믿지 마세요." 여기가 여호와의 성전이 아니라면 과연 무엇일까요? 예레미야는 11절에 이렇게 말합니다. "여기는 여호와의 성전이 아니라 하나님의 이름으로 자기 이기심과 욕망을 채우려고 하는 도둑의 소굴입니다." 주일예배를 드리려고 예배당으로 들어가는데 누군가가 이런 주장을 한다면 대부분은 그 사람을 향해 눈살을 찌푸리거나 분노를 표출할 것입니다. 그런 후에 아무런 일이 없었다는 듯이 경건한 모습으로 예배를 드리고 예배당을 나올 것입니다. 교인들끼리는 "저런 미친놈이 다 있네"라고 말했을 것입니다. 예루살렘 성전을 신성불가침의 대상으로 생각했던 시대에 예레미야가 이런 메시지를 선포했으니 당시 남유다 백성들의 반응은 어떠했겠습니까?

예레미야의 말처럼 당시 예루살렘 성전에서 드려지던 예배를 하나님은 열납하지 않으셨습니다. 그러나 남유다 백성들은 종교 지도자들의 이야기를 들으면서 예루살렘 성전에 충성하고 헌신하는 것이 하나님에 대해 열심을 다하는 것이라고 생각했습니다. 예루살렘 성전과 하나님을 동일시한 것입니다. 당시 남유다 백성들에게는 어떤 분별력이 없었던 것입니까? 이것이 여호와의 성전인지 강도의 소굴인지 분별하지 못했습니다. 예루살렘 성전이 타락하고 부패하여 성전 본래의 모습을 상실하였는데도 그곳에 하나님의 임재가 있다고 착각한 것입니다. 예레미야 시대 가장 심각한 문제는 분별력 상실, 잘못된 신앙에 대한 집착이었습니다. 이런 상황에서 예레미야가 외치는 메시지를 듣고 이해하는 것은 불가능했습니다. 당시 이스라엘은 영적 불감증, 무감각, 잘못된 신학에 대한 집착, 왜곡된 구원관, 신학적 무지, 종교 지도자의 독선 등으로 멸망의 길을 걸었습니다.

그런데 이것이 예레미야 시대만의 문제일까요? 제가 볼 때 오늘 한국 교회의 문제이기도 합니다. 얼마 전 수원에 있는 ○○교회 청년부 리더 특강에 갔다가 청년부 담당 목사님과 식사하게 되었는데 목사님께서 가수 박○○이 성경공부를 인도하고 있는데 많은 크리스천들이 유튜브 영상을 보고 있다는 말씀을 하셨습니다. 박○○의 아내가 구원파 유○○의 조카입니다. 박○○도 구원파 신앙을 가진 사람으로 알려져 있습니다. 그런데 대중 가수라는 영향력을 가지고 성경공부를 인도하고 있습니다. 연예인 가운데 이단과 사이비와 연관된 분들이 있습니다. 예를 들면 가수 ○○의 장인은 신천지 교주인 이○○의 스승인 유○○입니다. 그는 10대 후반에 자칭 메시아라고 주장하며 교인들의 재산을 갈취했다가 사기죄로 감옥에 들어가기도 했는데 출옥 후 미국으로 건너가 사업가로 변신한 인물입니다. 이런 기본적인 정보만이라도 알고 있는 것이 중요합니다.

　한국 교회의 문제는 정통과 이단의 경계가 불분명하다는 것입니다. 한국 교회는 구원파의 이러저러한 주장들로 인해 이단성이 있다고 말합니다. 그런데 좀 들어가 보면 소위 정통 교회가 말하는 구원관과 구원파가 말하는 구원관이 별반 다르지 않다는 것입니다. 공통점이 무엇인지 아십니까? 예수 믿는 순간 마치 구원이 확정된 것처럼 말하는 것입니다. 한국 교회에서 구원의 상실 가능성에 대해 말하는 것을 들어본 적이 있습니까? 대부분의 교회에서는 교회에 등록하고 세례를 받으면 구원은 확증 받은 것처럼 말합니다. 그렇게 구원을 받게 되면 미래에 어떤 죄를 범한다 하더라도 구원을 상실하는 것은 아닌 것처럼 말합니다. 구원파를 이단으로 보는 근거가 무엇입니까? 구원 사건을 통해 죄 사함을 받게 되면 미래에 범하게 될 모든 죄까지 다 용서받는 것처럼 말하는 것으로 인해 구원파가 이단이 된 것입니다.

그런데 한국 교회에서 말하는 구원관이 구원파가 말하는 구원관과 무엇이 다른지 생각해 보십시오. 그리고 시한부 종말론자들이 말하는 종말론과 한국 교회가 말하는 종말론이 무엇이 다른지 한번 살펴보십시오. 우리는 정통이라고 주장하는데 자세히 보면 구원관은 구원파와 유사하고 종말론은 시한부 종말론자와 비슷한 경우들이 너무 많습니다. 그런데도 특별한 문제의식을 느끼지 못합니다. 그 이유가 무엇입니까? 대부분의 성도들이 하나님의 말씀인 성경에 대해서 관심이 없기 때문입니다. 말씀을 묵상하면서 궁금한 것들에 대해 목회자에게 지속적인 물음을 제기해야 하는데 묻지를 않습니다. 목회자들도 말씀에 대한 철저한 준비가 없이도 얼마든지 한국 교회에서는 목회가 가능합니다. 이런 상황에서 말씀이 없는 한국 교회라는 기형적인 현상이 발생하고 계속해서 악순환이 반복되고 있는 것입니다. 예레미야 당시에만 거짓 신념과 신앙이 존재했습니까? 아닙니다. 그리스도교 역사가 그러하지만 오늘날 한국 교회에도 참 교회와 거짓 교회가 혼재되어 있습니다. 저는 한국 교회에서 드려지는 예배 가운데 하나님께 열납되지 않는 예배가 많다고 봅니다. 하나님에 대한 왜곡된 인식, 이기적인 구원관, 고백과 삶의 괴리 등 우리가 극복해야 할 많은 문제들이 있습니다. 우리는 예레미야의 말씀을 통해서 우리가 하나님의 말씀과 너무나 동떨어진 잘못된 신앙에 붙잡혀 있는 것은 아닌지 성찰이 필요합니다.

예언자의 선포에 둔감하게 반응하는 당시 청중들의 모습은 참 회개가 얼마나 어려운지를 잘 보여줍니다. 신앙의 출발은 회개하고 복음을 믿는 것입니다. 회개가 무엇입니까? 회개는 헬라어로 '메타노이아'입니다. '메타'는 '바꾼다'는 뜻이고, '노이아'는 '인식', '관점'이라는 뜻입니다. 즉 회개는 인식과 관점을 하나님의 말씀으로 전환해내는 것입니다. "하나님 내가 무엇을 잘못했습니다"라고 반성하는 것이 아닙니다. 회개는 하나님의 뜻과 상관없이 내가 가지고 있던 잘못된 생각을 하나님의 말씀으로 변화시켜내는 것입니다. 하나님의 말씀으로 나의 인식과 세계관과 가치관을 변화시켜내는 것이 회개의 출발입니다. 우리가 발 딛고 살아가는 대한민국 사회가 우리에게 심어놓은 세계관이 있습니다. 물질관이 있습니다. 인생관이 있습니다. 한국 교회가 우리에게 가르쳐 준 교회관과 구원관이 있습니다. 전통과 관습, 부모 세대의 교육 등을 통해 우리에게 습득된 가치관과 습관들이 있습니다. 이모든 것들을 말씀에 근거해서 점검해야 합니다. 신앙인으로 우리가 가질 수 있는 것이라면 보존을 하되 그렇지 않은 경우에는 대한민국 사회나 한국 교회가 우리에게 가르쳐 준 인식을 과감하게 내어 던지고 하나님의 말씀으로 '메타노이아' 해야 하는 것입니다. 인식을 바꾸는 것, 이것이 회개의 출발입니다. 그런데 이러한 회개를 한다는 것이 참 쉽지가 않습니다.

40년 동안 예레미야가 그렇게 힘껏 외쳤음에도 불구하고 듣지 않는 사람들은 끝까지 듣지 않았습니다. 그들은 옳은 소리를 들을 만한 귀가 없었기 때문입니다. 사람들은 한때 자신에게 정립된 신앙을 고집스럽게 붙잡는 경향이 있습니다. 그것을 잘 보여주는 것이 예레미야입니다. 무엇보다 회개라고 하는 것은 구체적인 삶의 변화를 통해 드러나야 합니다. 가치관과 세계관의 변화와 삶의 변화가 함께 가야 합니다. 피조 세계를 바라보는 눈, 물질을 바라보는 눈, 정치, 경제, 사회, 교회를 바라보는 눈과 실천이 동반되는 것이 진정한 회개입니다. 만약 내가 속한 교회에 담임목사님이 너무 이상하고 교회를 운영하는 방식도 너무 이상해서 그것 때문에 너무나 괴롭다면 어떻게 해야 합니까? 문제의식을 느끼고 있다면 무엇을 해야 합니까? 교회를 옮겨야 합니다. 본인이 그 교회를 변화시켜 낼 힘이 없다면 교회를 옮겨야 합니다. 그런데 문제의식은 계속 느끼면서 그곳에 안주하게 되면 변화는 절대로 일어나지 않습니다.

그래서 저는 한국 교회가 외치는 갱신 운동과 개혁 운동을 신뢰하지 않습니다. 제가 볼 때 한국 교회의 갱신은 쉽지 않습니다. 한국 교회의 개혁도 쉽지 않습니다. 왜 그런지 아십니까? 대부분의 사람들은 갱신과 개혁을 다른 존재에게 요구하지 자신의 갱신과 자신의 개혁과 자신의 회개를 행하고자 하지 않기 때문입니다. 갱신과 개혁과 회개의 주체가 자신이 되어야 합니다. 그럴 때만이 진정한 개혁과 갱신이 일어날 수 있습니다. 오늘날 한국 교회에 목회자들만 10만 명이 넘는다고 합니다. 저는 목회자들만 하나님을 제대로 믿어도 한국 교회가 이렇게 되지 않았을 것이라고 생각합니다. 그런데 목회자들 중에도 하나님을 믿지 않고 하나님을 경외하지 않는 분들이 너무나 많습니다. 하나님을 위하여 자기 존재를 겪으며 살아가는 참 목회자와 하나님을 이용하여 자기 이권을 챙기는 삯꾼을 분별할 수 있는 눈이 필요합니다. 하나님의 사람들이 갖추어야 할 가장 중요한 자질이 분별력입니다.

예레미야 당시 역사적 상황을 보면 이스라엘은 지정학적으로 두 강대국인 메소포타미아와 이집트 사이에 있었습니다. 메소포타미아는 헬라어로 '두 강 사이에 있는 땅' 이라는 뜻입니다. 메소포타미아는 유프라테스와 티그리스 강 사이에 위치하고 있는 땅입니다. 약간 기울어진 기억자형 모양을 하고 있는데 기역 자 모양에서 제일 처음 꼭대기에 있는 도시가 하란과 갈그미스입니다. 그리고 기역 자에서 꺽쇠 부분에 있는 도시가 앗수르와 니느웨입니다. 그 다음 기역 자에서 가장 아래에 있는 도시가 바벨론입니다. 아브라함이 살았던 갈대아 우르가 기역 자에서 아랫부분에 있는 도시입니다. 고대 사회에서 앞에 언급한 도시들은 하나의 도시 국가였습니다. 앗수르도 원래는 하나의 도시 국가였는데 이후에 세력을 확장하여 제국이 된 것입니다. 바벨론도 원래는 하나의 도시 국가로 오랜 기간 앗수르에 의해 식민 지배를 받았습니다. 그러다가 주전 626년 앗수르의 식민 지배를 받던 바벨론이 자기들을 신 바벨론 제국으로 천명하면서 앗수르로부터 독립을 주장했습니다. 이때 신 바벨론 왕이 나보폴라살입니다.

주전 626년 나보폴라살이 바벨론의 독립을 주장하면서 군사력을 확장하였고 결국 주전 612년 메대와 연합하여 앗수르를 공격합니다. 이때 앗수르 수도가 니느웨였습니다. 나보폴라살은 니느웨를 주전 612년에 함락시키고 앗수르 왕을 죽입니다. 어떻게 보면 앗수르는 주전 612년에 멸망했습니다. 나라를 다스리는 왕이 죽었고 수도는 함락되었습니다. 그런데 왕이 죽고 수도도 함락되었는데 우발리트 장군이 일부 군인들을 이끌고 하란으로 도망합니다. 도망을 가면서 우발리트가 이집트에 도움을 요청합니다. 이때 이집트는 깊은 고민에 빠지게 됩니다. 고대 근동의 역사를 보면 제일 강력했던 제국은 대부분 메소포타미아와 그 인근 지역에서 탄생했습니다. 대표적으로 앗수르, 바벨론, 페르시아입니다. 앗수르, 바벨론, 페르시아가 연이어 고대 근동의 챔피언일 때 이집트는 만년 2등이었습니다. 만년 2등인 이집트의 꿈이 무엇이었겠습니까? 고대 근동의 챔피언이 되는 것이었습니다. 그런데 챔피언이 될 수 있는 절호의 기회가 찾아온 것입니다.

나보폴라살의 신 바벨론 제국이 주전 612년에 앗수르를 무너뜨린 것입니다. 바벨론은 떠오르는 제국이었고 오랜 기간 고대 근동을 지배하던 앗수르는 이빨 빠진 호랑이가 된 것입니다. 수도도 함락되고 왕도 죽었는데 앗수르 우발리트 장군이 일부 군인들을 이끌고 하란으로 도망치면서 이집트에게 도움을 요청하게 되는데 느고는 앗수르의 도움 요청을 받고 나서 앗수르를 도울 것인지 말 것인지에 대해 고민하다가 최종적으로 앗수르를 돕기로 결정합니다. 느고가 볼 때 앗수르는 이빨 빠진 호랑이고 바벨론은 이제 막 떠오르기 시작한 태양입니다. 느고는 떠오르는 태양인 바벨론을 먼저 제압하기로 마음먹습니다. 이집트 군대가 하란으로 올라가서 앗수르 일부 군인들과 힘을 합치면 바벨론 군대를 이길 수 있다고 생각한 것입니다. 바벨론 군대를 제압하면 누가 남게 됩니까? 이집트 군대와 앗수르의 일부 군인들만 남게 됩니다. 이집트의 군사력으로 앗수르 일부 군인을 이기는 것은 식은 죽 먹기나 마찬가지였습니다. 그렇게 되면 이집트는 꿈에 그리던 고대 근동의 챔피언이 되는 것입니다. 그래서 느고는 앗수르의 도움 요청을 수용하고 군대를 출병시킵니다.

이집트에서 하란으로 가려면 반드시 통과해야 하는 땅이 이스라엘입니다. 그래서 이집트 군대가 이스라엘 땅으로 올라갔는데 당시 남유다 왕이었던 요시야가 므깃도에서 이집트 군대를 막아서게 된 것입니다. 요한계시록에 보면 아마겟돈이라고 기록된 곳이 므깃도입니다. 요시야는 왜 이집트 군대의 이동을 막았을까요? 요시야는 당시 고대 근동의 국제 정세를 자세히 살핀 결과 그동안 고대 근동을 지배하던 앗수르는 무너졌고 바벨론이 고대 근동의 새로운 챔피언이 될 것이라는 것을 확신하게 되었습니다. 그래서 바벨론과 싸우러 가는 이집트를 남유다 군대가 막게 되면 당연히 바벨론은 남유다를 좋게 생각하지 않을까요? 바벨론이 고대 근동의 챔피언이 되었을 때 바벨론 편에 섰던 요시야로 하여금 북이스라엘까지 다스릴 수 있도록 허용해 줄 것을 기대했던 것입니다. 그래서 요시야는 이집트 군대를 므깃도에서 막아서게 됩니다. 이때 이집트 왕이었던 느고는 요시야에게 "너랑 싸우려고 하는 것이 아니니 길을 비켜 달라"고 합니다.

그런데 바벨론 편이 되기로 작정한 요시야는 길을 비켜주지 않았습니다. 결국 이집트와 남유다가 충돌하게 되었습니다. 누가 이겼을까요? 이집트가 승리했고 요시야는 전사하게 됩니다. 그런데 문제는 이집트 군대도 상당한 전력 손실을 입게 되었습니다. 이집트의 군사력이 100이라고 한다면 남유다와 전쟁에서 60정도가 되었습니다. 이 60을 가지고 하란으로 간 것입니다. 그래서 이집트 60과 앗수르 패잔병들이 힘을 합쳐서 바벨론과 갈그미스에서 싸웠는데 패배합니다. 이집트 느고 왕은 자신들이 전력 100으로 바벨론과 맞서 싸웠으면 충분히 이길 수 있었는데 요시야가 므깃도에서 길을 막아서는 것 때문에 패배했다고 생각했습니다. 그래서 바벨론에게 패배한 후에 자기 나라로 돌아가지 않고 예루살렘을 경유해서 요시야 이후 왕이 된 여호아하스를 포로로 끌고 갔습니다. 그리고 이집트에 충성 맹세를 한 여호야김을 왕으로 세우게 됩니다. 이때가 주전 609년입니다. 이집트에 의해 왕이 된 여호야김은 친 이집트 정책을 펼칠 수밖에 없었습니다.

이집트는 바벨론에 패배한 이후 다시 군사력을 증강시키기 시작했습니다. 자신들이 전력 100으로 싸웠다면 충분히 바벨론을 이길 수 있었다고 생각하며 바벨론과의 일전을 준비한 것입니다. 그러다가 주전 605년에 중요한 사건이 일어납니다. 예레미야에 보면 주전 605년을 '여호야김 4년', '느부갓네살 원년'이라고 표현했습니다. 주전 605년이 예레미야에서 아주 중요합니다. 주전 605년에 신 바벨론 제국을 창건한 나보폴라살이 죽습니다. 나보폴라살이 죽은 이후에 그의 아들 느부갓네살이 신 바벨론 제국의 왕이 됩니다. 이때가 주전 605년입니다. 고대 근동에서 왕의 능력은 군사적인 리더십과 비례한다고 생각했습니다. 나보폴라살의 군사적 리더십은 제국 전체에 널리 알려져 있었지만 이제 막 왕으로 등극한 느부갓네살은 한 번도 군대를 이끌고 전쟁터에 나가서 싸워 본 적이 없는 인물입니다. 이집트는 지금이 바벨론에 복수할 수 있는 절호의 기회라고 생각했습니다. 그래서 주전 605년에 바벨론에 전쟁을 선포합니다. 그렇게 두 나라가 충돌한 곳이 갈그미스였습니다.

이 전쟁에 남유다 군대도 참여했을 가능성이 아주 높습니다. 당시 남유다 왕이었던 여호야김은 이집트가 세운 왕 아닙니까. 이집트에게 절대 충성을 맹세한 왕입니다. 바벨론과의 전쟁 상황에서 이집트의 봉신이었던 남유다도 이집트 편에 서서 전쟁에 참전했을 가능성이 아주 높습니다. 그런데 이 전쟁도 이집트가 패배합니다. 그리고 전쟁에서 승리한 바벨론 왕이 남유다까지 내려옵니다. 남유다로 내려와서 여호야김에게 이집트에게 충성할 것인지, 바벨론에게 충성할 것인지를 선택하라고 촉구합니다. 여호야김은 당연히 전쟁에서 승리한 바벨론의 봉신이 되겠다고 다짐합니다. 이때가 여호야김 4년입니다. 그리고 남유다가 바벨론의 봉신이 되었음을 기념하면서 총명한 청년들을 포로로 끌고 갑니다. 이때 바벨론에 포로로 끌려간 청년들이 다니엘과 세 친구였습니다.

당시 남유다 왕실에는 세 그룹의 신하들이 있었습니다. 첫째 그룹은 민족주의 그룹으로 어떤 나라와도 손 맞잡지 말고 독자적인 행보를 걸어가자고 주장했는데 이들은 소수였습니다. 둘째 그룹은 친 메소포타미아 그룹으로 앗수르, 바벨론, 페르시아 같은 고대 근동의 챔피언들과 손을 잡고 남유다의 안정을 추구했던 그룹입니다. 이들은 상대적으로 수가 많았습니다. 셋째 그룹은 친 이집트 그룹으로 이들도 상대적으로 수가 많았습니다. 여기서 질문이 있을 수 있습니다. 고대 근동에서 챔피언은 항상 메소포타미아 쪽에서 나왔는데 왜 챔피언과 동맹을 맺지 않고 만년 2인자인 이집트와 손을 잡고자 한 친 이집트 그룹이 있었을까요? 그 이유는 앗수르나 바벨론은 멀리 떨어져 있던 남유다에게 엄청난 조공을 부과했습니다. 앗수르나 바벨론이 부과하는 조공을 다 바치고 나면 남유다 경제가 위태로울 정도로 많은 조공을 부과했습니다. 그래서 성경을 보면 제국이 부과하는 조공을 납부하기 위해서 성전벽의 금까지 긁어모으는 이야기가 나옵니다. 그만큼 메소포타미아에 있던 제국들이 부과하는 조공을 바치려면 남유다 백성들의 경제적 삶이 힘들어질 수밖에 없었습니다.

그런데 이것을 적절하게 이용한 나라가 이집트였습니다. 이집트는 남유다나 북이스라엘을 자기편으로 만들려고 선대했습니다. 이집트 입장에서는 남유다나 북이스라엘이 자기편이 되는 것이 너무나 중요했습니다. 이집트에게 위협이 될 수 있는 나라는 메소포타미아에 있는 나라들인데 그 나라가 이집트를 공격하려고 할 때 반드시 통과해야 되는 나라가 이스라엘입니다. 이때 남유다나 북이스라엘이 친 이집트의 입장을 견지하게 되면 이들이 제국의 군대를 먼저 막아주게 됩니다. 그러면 이집트 입장에서는 전력의 손실이 있는 제국의 군대와 싸울 수 있는 것입니다. 이것이 얼마나 좋습니까. 그래서 이집트는 이스라엘과 남유다를 자기편으로 만들기 위해서 조공을 거의 부과하지 않았습니다. 이러한 모습들이 남유다 신하들의 입장에서는 너무나 대비가 되는 것입니다. 메소포타미아에 있는 제국들은 우리들을 잡아먹지 못해 안달이 난 것처럼 많은 조공을 부과하는데 이집트는 강대국임에도 불구하고 너무 잘해주었기에 남유다 안에 친 이집트 세력들이 많이 있었던 것입니다. 정리하면 남유다 왕실에는 세 개의 그룹이 존재했습니다. 하나는 민족주의 그룹이고 또 하나는 친 메소포타미아 그룹이고 마지막으로 친 이집트 그룹이었습니다.

주전 605년 바벨론을 섬기게 된 여호야김 왕은 바벨론이 부과한 조공으로 인해 힘든 시기를 보내게 됩니다. 이때 이집트가 여호야김을 유혹합니다. "언제까지 바벨론이 부과하는 조공을 다 바치면서 살래." 여호야김은 "우리도 안 바치고 싶은데 만약 바치지 않게 되면 바벨론이 우리를 죽이려고 할 텐데요." 이때 이집트 왕은 바벨론에 바치던 조공을 끊으라고 하며 만약 조공을 끊는 것 때문에 바벨론 군대가 공격하면 자신들이 도와주겠다고 약속합니다. 그 약속을 믿고 여호야김은 바벨론에 바치던 조공을 끊습니다. 남유다가 조공을 바치지 않게 되자 바벨론이 군대를 출병시키게 됩니다. 바벨론에서 남유다까지 군대가 도착하려면 3~4개월 정도 걸리는데 이 기간에 여호야김이 죽습니다. 아마도 심장마비로 죽은 것이 아닌가 생각됩니다. 그리고 그의 아들 여호야긴이 왕이 됩니다. 여호야긴이 왕이 되고 3개월 되었을 때 바벨론 군대가 남유다에 도착합니다. 그리고 남유다 왕 여호야긴을 포로로 잡아가고 바벨론에 충성을 맹세한 그의 삼촌 시드기야를 왕으로 임명합니다. 이 모든 과정에서 이집트는 어떠한 도움도 제공하지 않았습니다.

주전 609년 요시야가 죽은 다음에 등장했던 왕들은 3개월, 11년, 3개월, 11년을 통치했습니다. 남유다 마지막 왕인 시드기야는 바벨론이 세운 왕이었습니다. 시드기야는 11년을 통치했는데 매년 바벨론이 부과한 조공을 바치기 위해 얼마나 고생을 많이 했겠습니까? 그런데 이 시드기야도 이집트 왕의 유혹에 넘어가게 됩니다. 바벨론에 바치던 조공을 끊을 것을 제안하면서 만약 조공을 끊는 일로 바벨론 군대가 남유다를 공격하면 자신들이 도와주겠다고 제안합니다. 그 약속을 믿고 시드기야도 바벨론에 바치던 조공을 끊습니다. 이후에 어떻게 되었겠습니까? 여호야김 때의 일이 재연되었습니다. 바벨론 군대가 남유다를 공격했고 도와주기로 약속한 이집트는 어떠한 도움도 제공하지 않았습니다. 그래서 주전 586년 남유다가 멸망하게 됩니다. 이것이 예레미야 당시 역사적인 상황이었습니다. 주전 597년에 포로로 끌려갔던 여호야긴은 37년 만에 감옥에서 풀려납니다. 이때가 주전 560년이었습니다.

예레미야가 사역한 기간이 40년 조금 넘는데 대부분의 시간을 감옥에서 보냈습니다. 예언자로서 고난을 가장 처절하게 경험한 인물이 예레미야였습니다. 예레미야는 남유다 공동체에서 많은 미움을 받았는데 그가 미움 받은 이유는 첫째로 신성불가침의 대상인 성전을 공격했기 때문입니다. 오늘도 교회당을 성전이라고 부르고 성전에 가야만 하나님을 만날 수 있다고 생각하시는 분들이 많습니다. 오늘날 성전에서 동물제사를 드립니까? 드리지 않습니다. 사실은 성전이 아니라 예배당, 교회당이라고 해야 합니다. 그런데도 신학적으로 이러한 주장을 누구나 동의하면서도 여전히 교회 건물을 지을 때 성전 건축이라는 표현을 사용합니다. 21세기에도 성전이라는 거룩한 공간 안에 하나님이 계신 것처럼 생각하는 분들이 많이 있습니다. 하물며 지금부터 2600년 전에 이스라엘 백성들이 예루살렘 성전에 대해 가지고 있었던 생각은 어떠했겠습니까?

그 당시 성전은 신성불가침의 대상이었습니다. 성전을 공격하는 것은 곧 하나님을 공격하는 것으로 이해했습니다. 그런데 예레미야가 성전을 비판한 것입니다. 우리는 예레미야를 하나님께서 파송하신 참 예언자라고 생각하지만 당시 사람들에게 예레미야가 어떠한 존재로 인식이 되었겠습니까? 예레미야는 아나돗이라는 지방 성소에 있는 제사장입니다. 오늘날로 말하면 조그마한 상가 건물에 있는 교회 담임목사 같은 사람입니다. 작은 개척교회 목사님이 수만 명이 모이는 대형교회 앞에서 "여기는 하나님의 교회가 아닙니다"라고 외치는 것과 같은 상황입니다. 같은 목사라 하더라도 몇 천, 몇 만 명의 교인을 목회하는 목사하고 조그마한 상가 건물에서 교인 20명을 목회하는 목사가 같은 목사라고 생각하십니까? 아나돗이라는 지방 성소에서 사역하는 제사장이 하나님의 임재가 느껴지는 예루살렘 성전에 와서 "예루살렘 성전은 강도의 소굴입니다. 여기에는 하나님이 계시지 않습니다"라고 외칠 때 이것을 과연 누가 받아들일 수 있겠습니까? 지금도 쉽지 않을 것입니다. 신성불가침의 대상인 성전에 대한 공격으로 예레미야는 남유다 백성들에게 미움을 받았습니다.

둘째로 예레미야는 이방의 침략자인 느부갓네살을 하나님의 종이라고 불렀는데 이로 인해 미움을 받았습니다. 예레미야 43장 10절을 보면 예레미야는 이방 왕 느부갓네살을 하나님의 종이라고 표현했습니다. 이것은 마치 조선의 초대 통감으로 왔던 이토 히로부미를 하나님의 종이라고 설교하는 것과 같은 것입니다. 민족주의적인 정서를 가진 사람들에게 이러한 주장이 용납될 수 있겠습니까?

셋째로 예레미야는 민족의 반역자, 매국노라는 인식으로 인해 미움을 받았습니다. 예레미야는 남유다를 공격하고자 하는 바벨론 왕 느부갓네살을 하나님의 심판을 집행하는 도구라고 주장했습니다. 하나님과의 언약을 저버린 남유다가 하나님의 심판의 매를 맞아야 한다고 하면서 하나님의 도구로 사용되고 있는 바벨론에 맞서 싸우지 말고 바벨론에 항복할 것을 권면했습니다. 이러한 주장이 남유다 백성에게는 민족의 반역자, 매국노와 같은 모습으로 비쳐졌을 것입니다. 있는 힘, 없는 힘을 다해서 바벨론과 결사항전을 벌이고자 하는 사람들에게 이 얼마나 힘 빠지는 소리입니까. 예레미야는 바벨론을 하나님이 사용하시는 심판의 매로 이해했습니다. 이로 인해 대다수 사람들로부터 미움을 받을 수밖에 없었습니다.

넷째로 예레미야는 장기 유배설을 주장함으로 인해 미움을 받았습니다. 예레미야의 말처럼 남유다 백성들이 바벨론에 의해 포로로 끌려가고 패망하는 일이 벌어지게 되었습니다. 이때 거짓 예언자들은 포로로 끌려간 사람들이 하나님의 은혜로 2년 안에 가나안 땅으로 다시 돌아올 것이라고 주장했습니다. 이것을 단기 유배설이라고 합니다. 그런데 예레미야는 이러한 주장을 반박하면서 70년 정도는 바벨론에 머물 생각을 해야 한다고 주장했습니다. 금방 돌아올 것이라고 생각하지 말고 바벨론에 정착해서 결혼도 하고 자녀도 낳고 집도 짓고 땅도 일구며 살아가야 한다고 말한 것입니다. 이것을 장기 유배설이라고 합니다. 포로로 끌려간 사람들이나 사랑하는 가족들이 포로로 잡혀간 사람들 입장에서 누구의 말을 더 좋아할까요? 어떻게 보면 예레미야는 사람들이 듣기 싫어하는 주장만 계속 선포한 것입니다. 도저히 사랑 받을 수 없는 예언자가 바로 예레미야였습니다.

예레미야 1장 1절입니다.

베냐민 땅 아나돗의 제사장들 중 힐기야의 아들 예레미야의 말이라.

여호수아 21장을 보면 이스라엘이 가나안 땅에 정착했을 때 48곳의 예배드릴 수 있는 성소가 있었습니다. 48은 12 곱하기 4입니다. 열두 지파 안에 각 지파에서 동서남북으로 평균 4곳에서 하나님을 예배할 수 있는 예배 성소가 있었던 것입니다. 베냐민 땅에는 아나돗이라는 지방에 성소가 있었습니다. 아나돗 성소의 제사장 중 한 사람이 예레미야입니다. 예레미야는 지방의 작은 교회 목사라고 생각하시면 됩니다. 그런 예레미야가 서울 강남에 있는 대형교회 앞에 서서 대형교회를 비판한 것입니다. 예레미야는 중앙 성소로부터 떨어진 재야 예언자로 객관적인 시각을 소유했습니다. 오늘날도 마찬가지입니다. 여러분이 예루살렘 성전에서 사역하는 제사장이라고 생각해 보십시오. 그러면 예루살렘 성전에 어떤 문제가 있는지를 제대로 파악하는 것이 쉽지 않습니다. 문제가 있다는 것을 알게 되었다고 해도 그 문제를 폭로하는 것은 결코 쉽지 않습니다. 만약 그렇게 한다면 예루살렘 성전에서 쫓겨날 가능성이 아주 높습니다. 그렇게 되면 이제부터 무엇을 먹고 살아야 합니까. 이처럼 예루살렘 성전에서 사역하는 사람이라면 예루살렘 성전의 문제가 무엇인지를 인지하는 것도 쉽지 않지만 인지한다고 하더라도 그것을 폭로하는 것이나 문제를 제기하는 것은 더욱 어려운 일이었습니다.

그런데 예레미야는 지방 성소의 제사장이었기 때문에 누구보다도 객관적으로 예루살렘 성전을 바라볼 수 있는 눈이 있었습니다. 이런 것을 인식론적 특권이라고 합니다. 인식을 함에 있어서 특권을 갖고 있다는 것입니다. 예를 들면 가부장적 사회에서 여성들이 사회에 대한 문제의식을 보다 많이 느끼게 됩니다. 가부장적 사회에서 기득권자인 남성들이 문제의식을 느끼는 것은 쉽지 않습니다. 노예제 사회에서는 억압당하는 노예들이 문제의식을 보다 많이 느끼게 됩니다. 오늘날 장애인과 비장애인 가운데 누가 도로 문제라든가 보행 문제라든가 대중교통 이용 문제에 대해 문제의식을 많이 느끼겠습니까? 당연히 장애인들이 많이 느낄 수밖에 없습니다. 비장애인의 눈에는 잘 보이지 않는 것들이 장애인들에게는 큰 문제로 인식되는 것입니다. 이런 것을 인식론적 특권이라고 합니다. 남자, 백인, 비장애인에게는 전혀 문제가 되지 않는 것들이 여자, 흑인, 장애인들에게는 문제로 인식되는 것입니다.

저는 제사를 지내지 않아서 잘 모르지만 종갓집 며느리가 되면 일 년에 수십 차례 제사를 지낸다고 하지 않습니까? 수고는 여성들이 하고 막상 제사를 지낼 때는 남성들만 그 현장에 들어가고 제사 이후 남성들은 먹는 일에 집중하는 모습을 보면서 여성들이 무슨 생각을 하겠습니까? 새해 첫날에 어른들께 세배하는데 손주하고 손녀에게 주는 세뱃돈이 다르다고 할 때 손녀들이 무슨 생각을 하겠습니까? 지금은 많이 바뀌었지만 한 세대 전만 해도 출가한 딸은 유산을 받지 못하거나 딸들이 아들보다 적게 받는다든가 할 때 이런 현실에 대해 남성들이 문제의식을 갖는 것은 쉽지 않습니다. 이런 것들에 대해 문제가 있다는 것을 누가 더 많이 느낄 수밖에 없습니까? 그 구조와 체제 안에서 약자, 고난 받는 사람들이 문제의식을 더 느낄 수밖에 없는 것입니다. 그런 의미에서 재야 예언자였던 예레미야는 당시 이스라엘의 중심이었던 예루살렘 성전이 정말 하나님이 원하시는 모습을 견지하고 있는가에 대해서 객관적으로 바라볼 수 있는 눈을 가지고 있었다고 할 수 있습니다.

예레미야 1장 10절을 보면 예언자의 두 가지 사명이 나옵니다.

보라 내가 오늘 너를 여러 나라와 여러 왕국 위에 세워 네가 그것들
을 뽑고 파괴하며 파멸하고 넘어뜨리며 건설하고 심게 하였느니라
하시니라.

여기에 보면 예언자가 감당해야 할 두 가지 사명이 있습니다. 하나
는 뽑고 파괴하고 파멸하고 넘어뜨리는 것입니다. 무너져야 할 것들을
무너뜨리고 책망해야 할 것들을 책망하는 것입니다. 다른 하나는 건설
하고 심는 것입니다. 무엇이 잘못되었는지를 비판만 할 것이 아니라
무엇이 옳은지를 세워내야 합니다. 이러한 두 가지 사명을 감당하는
예언자가 필요합니다. 저는 한국 교회에 대해 이런저런 문제가 있다고
비판하는 사람들을 신뢰하지 않습니다. 저도 20대 초반에는 그런 일
에 열과 성을 다했습니다. 한국 교회의 문제를 지적하느라 청춘의 많
은 시간을 보냈습니다. 그런데 백날 지적하고 비판만 하면 뭘 합니까?
지적하고 비판한다고 해서 문제 집단이 스스로를 자성하고 자기를 변
화시켜 내는가요? 절대로 그렇지 않습니다. 문제 집단은 성찰의 능력
도 부족하지만 스스로를 변화시켜내고자 하는 의지도 없습니다. 그렇
다면 변화되지도 않을 집단을 향해 그렇게 목소리 높여 비판하는 이
유가 무엇인가요? 교회가 원래는 이런 곳이 되어야 하는데 자꾸만 탈
선하여 이상한 길로 가기 때문에 비판하는 것 아닙니까.

그래서 제가 20대 중반부터는 마음을 고쳐먹었습니다. 무엇이 문제인지 비판하는 것은 끝이 없습니다. 처음에는 A라는 문제가 있었는데 시간이 지나면 B라는 문제가 발생하고 또 시간이 지나면 C라는 문제가 발생합니다. 그래서 계속 비판해야 합니다. 그러다 평생 문제만 지적하다 끝나겠다는 생각을 하게 되었습니다. 그러면서 제가 왜 이렇게 비판하고 분노할까 생각하니 원래 교회는 이런 곳이 되어야 하는데 그렇지 못한 것에 대해서 분노하고 있다는 것을 깨닫게 되었습니다. 그래서 저는 20대 중반부터는 제가 옳다고 믿는 교회를 세우는 일에 올인 했습니다. 그렇게 공동체로 살아온 지가 30년이 넘었습니다. 저는 한국 교회를 개혁하겠다고 목소리를 높이거나 운동하는 목사들을 신뢰하지 않습니다. 그렇게 개혁과 갱신에 대한 열망이 있다면 자기 교회부터 교회됨의 본질을 지켜내야 하는데 제가 볼 때는 자기 교회를 교회 되게 하는 일에는 열심을 다하지 않으면서 계속 다른 교회의 문제를 지적하는 일에만 몰두하는 경우들을 많이 보게 됩니다.

　예레미야 1장 10절에서 말하고 있는 것처럼 예언자에게는 두 가지 사명이 있습니다. 무너뜨려야 할 것은 무너뜨려야 합니다. 그런 후에 건설하고 심어야 합니다. 오늘날 한국 교회에서 소위 의식이 있다는 목사들이 잘하지 못하는 것이 후자입니다. 무엇이 문제인지에 대해서는 목소리 높여 비판하면서 옳은 것을 건설하고 심는 일에는 열심을 내지 않습니다. 저는 교회 갱신 운동을 하는 교인들에 대해서도 같은 입장입니다. 무엇이 문제인지에 대해서는 목소리 높여 행동하는데 올바른 것을 세워 나가는 일에는 너무나 게으릅니다. 결단하지 않습니다. 그래서 저는 한국 교회 개혁과 갱신 운동에 대한 기대감이 없습니다. 사람들은 무엇인가 문제를 지적하는 사람을 예언자 같다고 말하는데 사실 그것은 누구나 할 수 있는 것입니다. 더욱 중요한 것은 올바른 것을 심고 건설하는 것입니다.

오늘 한국 사회에서 보수와 진보가 서로 죽일 듯이 싸우고 있지만 사실 가만히 보면 보수와 진보가 자녀 양육의 모습이 다릅니까? 인생을 살아내는 삶의 모습이 다릅니까? 그렇게 죽일 듯이 가치관이 달라서 싸우는 사람들이라면 뭔가 삶이 달라야 되는 것 아닙니까. 그런데 별반 다르지 않습니다. 가치관이 삶으로 열매 맺지 못하는 것입니다. 다시 말씀드리지만 예언자의 사명은 비판에 있지 않습니다. 무엇인가에 대해 목소리 높여 비판하는 사람들을 보면서 그 사람을 예언자라고 착각하지 마십시오. 참 예언자들은 비판으로 끝나지 않습니다. 건설하고 심습니다. 그분이 무엇을 건설하고 무엇을 심고 어떤 대안적인 삶을 살아가고 있는가를 주목해야 합니다. 예레미야 2장 13절에는 이스라엘이 하나님의 심판을 받을 수밖에 없는 두 가지 죄악이 나옵니다.

내 백성이 두 가지 악을 행하였나니 곧 그들이 생수의 근원되는 나를 버린 것과 스스로 웅덩이를 판 것인데 그것은 그 물을 가두지 못할 터진 웅덩이들이니라.

이스라엘의 두 가지 죄악이 무엇입니까? 생수의 근원되는 하나님을 버린 것과 스스로 웅덩이를 판 것입니다. 여기 "스스로 웅덩이를 팠다"는 말은 강대국과 이방의 다른 신을 섬겼다는 것입니다. 정말로 믿고 의지해야 할 하나님은 저버리고 눈에 보이는 강대국들과 그들이 섬기는 신들을 붙잡은 것입니다. 우리가 성경을 읽다 보면 하나님을 위로할 수밖에 없습니다. 왜 위로할 수밖에 없습니까? 하나님은 이스라엘에게 엄청나게 많은 은혜를 주셨음에도 불구하고 결국에는 그 이스라엘로부터 배신을 당하셨습니다. 버림을 당하셨습니다. 그렇다면 왜 하나님은 당신의 언약 백성인 이스라엘로부터 버림을 당하셨을까요? 그 이유는 하나님이 우리에게 주시는 뜻이 인간의 욕망과 대립하기 때문입니다.

이집트에서 오랜 세월 동안 종살이 할 때는 하나님이 그들을 구원시켜 주는 것이 너무나 좋았습니다. 그리고 시내산에서 언약을 체결하고 십계명을 주고 율법을 주셨을 때도 아멘이 되었습니다. 하나님이 이스라엘에게 주신 율법 안에 어떤 내용이 있습니까? 안식일 법, 안식년 법, 희년 법이 있습니다. 안식일 법이 어떤 내용입니까? 6일 동안 노동에 시달렸던 종을 7일째 되는 날에는 쉬게 해주라는 것입니다. 이집트에서 종살이 할 때는 1년 내내 쉬지를 못했는데 하나님께서는 6일 동안 일하던 종을 7일째 쉬게 하라는 명령을 내리신 것입니다. 이얼마나 감격스러운 말씀입니까. 안식년 법이 무엇입니까? 6년 동안 일했던 종에게 생활 자금을 손에 쥐어서 독립시켜 주라는 것입니다. 그들을 속박으로부터 자유케 하라는 것입니다. 한 번 종은 영원한 종인데 하나님은 그 종을 해방시켜 주라고 말씀하시니 오랜 세월 종살이 했던 이스라엘의 입장에서 이 얼마나 감격스러운 말씀입니까.

그런데 가나안 땅에 정착한 이후 이스라엘 공동체에 부자도 생겨나고 가난한 자도 생겨났습니다. 이때부터 부자들에게는 안식일 법과 안식년 법이 부담스러워지기 시작했습니다. 자신들이 종이었을 때는 너무도 좋은 법이었는데 종을 소유한 주인이 되고 나서부터는 6일 동안 일했던 종을 7일째 쉬게 해주라는 것이 부담스러웠습니다. "이웃 나라의 어떤 주인도 종을 쉬게 하지 않는데 나는 왜 종을 쉬게 해야 하지? 이거 너무 많은 손해를 보는 건 아닌가? 다른 나라 주인들은 한번 종은 영원한 종으로 평생 부려먹는데 나는 6년 동안 일했던 종을 7년째 생활 자금까지 주면서 해방시켜줘야 하는데 이건 너무 부당한 것 아닌가?" 내가 종이었을 때는 너무 좋았던 말씀들이 가진 것이 하나둘 늘어나기 시작하고 내가 주인이 되고 나서부터는 서서히 부담으로 다가오기 시작한 것입니다. 이때부터 하나님의 말씀에 대한 순종을 종교 의식의 준수로 대체하게 됩니다. 안식일 법, 안식년 법, 희년 법을 지키지 않으면서도 하나님을 사랑한다는 종교 의식의 준수에는 열심을 다했습니다. 예배 참석, 매일의 기도, 토라 암송, 정결법 준수 등에 열심을 다하는 것입니다. 종교 의식에는 최선을 다하지만 정작 하나님이 원하시는 일상의 순종에는 무관심했습니다. 이것이 오늘날 한국 교회와 너무나도 닮아 있습니다. 우리 하나님은 당신의 언약 백성으로부터 배신당하신 하나님, 아무것도 가진 것이 없을 때는 너무나 좋았는데 가진 것이 많아지면서부터 너무나 부담스러워진 하나님이 되어 버린 것입니다. 당신의 언약 백성으로부터 배신당하신 하나님을 누군가는 위로해야 하지 않겠습니까? 무더운 여름날에 시원한 냉수 같은 하나님의 백성들이 출현해야 하지 않겠습니까? 여러분들이 그런 존재가 될 수 있기를 소망합니다.

예레미야 II

예레미야 II

예레미야 2장 18절을 보겠습니다.

네가 시홀의 물을 마시려고 애굽으로 가는 길에 있음은 어찌 됨이
며 또 네가 그 강물을 마시려고 앗수르로 가는 길에 있음은 어찌 됨
이냐.

본문은 강대국을 의존하는 것에 대한 책망의 말씀입니다. 주전 627
년경 앗수르가 약화되고 이집트가 유다를 장악해서 종주국 행세를 했
습니다. 앞에서 말씀드린 것처럼 유다 왕실에는 세 개의 그룹이 있었
습니다. 친 메소포타미아 그룹, 친 이집트 그룹, 민족주의 그룹 이렇게
세 그룹이 있었는데 이집트는 내정 간섭을 줄이고 조공의 부담도 많
이 부과하지 않았기 때문에 남유다 내부에서는 친 이집트 분위기가

매우 강했습니다. 이것을 기억하시면 좋겠습니다.

예레미야 4장 12절입니다.

이보다 더 강한 바람이 나를 위하여 오리니 이제 내가 그들에게 심판을 행할 것이라.

끊임없이 하나님은 예레미야를 통해 회개하지 않는 남유다 백성들에게 심판을 경고하셨습니다. 하지만 대다수 남유다 백성들은 예레미야의 말을 귀 기울여 듣지 않았습니다. 왜냐하면 남유다 백성들은 잘못된 신학을 붙잡고 있었기 때문입니다. 그들은 이렇게 생각했습니다. 성전은 하나님의 집인데 어떻게 하나님의 집이 무너질 수 있는가? 하나님의 집이 무너지는 것은 하나님이 무너지는 것과 똑같다는 것입니다. 이것이 성전신학입니다. 예루살렘이 하나님의 도성인데 어떻게 하나님의 도성이 무너질 수 있는가. 하나님의 도성이 무너지는 것은 하나님의 무너짐과 똑같다는 것입니다. 이것이 시온신학입니다. 당시 남유다 백성들은 성전, 예루살렘, 다윗 왕조는 절대로 무너지지 않는 신성불가침의 대상으로 인식했습니다. 심지어 예언자가 심판을 경고할 때도 남유다 백성들은 콧방귀를 뀌었습니다. 그들은 "우리가 하나님의 언약 백성인데 하나님께서 언약 백성 된 우리를 설마 버리겠어"라고 생각했습니다. 이스라엘이 자신만만하게 붙잡고 있었던 것이 바로 자신들이 하나님의 언약 백성이라는 것입니다. 그런데 언약을 체결하는 것이 중요합니까, 체결한 언약의 내용을 신실하게 지켜내는 것이 중요합니까? 당연히 언약 체결보다 그 언약을 신실하게 지켜내는 것이 더 중요합니다.

예를 들면 내가 친구에게 "이제 너를 진실하게 만날게. 너에게 정말 최선을 다할게"라고 약속하는 것이 중요합니까 아니면 약속한 이후에 그 약속의 내용대로 진실하게 최선을 다해 만나는 것이 중요합니까? 후자가 훨씬 더 중요합니다. 언약 체결보다 중요한 것은 언약을 신실하게 준수하는 것입니다. 만약 언약을 체결했지만 그 언약을 신실하게 준수하지 않게 되면 그 언약은 파기되는 것입니다. 이스라엘은 자신들이 하나님의 백성이라고 하는 것을 모든 심판으로부터 면책 특권이라고 착각했습니다. 하나님의 백성 됨이 무조건적인 용서와 사면의 조건이 되는 것입니까? 천만의 말씀입니다. 하나님의 백성이라고 하는 특권은 책임과 비례하는 것입니다. 하나님의 백성이라고 하는 특권은 하나님의 백성답게 살아가야 하는 책임을 요청받는 것입니다. "나는 하나님의 백성이니까 어떤 심판으로부터도 문제가 없어"라는 면책 특권의 보증문서가 될 수 없는 것입니다.

예레미야 5장 1절을 보겠습니다.

너희는 예루살렘 거리로 빨리 다니며 그 넓은 거리에서 찾아보고 알라 너희가 만일 정의를 행하며 진리를 구하는 자를 한 사람이라도 찾으면 내가 이 성읍을 용서하리라.

본문을 통해 당시 남유다가 얼마나 총체적인 타락에 빠져 있었는가를 알 수 있습니다. 여기에 보면 한 사람이라도 찾으면 용서해주겠다고 했습니다. 이 말씀을 들으면 무엇이 생각납니까? "의인 열 명만 있으면 심판하지 않겠다"는 창세기 18장이 생각납니다. 하나님의 백성들이 아닌 소돔과 고모라 사람들도 아브라함이 하나님께 중보기도를 할 때 의인 열 명에서 끝났습니다. 아브라함이 "하나님, 이 성에 의인 열 명이 있는데도 이 성을 심판하시겠습니까"라고 물었을 때 하나님께서는 "의인 열 명이 있으면 용서해주겠다"라고 말씀하셨습니다. 그런데 여기서는 하나님의 백성이라고 하는 사람들의 공동체인 예루살렘에 하나님을 진실 되게 찾는 한 명만 있어도 용서해주겠다고 말씀하고 계시니 이 얼마나 부끄러운 이야기입니까. 이 말은 당시 이스라엘 공동체 전체가 타락했음을 보여줍니다. 이스라엘 전체가 잘못된 생각, 잘못된 신념, 잘못된 신앙, 잘못된 행위에 빠져 있었던 것입니다. 본문은 우리에게 공동체의 중요성을 일깨워줍니다.

서울역에서 부산역으로 가는 KTX에 탑승해서 열차가 출발한 다음부터 계속 서울 방향으로 달리기를 했다고 합시다. 그러면 2시간 50분 후에 어디에 있을까요? 서울입니까, 부산입니까? 2시간 50분을 서울 방향으로 열심히 달렸는데도 2시간 50분이 지나면 부산에 있게 됩니다. 왜 그렇습니까? 부산으로 가는 열차를 탔기 때문입니다. 이와 마찬가지로 한 사람의 분투보다 공동체의 걸음이 훨씬 큰 영향력을 발휘하게 됩니다. 제가 볼 때 대형교회에도 좋은 분들이 너무 많습니다. 개인적으로 진실하신 분들이 많습니다. 그런데 문제는 그런 개인적인 진실함과 선함이 그 공동체의 탐욕적이고 어리석은 행동에 묻히게 되는 경우들이 많습니다. 개인적으로 선하면 뭘 합니까? 2~3천 억짜리 교회당 건물을 짓겠다고 할 때 그 교회의 일원이 되어 동참할 수밖에 없는 것이 현실입니다. 개인적으로 선하신 분들 가운데 담임목사가 목회 세습을 한다고 할 때 아멘하고 따라가는 분들이 얼마나 많습니까. 이것이 중요한 것입니다. 내가 아무리 분별력을 갖추고 있어도 공동체 전체가 분별력을 상실하게 되면 자신도 그 공동체에 속한 사람으로 어쩔 수 없이 분별력 없는 행동에 동참할 수밖에 없는 경우들이 많습니다. 반대로 개인적으로는 분별력이 없다고 해도 공동체가 옳은 결정을 하게 되면 그 공동체 안에서 자신도 올바른 선택을 지지하며 살아갈 수 있는 것입니다. 이처럼 개인의 깨어남보다 훨씬 더 중요한 것이 공동체의 깨어남임을 기억해야 합니다.

안타까운 것은 예레미야 당시 예루살렘에는 단 한 사람도 깨어 있는 사람이 없었습니다. 한마디로 공동체 전체가 총체적 타락의 상황이었습니다. 그러한 총체적 타락을 또 한 번 언급하고 있는 본문이 예레미야 5장 30~31절입니다.

이 땅에 무섭고 놀라운 일이 있도다 선지자들은 거짓을 예언하며 제사장들은 자기 권력으로 다스리며 내 백성은 그것을 좋게 여기니 마지막에는 너희가 어찌하려느냐.

본문을 보면 지금 이스라엘 공동체에서 본래 그 사람이 감당해야 할 본질적 사명에서 모두 탈선하고 있습니다. 예언자들은 하나님이 맡겨 주신 말씀을 예언해야 되는 것 아닙니까? 그런데 거짓 예언을 하고 있습니다. 제사장들은 백성들을 섬겨야 하는 것 아닙니까? 그런데 백성들을 지배하고 있습니다. 더 큰 문제는 선지자와 제사장의 탈선에 대해 백성들이 분노하는 것이 아니라 그것을 좋게 여기고 있다는 것입니다. 스승의 날 ○○교회 담임목사님이 페이스 북에 부교역자들이 스승의 노래를 불러주고 선물을 전달하는 영상을 올렸습니다. 저는 개인적으로 양심이 없다고 생각합니다. 저는 스승의 날을 폐지해야 한다고 생각하는 사람입니다. 우리나라 초중고교 선생님들과 대학교 교수들이 집단으로 탄원했으면 좋겠습니다. 저는 목사로서 가장 부끄러운 날이 스승의 날이라고 생각합니다. 사실 우리 가운데 참 스승이 몇 분이나 되겠습니까? 담임목사라고 해서 스승이 되는 것입니까? 양심이 있다면 학교 선생님, 대학교 교수님, 목사님들이 힘을 합쳐 스승의 날을 없애고 그날을 스승 회개의 날로 바꾸었으면 좋겠습니다. 스승답게 살아가라고 세움 받았는데 스승답게 살지 못한 것에 대해 회개하는 날로 삼았으면 좋겠습니다. 스승답게 살아가지도 못하면서 선물 받고 즐거워하는 것은 참으로 부끄러움을 모르는 염치없는 행동입니다.

예레미야 당시 예루살렘에는 한 사람도 깨어 있는 사람이 없었습니다. 한마디로 돕는 배필의 역할을 감당하는 사람이 없었던 것입니다. 하나님의 뜻에 대한 분별력 없이 거짓 예언자들의 선포를 아멘으로 수용하고 제사장이 권력을 가지고 다스리는데도 거기에 대해 전혀 문제의식을 느끼지 못했습니다. 한번 생각해 보십시오. 예수님은 평화의 상징인 나귀를 타고 예루살렘에 입성하셨습니다. 그리고 자기를 낮추어 이 땅에 오시고 제자들의 맨발을 씻겨주시고 인자는 머리 둘 곳이 없다고 하셨습니다. 그리고 죽기까지 하나님께 온전히 순종하셨습니다. 무엇보다 제자들에게 자기를 따르라고 명하셨습니다. 그런데 예수님을 따르겠다고 자임하는 목사들이 억대 연봉을 받고 고급 승용차를 타고 부목사 위에 군림하는 모습을 보인다면 그런 사람들을 어떻게 목사라고 할 수 있겠습니까. 인격적으로 파탄 난 목사들, 사람들을 하대하고 욕 잘하는 목사들, 자신의 잘못이 온 천하에 드러나도 전혀 죄의식이 없는 목사들을 어찌 목사라고 할 수 있겠습니까. 그런데 희한하게도 그런 목사들이 목회하는 교회에 사람들이 구름떼처럼 몰려듭니다. 이런 일이 오늘날에도 버젓이 일어나는 이유가 무엇입니까? 누구도 깨어 있지 못하고 돕는 배필의 역할을 하는 자가 없기에 이런 일들이 일어나고 있는 것입니다.

예레미야 6장 6절입니다.

만군의 여호와께서 이와 같이 말하노라 너희는 나무를 베어서 예루살렘을 향하여 목책을 만들라 이는 벌 받을 성이라 그 중에는 오직 포학한 것뿐이니라.

여기 '목책'이라는 단어가 나오는데 목책은 나무로 방어벽을 만들라는 것입니다. "이는 벌 받을 성이라 그중에는 오직 포학한 것뿐이니라." 나무로 방어벽을 만들어봤자 하나님의 심판으로부터 피할 길이 없다는 것입니다. 이는 예루살렘과 이스라엘이 심판받을 수밖에 없음을 강조하는 말씀입니다. 왜 이스라엘이 심판을 받게 되었습니까? 하나님의 거룩한 도성이 되어야 할 예루살렘이 포학만 가득한 성이 되었기 때문입니다.

헬레니즘은 시공간과 존재적으로 거룩한 것과 속된 것을 구분합니다. 그런데 헤브라이즘은 모든 것이 경계 가운데 있음을 강조합니다. 성전은 언제나 거룩한 하나님의 집입니까? 아닙니다. 성전은 거룩한 하나님의 집으로 부름 받은 것입니다. 하지만 현실에서 교회는 부름 받은 그대로 거룩한 하나님의 집으로 존재하는 곳도 있지만 강도의 소굴로 추락한 곳도 있습니다. 목사는 거룩한 하나님의 사람입니까? 아닙니다. 목사는 거룩한 하나님의 사람으로 부름 받은 존재입니다. 그런데 현실에서 목회자들을 보면 부름 받은 그대로 거룩한 하나님의 사람으로 살려고 발버둥 치는 분들이 있는 반면 삯꾼으로 추락하는 자들도 있습니다. 여기서 중요한 것이 분별입니다. 부름 받은 그대로의 모습으로 살아가는지 그렇지 않은지를 잘 분별해야 하는 것입니다.

예레미야 6장 14절입니다.

그들이 내 백성의 상처를 가볍게 여기면서 말하기를 평강하다 평강하다 하나 평강이 없도다.

여기에 '평강하다'는 말은 샬롬입니다. 참 예언자인 예레미야가 타락하고 부패한 예루살렘의 심판을 말한 반면 거짓 예언자들은 평강을 외쳤습니다. 그들은 이렇게 말했습니다. "하나님이 너희들을 얼마나 사랑하시는데 왜 하나님이 너희를 심판하시겠어, 어떤 상황에서도 하나님은 너희들을 품어 안아 주실 거야, 설령 너희가 하나님께 잘못한 것이 있다고 하더라도 하나님은 너희를 용서해 주시는 분이야." 이렇게 말하면서 이스라엘 백성들에게 평강을 외쳤습니다. 이러한 평강의 메시지는 청중들이 너무나 듣고 싶어 하는 메시지였습니다. 거짓 예언 자들과 타락한 제사장들의 중요한 특징이 무엇입니까? 청중들이 듣기 원하는 메시지를 끊임없이 선포한다는 것입니다. 한마디로 소비자 중 심적인 사역을 행한다는 것입니다.

예레미야 8장 19절입니다.

딸 내 백성의 심히 먼 땅에서 부르짖는 소리로다 여호와께서 시온 에 계시지 아니한가, 그의 왕이 그 가운데 계시지 아니한가 그들이 어찌하여 그 조각한 신상과 이방의 헛된 것들로 나를 격노하게 하 였는고 하시니.

이것이 시온신학입니다. "그의 왕이 그 가운데 계시지 아니한가." 이것은 이스라엘 백성들이 부르짖고 있는 소리입니다. 하나님께서 시 온에 계시니 걱정하지 말라는 것입니다. 하나님이 친히 지켜주심을 믿으라는 것입니다. 당시에 참 예언자들이 등장하여 아무리 하나님의 심판을 경고한다 하더라도 백성들에게는 그 메시지들이 귀에 들리지 않았습니다. 그들은 시온신학, 왕정신학, 성전신학 같은 거짓 신학을 굳게 붙잡았습니다. 그래서 사태의 심각성을 전혀 인지하지 못했습니 다.

예레미야 16장 2절입니다.

너는 이 땅에서 아내를 맞이하지 말며 자녀를 두지 말지니라.

하나님께서 예레미야에게 결혼하지 말 것을 명령했습니다. 왜 예레미야에게 결혼하지 말라고 하셨을까요? 결혼하게 되면 자녀가 태어날 수 있습니다. 하나님께서 예레미야에게 결혼하지 말라고 한 것은 곧 심판이 임할 것이기 때문입니다. 하나님의 심판이 임하게 되면 피난을 떠나야 하고 적국에 포로로 끌려갈 수도 있습니다. 포로로 끌려가는 상황에서 가족들이 함께 끌려간다거나 어린 자식들이 붙잡혀 간다면 얼마나 괴롭겠습니까. 그러한 고통을 경험하지 않도록 하기 위해서 하나님께서는 예레미야에게 결혼하지 말라고 명하신 것입니다. 이것을 행위 예언이라고 합니다. 하나님의 뜻을 전하는 예언 행위는 크게 두 가지 방식을 통해 전달됩니다. 하나는 말이고 다른 하나는 행위입니다. 에스겔이 전형적인 행위 예언자입니다. 결혼할 연령이 되면 모든 사람들이 결혼하는데 예레미야만 결혼하지 않게 되면 사람들이 예레미야에게 왜 결혼하지 않는지에 대해 묻지 않을까요? 그때 예레미야가 이런 이야기를 하는 것입니다. "하나님의 심판이 곧 임할 것인데 어린 자녀들이 부모들의 죄로 인해 고통 받는 모습을 보고 싶지 않아서 나는 결혼하지 않고 자녀를 두지 않을 거야"라고 이야기 하는 것입니다. 어떤 행위를 통해 사람들의 호기심을 불러일으키고 호기심 충만한 사람들의 질문에 대해 자신이 왜 그런 행동을 하는지를 설명하는 것이 행위 예언입니다. 그런 행위를 통해 백성들에게 또 하나의 메시지를 던져주는 것입니다. 예레미야는 하나님의 심판으로 인해 온 가족이 전멸하게 될 것을 결혼하지 않고 자녀를 낳지 않는 상징 행위를 통해 미리 경고한 것입니다.

예레미야 20장 10절을 보겠습니다.

나는 무리의 비방과 사방이 두려워함을 들었나이다 그들이 이르기를 고소하라 우리도 고소하리라 하오며 내 친한 벗도 다 내가 실족하기를 기다리며 그가 혹시 유혹을 받게 되면 우리가 그를 이기어 우리 원수를 갚자 하나이다.

예레미야는 사람들을 끊임없이 불편하게 만들었습니다. 그래서 사람들은 예레미야가 넘어지길 바랐습니다. 예레미야가 하나님의 뜻대로 진실하게 거룩하게 정직하게 살아가려고 발버둥 치는 모습이 그들에게는 너무도 꼴보기 싫었습니다. 그래서 예레미야를 자신들과 똑같은 존재로 만들고 싶었습니다. 이러한 모습은 예나 지금이나 동일합니다. 죄악으로 충만한 사람들은 예언자가 타락해서 자신들과 동일한 수준이 되기를 바랍니다. 재력이 있는 교인들에게 한두 번 호텔에 초대를 받아 식사 대접을 받고 나면 그분과 인간적인 유대 관계가 형성됩니다. 자기에게 밥 사주고 용돈 주는 그 사람을 존경하게 되고 좋아하게 됩니다.

1980년대 후반에 존경하는 목사님에 대한 설문조사를 하면 1~3위에 김○○ 목사님이 들어갔습니다. 그런데 이분이 2000년대 초반 뉴라이트 운동에 참여하더니 지금은 한국 보수 우파의 대표적인 인물이 되었습니다. 그래서 사람들이 이런 질문을 많이 합니다. 김○○ 목사님이 옛날에는 안 그러셨던 것 같은데 2000년대 이후에 변화된 모습을 보면서 이분이 변절한 것인지 원래 그런 분이셨는지에 대해 이야기를 많이 합니다. 목사님을 잘 아는 분이 이런 이야기를 하시는 것을 들었습니다. 목사님께서 유명세를 타기 시작할 즈음 삼성, 엘지, 현대

같은 대기업에서 목사님을 강사로 자주 초청했다고 합니다. 이런 곳에 강사로 초청받게 되면 30분에서 1시간 정도 강의하고 임원들과 식사와 티타임을 2~3시간 갖는다고 합니다. 그러면 강사료로 2~300만원을 받았다고 합니다. 당시 기준으로 엄청난 돈을 받으신 것입니다. 한번 생각해 보십시오. 대기업들이 그 비싼 강사료를 주고 목사님을 왜 강사로 불렀겠습니까? 사회적인 인지도도 있고 여론도 만들어 낼 수 있는 사람을 강사로 초대한 다음에 그 사람과 우호적인 관계를 맺는 것이 가장 중요한 목적이었습니다. 재미있는 사실은 목사님이 대기업 강의를 하기 전에는 재벌은 해체해야 한다는 입장이었는데 대기업에 강의를 갖다 와서는 재벌도 나름 좋은 곳이라고 노선을 바꾸었습니다. 자신에 대해 환대하고 큰 금액의 강사료를 준 대기업에 대해 인식이 새로워진 것입니다.

여러분 돈의 힘이 이렇게 무섭습니다. 사람이 변하는 것도 한순간입니다. 어디 비싼 일식집에 가서 몇 번 밥 사주면 식사 대접 받은 사람은 자기에게 밥 사준 사람에게 종속될 수밖에 없습니다. 그러니까 절대로 제게 비싼 음식을 사주겠다고 하시면 안 됩니다. 제가 비싼 밥을 얻어먹게 되는 순간 저의 예언자적 영성은 죽습니다. 저에게 비싼 음식을 사주겠다고 하시는 것은 저의 영성을 죽이겠다고 작정하신 것과 같습니다. 제가 밥 먹으러 호텔 식당을 들락날락하는 순간 제 영성은 죽습니다. 김치찌개를 사주시는 것까지는 가능하지만 호텔 식사 초대는 절대로 사절입니다.

예언자들의 영성과 기백이 죽는 것도 정말 한순간입니다. 불의한 사람들은 예언자들을 자기들과 똑같은 수준으로 만들고자 합니다. 이것을 하향평준화라고 합니다. 제가 목회자들 세계에서 나름 하향평준화 되지 않기 위해서 노력하는 것이 하나 있습니다. 목회자들의 집단적인 모임에 가지 않는 것입니다. 저는 목사 안수를 받고 20년 동안 한 번도 노회에 참석하지 않았습니다. 목사들이 모여 있는 노회를 가보면 예비군과 수준이 비슷합니다. 목사님들 개개인은 참 좋은 분들인데 그 좋은 목사님들이 모여 있는 노회는 심한 경우에는 조폭 집단처럼 행동하는 경우들이 많습니다. 이것은 구조적인 문제라고 할 수 있습니다. ○○○교회 오○○ 목사에 대한 문제가 불거졌을 때 교회가 속해 있는 ○○○노회에서 제대로 된 판결을 내리지 못한 가장 큰 이유가 돈 때문이었습니다. ○○○교회가 ○○○노회에 내는 노회비가 일 년에 몇 억입니다. 그 돈 가지고 노회에 있는 작은 교회 목사들이 해외여행도 가고 재정적인 지원도 받는 것입니다. 그러니 이분들이 어떻게 ○○○교회를 심판하는 판결을 할 수 있겠습니까? 절대 그렇게 못합니다. 이런 문제로부터 자유하기 위해서는 노회에 가서 밥 얻어먹으면 안 되고 관광시켜 준다고 할 때 가면 안 되고 지원해 준다고 할 때 받으면 안 되는 것입니다. 이것이 저의 사소한 실천입니다. 그래서 저는 20년 넘게 노회에 참석하지 않고 있습니다. 한 집단의 하향평준화를 막는 것은 너무도 어렵습니다. 개인적으로는 참 좋은 분들인데 어느 집단에 속하면 그 집단이 가진 관행과 문화에 포섭되어 살아가게 되는 경우들을 많이 보게 됩니다. 불의한 사람들은 정말 치밀하게 계획을 세워서 착한 사람들을 넘어뜨리고 하향평준화 시키려고 합니다. 예레미야도 그러한 유혹과 박해를 수없이 받았음을 알 수 있습니다.

예레미야 25장 1절입니다.

유다의 왕 요시야의 아들 여호야김 넷째 해 곧 바벨론의 왕 느부갓
네살 원년에 유다의 모든 백성에 관한 말씀이 예레미야에게 임하니
라.

여호야김 통치 4년은 주전 605년입니다. 남유다는 주전 605년 이
전에는 이집트의 지배를 받았습니다. 그러다가 주전 605년부터 바벨
론의 지배를 받게 됩니다. 주전 605년이 예레미야에서 아주 중요합니
다. 여호야김 4년인 주전 605년은 바벨론이 고대 근동의 패권을 장악
한 해입니다. 이때 여호야김은 하나님의 말씀이 적혀 있는 두루마리
를 칼로 찢어서 불태웁니다. 이때부터 예레미야는 유다가 바벨론에 의
해서 멸망할 것이라고 선포하기 시작합니다. 예레미야서를 보면 주전
605년 이전에는 예레미야가 회개를 촉구합니다. 그런데 605년 이후
부터는 더 이상 회개를 촉구하지 않고 하나님의 심판을 받아들일 것
을 주장합니다.

우리는 예레미야에서 두 사람의 악인들을 만나게 됩니다. 한 사람은
여호야김이고 다른 한 사람은 남유다의 마지막 왕이었던 시드기야입
니다. 여호야김은 적의에 가득 차서 적극적으로 여호와의 말씀을 거역
한 인물입니다. 하나님의 말씀이 선포되는 것도 듣기 싫어하고 말씀이
적혀 있는 두루마리를 칼로 잘라 버리면서 불태웠습니다. 하나님에 대
해 극단적으로 맞서 싸웠습니다. 그런데 여호야김과 완전히 다르지만
또 한 사람의 악인이 있습니다. 그가 바로 시드기야입니다. 시드기야

는 여호와의 말씀을 들으려고 했습니다. 감옥에 있는 예레미야를 몰래 빼내서 자신에게 하나님의 말씀을 들려 달라고 부탁도 했습니다. 그런데 예레미야가 하나님의 말씀을 전하면 말씀에 순종하지 않습니다. 듣기는 하지만 경청하지 않고 순종하지 않는 것입니다. 또한 예레미야에게 자신을 위해 기도해 달라고 합니다. 이처럼 자신을 위해 기도해 달라고 하고 하나님의 뜻을 알려 달라고 하지만 시드기야는 끝까지 하나님의 말씀에 순종하지 않았습니다. 사실 어떻게 보면 시드기야의 모습이 낯설지 않은 것이 오늘 우리의 모습이기 때문입니다. 여호야김처럼 대놓고 하나님의 말씀에 대적하는 교인들이 누가 있겠습니까? 그런데 하나님의 말씀이 계속 들림에도 불구하고 그 말씀에 순종하지 않는, 듣기는 하지만 순종하지 않는 시드기야와 같은 모습이 우리에게 있지 않습니까? 이런 자세와 태도로부터 돌이켜야 합니다.

예레미야 25장 11절을 보겠습니다.

이 모든 땅이 폐허가 되어 놀랄 일이 될 것이며 이 민족들은 칠십 년 동안 바벨론의 왕을 섬기리라.

이것을 장기 유배설이라고 합니다. 칠십 년 동안 바벨론 땅에서 바벨론 왕을 섬긴다고 한다면 지금 포로로 끌려가는 사람들은 대부분 가나안 땅으로 돌아오지 못한다고 봐야 합니다. 이것이 포로들에게는 얼마나 절망적인 말씀이었을까요? 이 장기 유배설에 맞서는 주장이 예레미야 28장 11절에 나오는 단기 유배설입니다.

모든 백성 앞에서 하나냐가 말하여 이르되 여호와께서 이와 같이 말씀하시니라 내가 이 년 안에 모든 민족의 목에서 바벨론의 왕 느부갓네살의 멍에를 이와 같이 꺾어 버리리라 하셨느니라 하매 선지자 예레미야가 자기의 길을 가니라.

'이 년 안에' 모든 것이 회복되어 가나안 땅으로 돌아온다는 것입니다. 이것을 단기 유배설이라고 합니다. 여러분이 포로라면 장기 유배설을 말하는 예레미야와 단기 유배설을 말하는 하나냐의 말 가운데 누구의 말에 더 환호하겠습니까? 당연히 하나냐의 말에 환호할 수밖에 없을 것입니다. 하나냐의 말은 백성들이 간절히 듣기 원하던 말이었습니다. 예레미야는 심판 이후에 하나님의 새로운 회복의 때를 말했습니다. 예레미야 31장 33절입니다.

그러나 그 날 후에 내가 이스라엘 집과 맺을 언약은 이러하니 곧 내가 나의 법을 그들의 속에 두며 그들의 마음에 기록하여 나는 그들의 하나님이 되고 그들은 내 백성이 될 것이라 여호와의 말씀이니라.

지금까지 하나님의 말씀인 토라는 돌에 새겨져 있거나 양피지에 쓰여 있었습니다. 그런데 새로운 시대에는 하나님께서 당신의 말씀을 각 사람의 마음에 새겨주시겠다고 하십니다. 이제는 내 존재 바깥에 있는 무엇을 봐서가 아니라 내 마음 속에 있는 하나님이 새겨 주신 말씀에 의해서 하나님 앞에 순종하는 때가 온다는 것입니다. 이때가 언제 도래했습니까? 사도행전 2장에 오순절 성령 강림 때 초대교회에서 이 모습이 성취되었습니다. 누구도 그렇게 하라고 명령하지 않았지만 성령이 그들에게 임했을 때 예루살렘 교인들은 자신의 것을 기꺼이 우리의 것으로 내어 놓는 자발적인 순종을 하게 된 것입니다.

저는 제 강의를 듣는 여러분들만이라도 돌아가실 때 절대 자녀들에게 유산을 물려주지 않으셨으면 좋겠습니다. 자녀들이 성년이 될 때까지 먹이고 재우고 입히고 결혼할 때 도와주는 것으로 충분하다고 봅니다. 우리가 가지고 있는 모든 것은 나의 것의 아니라 하나님의 것입니다. 그런데 하나님의 것을 육신의 자녀들을 위해서만 사용하는 것이 사실 얼마나 부끄러운 일입니까? 자녀들을 뛰어 넘어 선한 일에 사용하시고 의미 있는 일에 사용하셔야 합니다. 우리가 그렇게 해야 하지 않겠습니까? 그것이 말씀을 배운 자가 마땅히 감당해야 할 순종의 모습 아니겠습니까? 누가 시키는 외부의 강제에 의해서가 아니라 내 안에 있는 하나님의 말씀, 내 안에서 역사하시는 성령의 음성 안에서 내가 자발적으로 순종하는 그러한 모습이 우리 안에 더욱 많아지기를 소망합니다.

32장에 보면 예레미야는 숙부의 아들이었던 하나멜의 아나돗에 있는 밭을 은 17세겔에 매입합니다. 이것이 얼마나 황당한 일인가를 잘 보셔야 합니다. 남유다는 곧 바벨론에 멸망당할 운명에 처해 있었습니다. 그런데 바벨론에 멸망당하기 전에 예레미야는 사촌 하나멜의 밭을 샀습니다. 이것이 얼마나 바보 같은 짓입니까? 이 밭을 사고 나면 이제 곧 남유다는 바벨론에 멸망을 당합니다. 그 멸망의 과정 속에서 예레미야의 운명이 어떻게 될지도 알 수 없고 이 땅이 어떻게 될지도 알 수 없습니다. 그런데 왜 예레미야가 이런 행위를 하는 것일까요? 예레미야는 하나님께서 반드시 회복시켜 주실 것이라는 사실을 알려주기 위해서 이런 행위를 하는 것입니다. 하나님의 심판으로 인해 바벨론에 포로로 끌려갔지만 하나님께서 반드시 우리를 이 땅으로 돌려보내어 살게 하실 것이라는 믿음을 자신의 행위로 증거하고 있는 것입니다. 이것이 중요합니다. 믿는 자들이 행위로 자신의 믿음을 먼저 드러내야만 합니다. 그래야 다른 사람이 그 행위에 동참할 수 있습니다. 일반 사회에서는 한 사람의 열 걸음보다 열 사람의 한 걸음을 더 중요하게 생각합니다. 그런데 신앙에서는 열 사람의 한 걸음을 외치면 아무도 걸음을 내딛지 않습니다. 열 사람 모두가 한 걸음을 내딛기를 기다리면 수십 년이 걸릴 수 있습니다. 신앙의 공동체 안에서는 누군가가 먼저 한 걸음을 내딛는 것이 중요합니다. 선구자가 한 걸음을 내딛는 믿음의 모습을 보여야 나머지 사람들이 보고 배우고 모방하는 것입니다. 신앙의 공동체가 건강하려면 누군가는 항상 깃발을 들고 선도적으로 믿음의 행위를 보여야만 합니다.

예레미야 33장 3절은 교인들이 너무도 좋아하는 말씀입니다.

너는 내게 부르짖으라 내가 네게 응답하겠고 네가 알지 못하는 크고 은밀한 일을 네게 보이리라.

교인들은 여기 '부르짖으라' 는 말에 주목합니다. 자신들이 부르짖는 강도에 따라서 하나님의 응답이 결정되는 것처럼 생각하는 분들이 많습니다. 기도원이나 교회에서 통성기도를 하는 것을 보면 데시벨이 보통 높은 것이 아닙니다. 조용히 침묵으로 기도하면 응답이 안 될 것 같은 생각이 듭니다. 하나님께서 부르짖으라고 했으니까 정말 괴성을 질러가면서 부르짖으면 하나님이 그만큼 속히 응답해 주실 것처럼 생각합니다. 하지만 본문은 그런 뜻이 아닙니다. 여기서 '부르짖으라' 는 히브리어는 '카라' 입니다. '카라' 는 '부르라' 는 뜻입니다. 즉 본문은 하나님을 부르라는 말이지 하나님께 부르짖으라는 말이 아닙니다. 그런데 번역을 '부르짖으라' 고 한 것 때문에 자신도 모르는 사이에 기도할 때마다 소리가 높아져갑니다. 그러나 히브리어의 뜻은 '너희는 나를 부르라' 는 것입니다. 부르기만 하면 나는 늘 너희에게 응답할 준비가 되어 있다는 것입니다. 그런데 지금 이스라엘 공동체가 하나님을 부르지 않았기 때문에 하나님을 만나지 못하는 상황에 대한 말씀입니다. 하나님은 언제나 우리와 만나고 싶어 하시고 대화하고 싶어 하는데 우리가 하나님을 부르지 않는다는 것입니다. 그래서 하나님과의 만남을 갖지 못했음을 알려주는 말씀입니다. 그런데 번역을 '부르짖으라' 고 하니까 너무나도 많은 교인들이 마치 부르짖음의 강도에 의해서 응답이 결정되는 것처럼 생각하게 되었습니다. 그러나 원래 뜻은 절대 그렇지 않습니다. 하나님은 청력이 나쁜 분이 아닙니다. 기도의 데시벨을 낮추어도 충분히 대화할 수 있습니다. 우리가 한 숨만 쉬어도 하나님은 그것이 어떤 의미인지 다 아시는 분입니다. 꼭 소리를 지르고 육하원칙에 근거한 기도를 해야만 듣는 분이 아닙니다. 여전히 한국 교회가 예레미야 33장 3절을 문자적으로 적용하여 기도하는 경우가 많은데 그런 부담감은 갖지 않으셔도 좋을 것 같습니다.

예레미야 44장 17절을 보면 남유다는 멸망당하기 전 실제적으로 다신교 사회였음을 알 수 있습니다. 먼저 44장이 어떤 맥락에서 나온 말씀인지를 보는 것이 중요합니다. 하나님께서 예레미야를 통해 경고하신 것처럼 남유다는 바벨론에 의해 멸망을 당합니다. 바벨론은 그달랴라는 총독을 세웁니다. 그런데 남유다 사람 가운데 일부가 바벨론이 세운 총독 그달랴를 암살합니다. 총독 그달랴가 암살된 상황에서 남유다 안에 어떤 두려움이 만연했겠습니까? 총독을 암살했으니 바벨론이 가만히 보고만 있을까요? 군대를 보내서 총독 암살 사건에 관련된 사람들을 찾아내어 처벌하지 않을까요? 그래서 총독 암살과 관련된 사람들이 이집트로 도망합니다. 이때 이집트로 도망하면서 예레미야를 끌고 갑니다. 예레미야를 끌고 가면서 계속해서 예레미야에게 이것과 저것 가운데 무엇이 하나님의 뜻인지를 알려 달라고 요청합니다. 그런데 예레미야를 통해 들려오는 하나님의 뜻이 자신들이 기대했던 내용과 너무나 달랐습니다. 너무 황당한 것은 자기들이 기대하는 것과 다른 응답을 말한 예레미야를 거짓 예언자로 규정합니다. 그러면서 하는 말이 예레미야 44장 17절입니다.

우리 입에서 낸 모든 말을 반드시 실행하여 우리가 본래 하던 것 곧 우리와 우리 선조와 우리 왕들과 우리 고관들이 유다 성읍들과 예루살렘 거리에서 하던 대로 하늘의 여왕에게 분향하고 그 앞에 전제를 드리리라 그 때에는 우리가 먹을 것이 풍부하며 복을 받고 재난을 당하지 아니하였더니.

여기에 나오는 "예루살렘 거리에서 하던 대로"라는 표현이 아주 중요합니다. 그들이 예루살렘 거리에서 무엇을 했습니까? 하늘 여왕에게 분향하고 그 앞에 전제를 드렸습니다. 그리고 한다는 말이 "그 때에는 우리가 먹을 것이 풍부하며 복을 받고 재난을 당하지 아니하였더니"입니다. 그들의 말을 요약하면 우상을 숭배할 때는 잘 먹고 잘 살았다는 것입니다. 그런데 요시야 왕이 갑자기 종교 개혁 운동을 일으키면서 먹고 살기가 어려워졌다는 것입니다. 그래서 다시 무엇을 하겠다는 것입니까? 좋았던 그 시절 그 행위로 돌아가겠다는 것입니다. 하늘 여왕에게 다시 분향하겠다는 것입니다. 이런 이야기를 하고 있는 것이 예레미야 44장 17절의 상황입니다. 이 말씀을 통해서 우리는 하나님만을 믿겠다고 다짐하고 결단한 이스라엘 백성들이 실제는 물질의 풍요로움을 최고의 신으로 섬기고 있었음을 알 수 있습니다. 그들이 생각하는 유일한 복은 물질의 풍요로움입니다. 내가 잘 먹고 잘 살면 그것이 복이고 그런 복을 누릴 수 있다면 하나님이 아닌 하늘 여왕을 숭배한다 하더라도 그것이 전혀 문제되지 않는다는 것입니다. 그때가 훨씬 좋았다고 말하고 있지 않습니까. 이 말씀을 통해 우리는 남유다가 멸망할 당시에 실제 남유다 백성들의 모습이 어떠했는지를 알 수가 있습니다.

예레미야 46~51장은 열방에 대한 심판의 말씀입니다. 하나님은 이스라엘에게만 관심을 가지시는 분이 아닙니다. 하나님은 세계만민을 창조하신 분입니다. 사람들이 발 딛고 살아가는 온 땅의 주인입니다. 그래서 하나님은 열방의 사람들이 어떻게 살아가는지에 대해서도 관심을 가지고 계십니다. 열방에 대한 말씀을 통해서 우리는 하나님이 천지의 창조자이시고 세계 역사의 주관자이심을 확인할 수 있습니다. 이사야, 예레미야, 에스겔과 같은 대예언서를 보면 항상 열방에 대한 메시지들이 담겨 있음을 볼 수 있습니다. 질문 받겠습니다.

Q 호세아의 결혼도 행위 예언인가요?

A 맞습니다. 하나님이 지시하신 대로 호세아가 순종한 그 모든 행위도 행위 예언이라고 할 수 있습니다. 호세아도 가정에서 일어났던 사건들을 통해 이스라엘과 하나님과의 관계를 잘 설명하고 있습니다. 그런데 행위 예언의 가장 대표적인 인물은 에스겔입니다.

Q 성경에 예언자들이 많이 나오는데 기록으로 남겨진 예언자들이 있는 이유가 무엇인지 궁금합니다. 실제로 많은 예언자들이 있었는데 후대에 하나님의 말씀이라고 판명되었던 사람들의 기록만 남게 된 것인지, 어떤 과정으로 지금의 예언서가 탄생하게 된 것인가요?

A 중요한 질문입니다. 우리가 예레미야를 공부했는데 예레미야 같은 경우에 예레미야가 이것을 다 쓴 것은 아니라고 봐야 합니다. 예레미야는 이 가운데 일부를 썼거나 구전으로 예언의 메시지를 선포했다고 봐야 합니다. 그렇다면 예레미야의 사역과 말씀을 정리하고 기술한 사람들은 누구일까요? 사실 예레미야가 사역할 때는 환영받지 못했습니다. 그런데 예레미야가 경고한 것처럼 남유다가 멸망을 당했을 때 사람들은 예레미야를 새로운 눈으로 바라보게 되었습니다. 오랜 세월 동안 거짓 예언자인 줄 알았는데 예레미야의 경고가 현실이 되는 것을 보면서 예레미야를 참 예언자로 인식하게 된 것입니다. 그때 예레미야가 선포했던 말씀을 기억했던 사람들, 예레미야를 따랐던 제자

들이 예레미야의 말을 모으고 기록하기 시작했다고 봐야 합니다. 그리고 이후에 그것을 누군가가 편집한 것입니다. 이처럼 성경에 나오는 자신의 이름으로 예언서를 쓴 사람들은 이 기록을 어떻게 남겨놓게 되었을까 했을 때 이들이 살아생전에 성경 본문을 다 쓴 것은 아니라고 봐야 합니다. 이들이 일부를 썼을 수는 있지만 대다수의 경우에는 그들은 말을 선포한 것이고 소수의 사람들이 예언자의 말을 경청하다가 예언자의 경고처럼 심판이 임했을 때 예언자의 말과 사역에 대해 기록을 정리하고 이후에 편집했다고 봐야 합니다. 지금과 같은 성경 본문이 탄생한 이유가 무엇일까 했을 때 가장 중요한 것은 예언자의 말처럼 심판이 현실로 임했기 때문입니다. 예언자의 말이 성취되는 것을 보면서 사람들은 경고의 말씀을 선포했던 그 사람을 참 예언자로 인정하게 된 것입니다. 그리고 예언자의 말을 기억했던 사람들과 예언자를 따르던 제자들이 후대에 교훈을 주기 위해서 예언자의 사역과 선포의 말씀들을 기록으로 남기게 된 것이고 그것이 오늘 우리가 보고 있는 예언서가 된 것입니다.

Q 목사님 설명처럼 성경의 말씀이 기록되고 편집된 과정들이 있었다고 본다면 그 성경을 어떻게 하나님의 말씀이라는 권위로 받아들일 수 있는가 하는 질문이 생기게 되는 것 같습니다. 성경의 말씀이 구전으로 내려오다가 수집되고 편집된 것이라면 이것을 과연 하나님의 말씀이라고 할 수 있을까요?

A 바꿔서 생각해 보겠습니다. 만약 성경의 어떤 본문을 한 사람이 다 써야만 그것을 하나님의 말씀으로 받아들일 수 있습니까? 한 사람

이 하나의 본문을 다 썼다고 해서 그것이 하나님의 말씀이 되는 것이고 여러 사람들에 의해서 기록되고 지금의 형태로 편집된 것은 하나님의 말씀으로 받아들일 수 없는 것인가요? 그렇지 않습니다. 사실은 같은 것입니다. 기록되고 수집되고 편집되는 모든 과정 가운데 하나님의 영감이 임했다고 우리는 믿는 것입니다. 예를 들면 이런 것입니다. 예수님의 사역을 경험했던 많은 사람들이 있지 않습니까. 그들 각자가 예수님에 대해 했던 많은 말들이 있지 않겠습니까. 그들의 말들이 교회 공동체에서 회자가 되면서 검증의 과정을 거치게 되었을 것입니다. 이후에 마태가 여러 사람들에 의해서 들었던 예수 이야기를 지금의 마태복음으로 깔끔하게 기술하고 정리했다고 했을 때 예수 사건을 경험했던 사람에게도 하나님의 은총이 있는 것이고 이들이 사람들에게 예수 사건을 설명하는 순간에도 하나님의 개입이 있다고 봐야하고 이들의 이야기를 듣고 마태가 글을 기록할 때도 하나님의 영감이 함께했다고 봐야 합니다. 이 모든 과정에 하나님의 개입과 은총과 영감이 있었다고 보는 것입니다. 그렇기 때문에 우리는 충분히 성경의 말씀을 하나님의 말씀으로 받아들일 수 있는 것입니다.

목사님의 설교를 하나님의 말씀으로 받아들이는 이유를 한번 생각해 보십시오. 사실 목사님의 설교는 목사님이 하는 인간의 말이고 목사님이 준비한 설교 아닙니까. 그런데 목사님의 설교를 하나님의 말씀으로 받아들입니다. 물론 모든 목사님의 설교가 하나님의 말씀은 아닙니다. 그러나 대부분의 경우에는 목사님의 설교에 하나님의 뜻이 담겨 있다고 믿는 것입니다. 사실 목사님의 설교에 하나님의 뜻이 담겨 있는지를 제대로 분별하려면 우리가 먼저 하나님의 뜻에 대한 충분한 이해가 있어야 합니다. 교리가 만들어지는 과정도 마찬가지입니다. 예를 들면 예수님이 100% 하나님이시고 100% 인간이라는 교리는 약 300년 동안 치열한 논쟁을 통해 확정된 것입니다. 하늘에서 뚝 떨어진 교리가 아닙니다. 지금 대부분의 신앙인들이 고백하는 삼위일체 교리도 하늘로부터 '삼위일체를 믿어라'는 선포로 우리가 믿게 된 것이 아닙니다. 오랜 세월 동안 교회 공동체에서 토론하고 논쟁한 결과 확정된 교리입니다. 여기까지 이야기를 하면 이런 질문이 생깁니다. 하늘에서 떨어진 것도 아니고 사람들이 토론하고 논쟁해서 만든 내용을 우리가 하나님의 뜻이라고 어떻게 받아들일 수 있습니까? 신앙 공동체가 받아들이고 있는 많은 내용들은 어느 날 우발적으로 결정된 것이 아닙니다. 오랜 세월 동안 신앙 공동체에서 고민하고 토론하고 말씀에 근거해서 각자가 기도하는 가운데 하나님의 뜻이 그들에게 임한 것이고 하나님의 영감을 받은 자들에 의해서 최종적으로 교회 공동체가 결정을 내린 것입니다. 그리고 이들이 내린 결정을 후대의 사람들이 그리스도교 신앙의 교리로 인정하고 수용한 것입니다. 그 결과 오늘 우리에게도 전달이 된 것입니다. 정리하면 그 모든 순간마다 하나님의 개입과 영감이 있었다고 보는 것입니다.

Q 개혁에 대한 말씀에서 두 가지 방향이 있다고 했습니다. 부패하고 잘못된 것을 제거하기 위한 비판이 있는데 그것은 자칫 상대적인 우월감과 자기 의로움에 빠지기 쉽다고 했습니다. 그래서 올바른 것을 세워나가는 개혁이 더 좋다고 말씀하셨는데 지금의 한국 교회 현실을 보면 예레미야에 나오는 이스라엘처럼 더 이상 회개할 기회가 없는 상태는 아니라고 생각합니다. 물론 현재의 교회 시스템에서 올바른 것

을 세워나가기 위해 노력하는 것은 어려운 것 같습니다. 말씀하신 것처럼 공동체의 노력이 필요한데 공동체에서 함께 힘을 모을 동역자를 찾는 것도 어려운 문제 아닌가요?

Ⓐ 생각 있는 분들이 이런 말씀을 하십니다. "세계 그리스도교 이천 년 역사에서 한국 교회만큼 타락한 교회가 없다." 저도 세계 교회 역사를 공부한 사람으로 한국 교회만큼 타락한 교회가 없다고 생각합니다. 집사님께서 질문하면서 오늘 한국 교회가 예레미야 때의 이스라엘만큼은 아니지 않느냐고 하셨는데 저는 더 하면 더 했지 덜 하지는 않다고 생각합니다. 그런데 정말 안타까운 것은 일반 교인들은 한국 교회의 민낯을 잘 모른다는 것입니다. 제가 언론에 소개된 것만 몇 가지 말씀드리면 어느 대형교회 목사는 은퇴하면서 퇴직금으로 200억을 받았습니다. 그리고 퇴직 후에 매월 선교비 명목으로 한 달에 10억씩 5년 동안 600억을 받았습니다. 5년 동안 교회에서 가져간 돈이 800억입니다. 이것을 교회라고 할 수 있으며 그러한 돈을 받은 사람을 목사라고 할 수 있습니까? 어떤 교회는 비자금을 800억이나 갖고 있는 것이 드러났습니다. 무슨 교회가 비자금을 800억이나 가지고 있다는 말입니까. 그 돈은 과연 어디에서 모여진 것입니까? 이런 곳을 교회라고 할 수 있습니까? 목사들의 세계로 들어가 보면 어떻게 이런 일이 하고 탄식할 수밖에 없는 일들이 너무나 버젓이 아무렇지 않게 일어나고 있습니다.

어떤 목사가 한 교회에서 10년 정도 사역하고 사임합니다. 그러면 퇴직금에다가 위로금에다가 전별금을 받는데 규모가 있는 교회에서는 그 금액이 최소 2~3억 많게는 10억까지도 받습니다. 도대체 우리나라 어느 집단에서 이런 일이 가능하단 말입니까? 전○○ 목사가 ○○교회에서 성 문제로 교회를 사임하게 되었을 때 전별금으로 13억을 받았습니다. 그런데도 전별금이 적다고 아우성쳤다고 합니다. 이런 행동이 이해가 되십니까? 저는 이런 일이 일어남에도 불구하고 여전히 그곳을 교회라고 믿고 있는 자체가 도대체 교회를 무엇으로 생각하는 것인지 이해되지 않습니다.

그런데 제가 볼 때 한국 교회가 그리스도교 역사상 가장 타락한 교회라는 말을 들을 수밖에 없는 이유는 몇몇 사람들이 올바른 생각을 가진다고 해서 이것이 변화될 수 없을 만큼 이미 타락과 부패가 굳어져 버렸다는 것입니다. 사회에서도 관행이라는 말이 제일 위험한 말 아닙니까. 관행을 바꾸어내기는 정말 어렵습니다. 누구나 다 그렇게 하고 있기 때문에 어느 순간 그러한 문화에 동화되어버리는 것입니다. 한국 교회에서 장년 성도 500명 정도 모이는 교회 담임목사가 1년에 어느 정도 사례를 받을 거라고 생각하십니까? 사례와 목회 활동비 그리고 기타 등등해서 담임목사들이 어느 정도 받을 거라고 생각하십니까? 교인들 생각과 목사들의 생각이 많이 다릅니다. 일반 교인들은 사례라고 되어 있는 그것만 목사님이 받는다고 생각하는데 절대로 그렇지 않습니다. 저도 정확한 자료가 있는 것이 아니라서 함부로 말할 수는 없지만 장년 500명 정도 되면 담임목사는 보통 1억 이상을 받습니다. 담임목사에게 지출되는 금액이 상당히 많습니다. 저는 그것을 교인들이 용납하는 것이 이해가 안 됩니다. 저는 중대형교회 목사들이 존경 받는 이유를 잘 모르겠습니다. 사실 하나님을 위해서 목사들이 희생하는 것이 무엇이 있습니까? 자기를 부인하는 것이 무엇이 있습니까? 자신들이 누릴 수 있는 것을 내려놓는 것이 무엇이 있습니까? 오히려 목회하면서 많은 사례비도 받고 존경도 받고 있지 않습니까? 교인들의 치열한 삶에 비해 훨씬 덜 노동하고 더 많은 것을 가져가고 있지는 않습니까? 저는 대형교회 목사들이 비서를 두고 운전기사를 두는 것을 도무지 이해할 수 없습니다. 무슨 기업의 회장입니까? 목사들이 정신이 똑바로 박혀 있다면 절대 그럴 수 없다고 생각합니다. 그만큼 교회가 행정 중심의 기관이 되어버린 것입니다. 지금의 교회는 관계 중심이 아닙니다.

저는 오래 전부터 제 나름대로 기준을 가지고 목사를 판단합니다. 아무리 설교가 좋고 인품이 좋다고 해도 비서를 두거나 고급 승용차를 타거나 운전기사를 두거나 연봉 1억 이상 받는 목사들은 삯꾼이라고 생각합니다. 하나님의 이름으로 자신의 부귀영화를 꿈꾸는 자가 있다면 그가 무슨 말을 하건 하나님의 이름으로 종교 사업을 하는 삯꾼일 뿐입니다. 대부분의 목사님들은 정말 힘듭니다. 3~40년 전만 해도 목사가 뭘 하려고 하면 교인들이 대부분 순종했습니다. 옛날에 그 목사님들 밑에서 목회를 배웠던 분들이 지금 담임 목회를 하고 있는데 요즘은 어른 목사님의 방식대로 목회하면 교인들이 가만 두지 않습니다. 저는 이것이 은혜라고 생각합니다. 특히 목사들이 그동안 누려왔던 많은 것에 대해 교인들이 문제 제기를 하는 것에 대해 겸허하게 받아들여야 한다고 봅니다. 사실 중대형교회 목회자들은 너무나 많은 것들을 누려왔습니다. 이제는 목회자들이 목회자로 누려왔던 특권을 스스로 내려놓아야 합니다. 정말 그랬으면 좋겠다는 간절함이 있습니다.

신학교 교수들을 불러서 설교시키는 것에 대해서도 문제의식을 가지고 있습니다. 신학교 교수들은 연봉도 적지 않은데 교회에서 협동목사로 사역하면서 사례비도 받고 다른 교회에 설교하러 가서 부수입까지 챙깁니다. 정말 고쳐야 할 부분이 많습니다. 어디서부터 고쳐야 할지 너무도 막막할 정도로 총체적으로 문제가 심각합니다. 그래서 생각 있는 분들이 그리스도교 이천 년 역사 가운데 한국 교회만큼 타락한 교회가 없다고 말할 때 정말 그것을 뼈저리게 느낍니다. 사실 저는 비판하는 것에는 관심이 없습니다. '이것은 아니다'라고 비판한다고 해서 절대 개혁되지 않는다는 것을 젊었을 때부터 경험했기 때문에 개인적으로 하나님이 원하시는 교회를 세워나가는 것에 에너지를 쏟아왔습니다.

Q 예레미야 마지막 부분에 바벨론이 남유다의 여호야긴 왕을 다시 왕의 식탁에 부르고 선대하는 이유가 무엇인가요?

A 남유다의 회복을 예고하는 말씀입니다. 예레미야 마지막에 열방에 대한 심판 이야기가 나옵니다. 열방이 심판 받는다는 것은 열방에 의해 시달렸던 이스라엘이 회복된다는 것을 의미합니다. 열방에 대한 심판 이야기 마지막에 오랜 세월 감옥에 갇혔던 여호야긴이 풀려나고 다시 왕의 의복을 입는다는 것은 무너졌던 남유다가 다시 하나님에 의해서 회복되는 소망을 불러일으키는 것입니다.

Q 예레미야는 주변부 예언자였는데 그를 보면 왕실의 모든 사정을 잘 알고 심지어 왕이 잡혀갈 때 함께 갑니다. 그렇다면 주변부 예언

자가 중심부 예언자로 위치가 바뀐 것인가요?

Ⓐ 그것은 아닙니다. 물론 예레미야를 엘리야와 비교하면 중앙 예언자라고 할 수 있습니다. 왜냐하면 성소에서 사역했기 때문입니다. 제가 예레미야를 주변부 예언자라고 하는 것은 예루살렘 성전을 중심으로 봤을 때 주변부라는 것입니다. 예레미야도 어떻게 보면 성소라고 하는 자신의 직장이 분명히 있는 사람입니다. 엘리야 같은 주변부 예언자와 비교하면 예레미야는 중앙 예언자였습니다. 그런데 예레미야는 원래 예언자라기보다는 아나돗이라는 성소에서 사역했던 제사장입니다. 그러다가 하나님에 의해서 예언자로 부름을 받으면서 제사장의 사역을 잠시 멈추고 예언자의 사역을 하게 된 것입니다. 예언자의 사역을 한 순간부터 사람들의 미움을 받게 된 것이고 이때부터는 주변부 예언자로서의 삶을 산 것입니다. 질문하신 것처럼 예레미야가 왕실 사정을 잘 아는 것은 아니었습니다. 예레미야가 왕에게 불려 나갔던 것은 상황적 변화 때문입니다. 왕이 처음에는 예레미야의 말을 무시했습니다. 그러다가 예레미야가 경고한 것처럼 여호야긴 왕이 포로로 끌려가기도 하고 바벨론이 점점 강해지는 것을 보면서 예레미야의 말을 조금씩 경청한 것입니다. 남유다의 마지막 왕 시드기야는 예레미야가 말한 것처럼 주전 597년에 약 만 명의 남유다 백성들이 포로로 끌려가는 것을 보면서 예레미야의 예언자로서의 권위를 인정하게 되었다고 봐야 합니다.

예레미야가 했던 말이 참 말이라는 것을 남유다 백성들이 인지하게 된 것도 주전 597년 사건 이후로 봐야 합니다. 그래서 시드기야는 자주 예레미야를 불러서 예레미야의 말을 들으려고 했습니다. 그러나 예레미야는 중앙 예언자로 그의 신분이 격상된 것은 아니었습니다. 여전히 왕의 부름을 받고 난 후에 다시 감옥에 수감되었습니다. 이야기를 들을 때만 감옥에서 끌어내고 이야기를 듣고 나면 다시 감옥에 넣었던 것입니다. 그나마 시드기야가 예레미야의 말을 들으려고 했던 이유는 주전 597년에 예레미야가 경고한 것처럼 여호야긴 왕과 만 명의 남유다 백성들이 포로로 잡혀가는 것을 보면서 예언자가 한 말이 거짓말은 아니구나, 정말 현실에서 이루어졌구나 하는 각성 때문이었습니다. 그래서 시드기야는 예레미야를 감옥에서 자주 불러내게 되었습니다.

에스겔 I

말씀과함께 | 예언서강의

에스겔 I

에스겔 1장 2~3절입니다.

여호야긴 왕이 사로잡힌 지 오 년 그 달 초닷새라 갈대아 땅 그발 강
가에서 여호와의 말씀이 부시의 아들 제사장 나 에스겔에게 특별히
임하고 여호와의 권능이 내 위에 있으니라.

여호야긴 왕이 바벨론 포로로 끌려갔을 때가 주전 597년입니다. 주
전 597년에 포로로 끌려가서 5년이 지난 시점에 하나님의 말씀이 에
스겔에게 임했습니다. 이는 주전 592년으로 에스겔이 30세였습니다.
1절에 '서른째 해'라는 말은 에스겔의 나이를 말합니다. 바벨론에 포
로로 끌려온 지 5년이 지났을 때 에스겔이 30세라면 에스겔은 언제
포로로 끌려 온 것일까요? 25세에 포로로 끌려 온 것입니다. 25세에

포로로 끌려와서 지금 5년이 지나 에스겔이 30세가 된 것입니다. 에스겔이 자신을 어떻게 소개하고 있습니까? 부시의 아들 제사장으로 소개합니다. 에스겔의 아버지 이름은 부시였고 직업은 제사장이었습니다. 아버지가 제사장이었기에 에스겔도 아버지의 직업인 제사장을 계승하게 되었습니다. 그리고 주전 597년에 여호야긴 왕과 함께 포로로 끌려 온 것입니다.

1~2절에서 에스겔에 대한 몇 가지 정보를 얻을 수 있습니다. 첫째, 에스겔은 누구에게나 인정받는 가문 출신이었습니다. 에스겔은 제사장 부시의 아들이었습니다. 당시 이스라엘 공동체에서 제사장이라는 역할이 어떤 의미였는가를 기억한다면 제사장의 아들인 에스겔의 사회적 위치가 어떠했는지에 대해 충분히 짐작할 수 있습니다. 둘째, 에스겔은 아버지가 제사장이었기 때문에 자연스럽게 제사장이 될 수밖에 없는 사람으로 보장된 미래가 있는 사람이었습니다. 셋째, 에스겔은 바벨론에 포로로 끌려간 사람입니다. 제사장이라고 해서 포로로 끌려간 것은 아니었습니다. 바벨론에서 어떤 사람들을 포로로 끌고 갔을까요? 귀족들이나 제사장들 중에 엘리트들, 다음으로 전문 기술을 가진 사람들을 포로로 끌고 갔습니다. 에스겔이 포로로 끌려간 것을 보면 제사장들 중에서도 능력 있는 인재였다고 볼 수 있습니다. 정리하면 에스겔은 누구에게나 인정받는 가문 출신이었고 보장된 미래가 있었던 사람이었고 능력 있는 인재였습니다. 이런 에스겔이 주전 597년 여호야긴 왕과 함께 포로로 끌려갔습니다. 그리고 5년이 지난 주전 592년에 그발 강가에서 하나님의 말씀이 에스겔에게 임한 것입니다.

남유다 백성들이 바벨론에 포로로 끌려가서 생활할 때 그들이 받았을 충격, 신학적 고민이 얼마나 컸을까요? 그동안 이스라엘은 어떤 자부심이 있었습니까? 자신들은 하나님의 언약 백성이라는 자부심이 있었습니다. 이스라엘은 하나님을 어떤 분으로 고백했습니까? 하나님을 만왕의 왕, 만군의 주로 고백했습니다. 천하만국에 무수한 신이 있다고 해도 그것은 모두 헛된 우상일 뿐 하나님만이 천지의 창조자이고 역사의 주관자라고 고백했습니다. 그래서 이방의 많은 나라들이 이스라엘을 집어삼키려고 해도 하나님께서 이스라엘을 지켜주시기 때문에 예루살렘은 절대로 무너지지 않는다, 성전은 절대로 무너지지 않는다, 다윗 왕조는 절대로 몰락하지 않는다는 자신만만함이 있었습니다. 그런데 주전 586년에 남유다가 바벨론에 의해 무너지는 사건을 경험했습니다. 예루살렘 도성은 쑥대밭이 되었고 성전은 무너졌습니다. 이 사건이 당시 남유다 백성들에게 얼마나 큰 충격이었을까요?

고대 사회에서 전쟁은 신들 간의 전쟁으로 이해했습니다. 예를 들면 A라는 나라와 B라는 나라가 전쟁을 한다고 할 때 어느 나라가 승리합니까? 무기체계가 탁월하고 뛰어난 장수를 확보하고 기막힌 전략과 전술을 가진 나라가 승리하는가요? 절대로 그렇지 않습니다. 이 모든 것들보다 더 중요한 것은 A라는 나라 백성들이 섬기는 신과 B라는 나라 백성들이 섬기는 신 가운데 누가 더 강한 신인가에 따라 전쟁의 승패가 결정된다고 생각했습니다. 다시 말해 민족과 민족의 전쟁을 그 민족을 지켜주는 신들 간의 전쟁으로 이해한 것입니다. 따라서 남유다와 바벨론의 전쟁도 남유다 백성들이 섬기는 야웨 하나님과 바벨론 백성들이 섬기는 마르둑 간의 싸움으로 이해했습니다. 그런데 바벨론이 이겼습니다. 그렇다면 고대인들의 인식 속에는 바벨론 사람들이 섬기는 마르둑이 이스라엘이 섬기는 야웨를 이긴 것입니다. 이때 남유다 백성들의 충격이 얼마나 컸겠습니까? "아니 야웨 하나님이 만왕의 왕이고 만군의 주라고 고백하며 살아왔는데 야웨가 마르둑에게 패하다니 이것이 무슨 일인가. 마르둑이 야웨보다 더 강하단 말인가"하고 큰 충격에 빠지게 되었을 것입니다. 전쟁의 패배와 동시에 너무나 많은 백성들이 바벨론에 포로로 끌려갔습니다. 이때 포로로 끌려갔던 사람들에게 가장 큰 슬픔이 무엇이었겠습니까? 하나님과의 이별입니다. 당시 남유다 백성들은 가나안 땅을 떠나게 되면 하나님을 만날 수 없다고 생각했습니다. 그런데 포로들은 자기 의지와 무관하게 가나안 땅으로부터 1,000km 이상 떨어진 바벨론 땅으로 끌려간 것입니다. 야웨가 마르둑에게 패배했다는 것도 충격이었지만 더 이상 하나님과 만날 수 없다는 것이 더욱 충격이었고 무엇보다 하나님께서 자신들을 버리셨다는 충격을 안고 포로들은 바벨론 땅으로 끌려갔습니다.

하지만 시간이 지나면서 포로들은 새로운 자각을 하게 되었습니다. 처음에는 하나님이 자신들을 버리신 줄 알았는데 사실은 오랜 시간 동안 이스라엘이 먼저 하나님을 배반했음을 깨닫게 된 것입니다. 시내산 언약에 근거하면 이스라엘은 야웨 하나님만을 믿고 섬기기로 결단한 공동체 아닙니까? 그런데 오랜 세월 이스라엘은 하나님만을 믿지 못했습니다. 하나님과 이방의 우상을 겸하여 섬겼습니다. 이것을 우상 숭배라고 합니다. 하나님만을 믿고 섬겨야 할 이스라엘이 실제로는 하나님과 다른 것을 겸하여 섬기는 우상 숭배를 자행했던 것입니다. 오랜 세월 하나님께서는 예언자를 보내서 이스라엘이 하나님께 돌이키도록 기회를 허락했지만 이스라엘은 그 기회를 거부하고 저버렸습니다. 이처럼 처음에는 하나님이 자기들을 버리신 것이라고 생각했는데 알고 보니까 자기들이 오랜 세월 하나님을 저버렸다는 사실을 깨닫게 된 것입니다. 하나님만을 믿고 섬기겠다고 언약은 체결했지만 그 언약을 신실하게 지키지 못했다는 것을 깨닫게 된 것입니다. 그리고 언약 파기로 인해 하나님의 심판을 받게 된 것입니다. 이때 포로로 끌려갔던 사람들에게 하나의 희망이 생기게 되었습니다. 어떤 희망이 생긴 것일까요? 시내산에서 야웨 하나님과 이스라엘이 언약을 체결했습니다. 이것을 시내산 언약이라고 합니다. 하나님은 이스라엘의 왕이 되겠다고 약속하셨고 이스라엘은 하나님만을 믿고 섬기겠다고 약속했습니다. 그런데 이스라엘은 하나님만을 믿지 못했습니다. 그 누적된 불순종의 대가로 이스라엘은 하나님의 심판을 받게 된 것입니다.

사실 언약은 생명을 담보로 맺는 약속입니다. 언약을 체결할 때 어떤 의식을 거행합니까? A가 B에게 무엇을 약속하고 B도 A에게 무엇을 약속합니다. 쌍방이 서로에게 약속한 후에 짐승을 반으로 쪼갠 다음 쪼갠 짐승의 반을 양 옆에 둡니다. 그리고 약속을 체결한 A와 B가 그 사이를 함께 걸어가면 언약이 체결되는 것입니다. 이 의식에는 어떤 의미가 있을까요? "내가 당신에게 무엇인가를 지키겠다고 약속했는데 내가 약속한 그것을 지키지 않을 경우에는 쪼개져 죽임 당한 짐승처럼 나를 죽여도 좋다"는 의미가 있습니다. 이것이 언약입니다. 이처럼 언약은 생명을 담보로 맺는 약속입니다. 이스라엘은 하나님께 생명을 담보로 어떤 약속을 했습니까? "하나님만을 믿고 섬기겠습니다"라고 약속했습니다. 만약 약속한 내용을 신실하게 이행하지 못했을 경우에는 하나님의 심판을 받아 죽임을 당할 수 있다는 것입니다. 놀라운 사실은 바벨론에 포로로 끌려갔을 때 남유다 백성들은 여전히 하나님과의 언약이 유효하다는 것을 깨닫게 되었습니다. 이것이 무슨 말입니까? 언약에 순종하면 복을 받고 언약에 불순종하면 심판을 받게 된다는 것입니다. 남유다 백성들이 바벨론에 포로로 끌려갔다는 것은 그들이 현재 하나님의 심판을 받고 있다는 것입니다. 심판이 집행중이라는 것은 여전히 하나님과 이스라엘의 언약 관계가 유효함을 보여주는 것입니다. 바벨론에 포로로 끌려온 사람들은 자신들이 심판받고 있다는 사실로 인해 하나님과의 관계가 단절되지 않고 여전히 하나님과의 언약 관계가 유지되고 있음을 깨닫게 된 것입니다.

이스라엘 백성들이 가진 신명기 신학에 근거해보면 그들이 하나님께 순종했다면 복을 받았을 것입니다. 그러나 그들이 오랜 세월 하나님께 불순종했기 때문에 그들은 현재 하나님의 심판을 받고 있는 것입니다. 여기서 중요한 것은 하나님의 심판을 받고 있다는 사실을 통해 이스라엘이 하나님과 체결한 언약이 여전히 유효하다는 것을 그들이 깨닫게 되었다는 것입니다. 하나님과의 언약이 여전히 유효하다는 것을 그들이 깨닫고 나서 바벨론 포로들은 무엇을 하게 됩니까? 지금은 심판의 매를 맞고 있지만 다시 하나님의 복을 받기 위해서 무엇을 하면 됩니까? 언약을 신실하게 지키면 됩니다. 하나님께 온전히 순종하면 됩니다. 그래서 바벨론 포로기 때 남유다 백성들은 무엇을 하게 됩니까? 구전으로 전해오던 말씀들, 파편적으로 전해오던 말씀들을 집대성하기 시작했습니다. 왜 그렇게 했습니까? 하나님께 온전히 순종하기 위해서는 하나님의 뜻이 무엇인가를 먼저 알아야 했습니다. 그래서 바벨론 포로기에 말씀들을 수집하기 시작했습니다. 지금 우리가 보고 있는 오경이 최종 편집된 시점이 바벨론 포로기 이후입니다. 역설적이게도 바벨론 포로기는 육체적으로는 가장 힘든 시기였지만 신학적으로는 가장 풍성한 시기였습니다. 무엇보다 바벨론 포로기 때 이스라엘은 언약이라고 하는 중요한 단어를 다시 회복했습니다. 그리고 언약에 충실하기 위해서 말씀을 수집했고 그 말씀을 열심히 배우고 가르쳤습니다. 육체적으로는 가장 고된 시기였지만 신앙적으로는 가장 풍성한 시기가 바로 바벨론 포로기였습니다.

에스겔은 주제에 따라 두 부분으로 나눌 수 있습니다. 에스겔은 총 48장으로 1장부터 24장은 이스라엘에 대한 하나님의 심판을, 25장부터 48장은 이스라엘의 회복에 대해 말씀하고 있습니다. 예언서의 일반적인 전개 방식을 그대로 가지고 있는 본문이 에스겔입니다. 앞부분에는 언약에 신실하지 않은 이스라엘에 대한 심판 이야기가 많이 나옵니다. 그런데 대부분의 예언서는 회복에 대한 소망으로 끝을 맺습니다. 교인들 가운데 "예언서를 읽는 것이 무서워요, 매일 우리의 죄를 들추어내고 심판을 경고하니까 정말 무서워요"라는 말을 많이 하는데 그런 생각은 예언서를 끝까지 읽지 않기 때문에 갖게 되는 선입견입니다. 예언서 앞부분만 보면 무섭습니다. 심판을 경고하는 것을 좋아할 사람은 세상에 아무도 없습니다. 그런데 예언서 마지막은 항상 회복에 대한 소망으로 끝을 맺습니다.

에스겔은 그발 강가에서 하나님의 심방을 체험하고 성전을 넘어 역사하시는 하나님을 경험하게 되었습니다. 이것이 에스겔 1장의 핵심입니다. 여기서 기억해야 할 말씀이 사무엘상 26장 19절입니다. 이 구절이 왜 중요하냐면 다윗과 사울 시대 이스라엘의 신앙적인 인식을 어느 정도 엿볼 수 있기 때문입니다. 사울이 다윗을 죽이려고 추격했을 때 다윗은 계속 도망다닙니다. 그러다가 다윗이 사울을 죽일 수 있는 두 번의 기회를 얻게 되지만 사울을 죽이지 않았습니다. 다윗은 사울에게 이렇게 항변합니다.

원하건대 내 주 왕은 이제 종의 말을 들으소서 만일 왕을 충동시켜 나를 해하려 하는 이가 여호와시면 여호와께서는 제물을 받으시기를 원하나이다마는 만일 사람들이면 그들이 여호와 앞에 저주를 받으리니 이는 그들이 이르기를 너는 가서 다른 신들을 섬기라 하고 오늘 나를 쫓아내어 여호와의 기업에 참여하지 못하게 함이니이다.

여기서 '그들이' 누구입니까? 사울의 지지자들입니다. 다시 말해 사울의 신하들이고 사울의 편에 선 사람들입니다. 그러면 '너'는 누구입니까? 다윗입니다. "가서 다른 신들을 섬기라 하고 오늘 나를 쫓아내어." 어디서 쫓아내는 것입니까? 가나안 땅에서 쫓아내는 것입니다. 마지막에는 "여호와의 기업에 참여하지 못하게 함이니이다"라고 말합니다. 이것이 당시 사울의 지지자들의 생각이었습니다. 그들은 다윗이 가나안 땅에 머물러 있는 한 하나님과의 소통이 계속적으로 이어진다고 생각했습니다. 가나안 땅은 하나님이 다스리는 땅이기 때문입니다. 그런데 다윗이 가나안 땅을 벗어나게 되면 그곳은 하나님의 통치가 미치지 않는 이방의 땅이고 그 땅을 다스리는 이방의 신이 있기 때문에 다윗과 하나님과의 관계도 단절되고 다윗은 이방의 신을 섬길 수밖에 없다는 것입니다. 예컨대 다윗이 모압으로 가게 되면 모압 땅을 다스리는 신의 지배를 받을 수밖에 없다는 것입니다. 사울의 지지자들의 주장을 통해 우리는 당시 이스라엘 백성들이 하나님을 가나안 땅을 다스리는 지역 신으로 이해하고 있음을 알 수 있습니다. 이것이 사울과 다윗 시대 이스라엘 백성들의 신앙적 인식이었습니다. 그래서 남유다 백성들이 바벨론에 포로로 끌려갔을 때 그들에게 가장 큰 슬픔은 하나님과의 단절이었습니다. 당시 이스라엘은 하나님은 천지의 창조자이고 세계 역사를 주관하시고 섭리하시는 만왕의 왕이라고 고백했지만 실제로는 하나님은 이스라엘을 다스리는 민족 신, 가나안 땅을 다스리는 지역 신으로 이해했습니다.

이스라엘의 이러한 신학적 인식을 보여주는 또 다른 이야기가 요나 이야기입니다. 요나서를 보면 하나님께서 요나에게 니느웨에 가서 심판을 경고하라고 하셨습니다. 그런데 요나가 가려고 하지 않습니다. 요나는 이스라엘 땅에 계속 머물러 있으면서 하나님의 말씀에 순종하지 않아도 될 것 같은데 무엇을 하려고 합니까? 다시스로 도망가려고 욥바로 내려갔습니다. 아니 왜 다시스로 도망하려고 했습니까? 가나안 땅에 계속 머물러 있어도 되는 것 아닙니까? 요나는 가나안 땅에 머물러 있는 한 하나님의 지시와 간섭으로부터 자유로울 수 없다고 생각한 것입니다. 그래서 이방 땅 다시스로 도망하면 거기서는 하나님의 지시와 간섭으로부터 자유로울 수 있다고 생각한 것입니다. 여기서 볼 수 있는 것처럼 당시 이스라엘 백성들이 하나님을 가나안 땅을 다스리는 지역 신으로 이해했음을 알 수 있습니다. 이러한 신학적 인식을 가지고 있다가 에스겔은 그발 강가에서 하나님의 심방을 경험하게 된 것입니다. 바벨론 그발 강가에서도 하나님과의 만남이 가능하다는 것을 깨닫게 된 것입니다. 그래서 바벨론 포로기에 무엇이 세워졌습니까? 회당이 세워졌습니다. 그리고 이후 페르시아 왕 고레스가 가나안 땅으로 돌아가기 원하는 사람들은 돌아가도 좋다는 칙령을 내렸을 때 대다수 사람들은 돌아오지 않았습니다.

  왜 다시 가나안으로 돌아오지 않았을까요? 신학적인 인식이 바뀌었기 때문입니다. 만약 신학적인 인식이 바뀌지 않았다면 포로로 끌려간 사람들은 대부분 가나안 땅으로 귀환했을 것입니다. 그런데 바벨론 포로기를 거치면서 어떤 신학적 전환이 일어나게 되었습니까? 가나안 땅에서만 하나님을 만날 수 있는 것이 아니라는 것을 알게 되었습니다. 이방 땅에서도 하나님과의 만남이 가능하다는 것을 깨닫게 된 것입니다. 그래서 바벨론 포로기 때 회당을 세우게 됩니다. 이방 땅에서도 하나님과의 만남이 가능하다는 것을 깨달았기 때문에 포로들 대부분은 돌아오지 않았습니다. 그렇게 돌아오지 않은 사람들이 대다수였습니다. 돌아오지 않은 사람들의 대표적인 후손이 에스라, 느헤미야, 모르드개, 에스더입니다. 이들은 가나안 땅으로 돌아오지 않은 사람들의 후손입니다. 신학적인 인식의 전환이 없었다면 그들의 조상들도 가나안 땅으로 돌아왔을 것입니다. 바벨론 포로기를 거치면서 신학적 사고의 대전환이 일어났다는 것이 너무나 중요합니다.

  에스겔 3장과 33장에 보면 파수꾼 이야기가 나옵니다. 에스겔 3장 16~17절입니다.

칠 일 후에 여호와의 말씀이 내게 임하여 이르시되 인자야 내가 너를 이스라엘 족속의 파수꾼으로 세웠으니 너는 내 입의 말을 듣고 나를 대신하여 그들을 깨우치라.

파수꾼의 가장 중요한 사명이 무엇입니까? 공동체를 깨어 있게 하는 것입니다. 공동체를 공격하고자 하는 외부의 침입자가 있을 때 파수꾼이 나팔을 불어서 모든 사람들로 하여금 경계하도록 합니다. 그런데 에스겔 3장과 33장을 보면 공동체를 허물어뜨리는 대적자가 공동체 밖에만 존재하는 것이 아님을 알려줍니다. 공동체를 허물어뜨리는 대적자가 공동체 안에도 존재한다는 것입니다. 우리는 그들을 악인이라고 부릅니다. 에스겔 3장 18절입니다.

가령 내가 악인에게 말하기를 너는 꼭 죽으리라 할 때에 네가 깨우치지 아니하거나 말로 악인에게 일러서 그의 악한 길을 떠나 생명을 구원하게 하지 아니하면 그 악인은 그의 죄악 중에서 죽으려니와 내가 그의 피 값을 네 손에서 찾을 것이고.

본문은 정말 무서운 말씀입니다. 이 말씀이 무슨 의미인지를 잘 보셔야 합니다. 어떤 악인이 있습니다. 하나님이 그 악인에게 경고합니다. "네가 그런 식으로 죄악 된 삶을 지속하게 되면 너는 반드시 죽게 될 것이다." 이러한 하나님의 경고를 파수꾼은 하나님을 대신하여 악인에게 선포해야 합니다. 그런데 파수꾼이 악인에게 있는 그대로 하나님의 경고를 선포하지 않고 악인이 그냥 죽게 되면 그 악인의 죄에 대한 책임을 악인을 일깨우지 않은 파수꾼에게서 찾겠다는 것입니다. 여기에서 파수꾼은 돕는 배필이라고 할 수 있습니다. 돕는 배필의 첫 번째 의무가 무엇입니까? 반대하며 돕는다는 것입니다. 누군가가 지금 잘못된 길을 걷고 있습니다. 그랬을 때 그 사람의 잘못된 행동에 대해 반대하며 그를 진정으로 도와야 하는데 파수꾼이 그렇게 하지 않은 것입니다. 그렇게 했을 때 하나님께서는 악인의 죄를 질타하지 아니한 파수꾼에게 책임을 묻겠다는 것입니다. 이 얼마나 두려운 말씀입니까?

에스겔 3장 19절입니다.

네가 악인을 깨우치되 그가 그의 악한 마음과 악한 행위에서 돌이키지 아니하면 그는 그의 죄악 중에서 죽으려니와 너는 네 생명을 보존하리라.

이것을 잘 볼 수 있어야 합니다. 파수꾼의 사명은 악인을 갱신시키는 것에 있지 않습니다. 악한 사람을 선한 사람으로 만드는데 있지 않습니다. 오늘날 목회자들도 마찬가지입니다. 사실 교회에는 하나님을 제대로 믿고자 하지 않는 사람들이 많이 있습니다. 그 사람들에게 목회를 제대로 해서 그들로 하여금 하나님을 잘 믿도록 하는 것이 목회자의 사명이 아닙니다. 목회자는 하나님의 말씀을 있는 그대로 선포하도록 부름 받은 자입니다. 이것이 목회자의 사명입니다. 죄악 된 삶을 살아가고 있는 사람에게 그가 무엇을 잘못하고 있는지를 일깨우는 것, 거기까지가 목회자의 사명입니다. 18~19절을 보면 어떤 경우에 파수꾼이 책임을 지지 않게 됩니까? 악인의 죄를 질타하지 않거나 그를 깨우치지 않았을 때 그의 죄를 떠안는 것이지 그를 새로운 사람으로 만들지 못했을 때 심판을 받는 것이 아닙니다. 악인에게 무엇을 잘못하고 있는지를 말했는데 악인이 돌이키지 않았으면 그 악인이 자기 죄에 대한 책임을 떠안게 됩니다. 파수꾼의 사명이 어디까지입니까? 그들이 무엇을 잘못하고 있는지를 일깨우는 것까지가 파수꾼의 사명입니다. 한마디로 돕는 배필의 역할을 하는 것입니다.

대부분 생계형 목회자들은 돕는 배필의 역할을 제대로 감당하지 못합니다. 어떤 분이 필리핀에서 한인 목회를 하고 계신데 몇 년 전에 이런 이야기를 하셨습니다. 자신이 목회하는 곳이 필리핀 휴양지인데 그곳에 한인 기러기 엄마들이 많이 있다고 합니다. 자녀들 영어 공부를 위해 아이들과 엄마는 필리핀에 있고 아빠는 한국에서 혼자서 생활하고 있습니다. 자신이 목회하는 교회에도 교인 다수가 기러기 엄마라고 합니다. 그런데 필리핀에 와 있는 기러기 엄마들이 필리핀 남성들과 바람을 피운다는 것입니다. 그것을 목사님도 알고 있다고 합니다. 그래서 제가 이렇게 물었습니다. "그러면 목사님은 여성 교인들의 일탈에 대해 따끔하게 책망과 훈계를 하고 있습니까?" 목사님의 답변을 지금도 잊을 수 없습니다. 목사님께서 눈을 동그랗게 뜨고서 "내가 미쳤냐, 그것을 뭐라고 하게." 그래서 제가 이렇게 말했습니다. "목사님은 전형적인 생계형 목회자네요." 교인들이 그렇게 살아가고 있는데 목사가 한마디 말도 못한다는 것이 말이 됩니까? 잘못이라는 것을 알고 있는데 왜 말을 못합니까? 그분들이 교회에 출석하고 헌금을 내주기 때문에 목사는 그 헌금으로 생활하고 있는데 그들의 죄를 질타하게 되면 다른 교회로 옮길 것 아닙니까. 그분들이 다른 교회로 가면 목사는 뭘 먹고 살아갑니까? 결국 먹고 사는 문제 때문에 온전한 목회가 이루어지지 않는 것입니다. 이것이 대부분의 생계형 목회자들의 비극입니다.

　강남의 ○○교회를 다니는 형제가 이런 이야기를 전해주었습니다. 대예배 성가대 지휘자가 젊은 여성과 바람을 피우고 있다는 것을 교인들이 알고 있다고 합니다. 당연히 담임목사도 알고 있습니다. 그런데 담임목사가 그런 행동에 대해 전혀 책망하지 않고 계속해서 그분을 성가대 지휘자로 세우고 있다는 것입니다. 사실 이런 일들이 얼마나 많은지 모릅니다. 한마디로 파수꾼의 사명을 직무유기 하는 일들이 교회 안에서도 비일비재하게 일어나고 있습니다. 그런데 누군가의 죄에 대해 침묵하고 묵인하고 협력했던 사람들이 어떻게 됩니까? 악인의 죄에 대한 책임을 짊어져야 합니다. 저는 그런 의미에서 목사들은 구원받기가 참 쉽지 않다는 생각을 많이 합니다. 생계에 발목 잡혀서 결국은 헌금 많이 내는 사람들을 VIP 교인으로 설정하고 그 사람들을 특별 관리하면서 그들의 심기를 불편하지 않게 하려고 무진장 애를 쓰고 있지 않습니까? 이런 모든 행동들이 하나님께서 자신들을 목회자로 세웠을 때의 사명을 망각하는 것 아닙니까? 파수꾼의 사명을 망각하고 저버리는 것입니다. 안타깝게도 한국 교회 목회자의 대다수가 파수꾼의 사명을 제대로 감당하고 있지 못합니다. 목회자들끼리 모일 때 종종 자기 교회 문제 교인에 대해 탄식하며 이야기하는 경우들이 있습니다. 그러면 저는 그분의 그런 행동에 대해 훈계를 하는지 책망을 하는지 꼭 물어봅니다. 그러면 대부분은 말할 엄두를 내지 못한다고 합니다. 이런 현실이 너무 서글픕니다. 그동안 한국 교회는 개인들의 진실한 삶에 대한 강조를 많이 해왔습니다. 그러나 이제는 에스겔에 나오는 파수꾼에 대한 이야기에도 좀 더 집중할 필요가 있습니다. 에스겔 3장과 33장에 근거하면 파수꾼의 사명을 제대로 감당하지 못한 사람들에게 하나님께서는 악인의 죄에 대한 책임을 묻는다는 그 엄중함을 기억해야 합니다.

에스겔 1장 1절입니다.

서른째 해 넷째 달 초닷새에 내가 그발 강 가 사로잡힌 자 중에 있을 때에 하늘이 열리며 하나님의 모습이 내게 보이니.

여기에 '서른째 해'는 에스겔의 나이를 말합니다. 에스겔은 25세에 포로로 끌려왔고 그로부터 5년이 흘러 30세가 되었습니다. 30세는 성전과 성소에서 제사장으로 본격적인 사역을 하는 나이입니다. 민수기 4장 21~23절을 보겠습니다.

여호와께서 또 모세에게 말씀하여 이르시되 게르손 자손도 그 조상의 가문과 종족에 따라 계수하되 삼십 세 이상으로 오십 세까지 회막에서 복무하고 봉사할 모든 자를 계수하라.

여기에 나오는 말씀처럼 제사장으로 복무하는 나이는 30세부터 50세까지입니다. 그런데 민수기 8장 23~24절에는 25세로 말하고 있습니다.

여호와께서 또 모세에게 말씀하여 이르시되 레위인은 이같이 할지니 곧 이십오 세 이상으로는 회막에 들어가서 복무하고 봉사할 것이요.

여기서는 25세로 연령이 낮춰집니다. 4장과 8장의 말씀을 종합하면 이렇게 이해할 수 있습니다. 레위인들은 25세부터 본격적으로 제사장 사역을 준비합니다. 25세부터 30세까지는 인턴 기간으로 이해하시면 됩니다. 30세부터 본격적으로 사역을 수행합니다. 에스겔이 언제 포로로 끌려왔습니까? 25세입니다. 에스겔이 남유다에 있었다면 본격적으로 인턴 사역을 시작할 때 포로로 끌려 온 것입니다. 그리고 언제 하나님의 말씀이 에스겔에게 임했습니까? 남유다에 있었다면 본격적인 제사장 사역을 시작할 30세에 하나님의 말씀이 임했습니다. 30세라는 나이가 제사장이 사역을 시작하는 나이라는 것을 기억하시면 좋겠습니다.

예수님께서 공생애를 시작하실 때 30세로 봅니다. 30세라고 하는 것은 제사장의 사역 시점과 연관이 있습니다. 그러나 예수님이 언제 공생애를 시작했는지 정확하게 알 수는 없습니다. 누가복음 3장 23절입니다.

예수께서 가르치심을 시작하실 때에 삼십 세쯤 되시니라.

정확하게 30세라고 말하고 있는 것은 아닙니다. 삼십 세쯤 되었다고 주위 사람들이 말하는 것입니다. 정확한 나이는 알 수 없지만 삼십 세라는 것이 중요한 것은 그때가 제사장이 본격적인 사역을 시작하는 나이이기 때문입니다. 누가는 예수님의 공생애를 제사장의 본격적인 사역으로 이해하고 있는 것입니다.

예수님께서 30세에 공생애를 시작하신 것을 보고 많은 교인들이 청년 예수라는 표현을 사용합니다. 1세기 유대 남성들의 평균 수명은 40세가 되지 못했습니다. 오늘날 남성들의 평균 수명은 84세 정도 된다고 합니다. 1세기와 비교하면 곱하기 2정도는 해야 합니다. 예수님이 30세 쯤 공생애를 시작하셨다는 말은 오늘로 말하면 60세에 공생애를 시작하신 것입니다. 제 강의를 들으시는 분들 중에 60세 정도 되신 분들은 본격적으로 공생애를 시작하셔야 합니다. 언제까지 가족들만을 위해 사시겠습니까? 그동안 가족들을 위해 수고하고 애썼으니 이제는 가족들을 뛰어 넘어 민족과 역사를 위한 공생애를 하셔야 합니다. 자녀들에게 유산을 물려주려고 하지 말고 하나님 나라를 위해 하나님의 것을 온전히 사용하시기 바랍니다. 지금까지 가족들을 위해 수고하셨으니 이제는 민족과 역사와 하나님 나라를 위해 헌신하십시오. 예수님께서 30세 즈음 공생애 사역을 시작하셨다는 것은 제사장의 본격적인 사역 나이와 연관됨을 기억하시면 좋겠습니다.

에스겔 2장 1~3절입니다.

그가 내게 이르시되 인자야 네 발로 일어서라 내가 네게 말하리라 하시며 그가 내게 말씀하실 때에 그 영이 내게 임하사 나를 일으켜 내 발로 세우시기로 내가 그 말씀하시는 자의 소리를 들으니 내게 이르시되 인자야 내가 너를 이스라엘 자손 곧 패역한 백성, 나를 배반하는 자에게 보내노라 그들과 그 조상들이 내게 범죄하여 오늘까지 이르렀나니.

구약의 예언자들 중에서 이스라엘 땅 바깥에서 예언자로 부름 받은 사람은 에스겔이 유일합니다. 에스겔은 바벨론에 포로로 끌려가서 거기서 남유다 멸망을 예언했습니다. 이것이 무슨 말인가요? 바벨론에 포로로 끌려간 것 자체가 남유다가 멸망한 것 아닌가요? 에스겔 이전의 많은 예언자들이 남유다의 멸망을 예언했습니다. 하나님의 심판을 경고했습니다. 그런데 남유다 백성들이 경청하지 않았는데 정말 주전 605년과 597년에 남유다 백성들이 바벨론에 포로로 끌려가게 됩니다. 특히 주전 597년이 중요합니다. 이때 남유다 여호야긴 왕이 포로로 끌려갑니다. 이것이 당시 남유다 백성들에게 얼마나 큰 충격이었겠습니까? 남유다 백성들은 여호야긴 왕과 만 명의 백성들이 바벨론에 포로로 끌려간 주전 597년 사건을 하나님의 본 심판이라고 생각했습니다. '이것이 바로 예언자들이 경고했던 하나님의 심판이구나' 라고 생각하면서 심판이 임했으니 이제는 하나님께서 베풀어 주실 회복을 기대한 것입니다. 그런데 에스겔이 바벨론에 끌려가서 남유다 백성들을 향해 뭐라고 말합니까? 주전 597년 포로로 끌려간 것은 심판의 예고편이라는 것입니다. 아직까지 하나님의 본 심판이 임하지 않았음을 경고했습니다. 당시 남유다 백성들은 주전 597년 바벨론에 포로로 끌려간 사건을 하나님의 본 심판으로 이해했는데 에스겔은 여호야긴 왕과 만 명의 백성들이 포로로 끌려간 것은 심판의 예고편이며 그들이 죄악 된 길에서 돌이키지 않으면 하나님의 본 심판이 곧 임하게 될 것을 경고했습니다.

이것이 에스겔 메시지의 핵심입니다. 그렇다면 왜 남유다는 하나님의 본 심판을 받을 수밖에 없었습니까? 에스겔 8장 이하에 그 이유가 자세하게 기록되어 있습니다. 8장 이하를 보면 여호와의 영광이 성전을 떠나는 이야기가 나옵니다. 왜 여호와의 영광이 성전을 떠났습니까? 도대체 성전에서 어떤 일이 벌어진 것입니까? 당시 예루살렘 성전은 우상 숭배의 소굴이었습니다. 온갖 우상들을 숭배하고 있었습니다. 그래서 여호와의 영광이 떠났습니다. 여호와의 영광이 떠난 성전은 건물 덩어리에 불과할 뿐입니다. 그것을 주전 586년 바벨론이 무너뜨린 것입니다. 에스겔은 가나안 땅 바깥에서 예언자로 부름 받은 유일한 사람입니다. 에스겔이 무엇을 선포했습니까? 주전 597년 바벨론에 포로로 끌려감이 하나님의 심판의 종결이 아니라는 것입니다. 그 사건은 심판의 예고편에 불과하며 여전히 정신을 차리지 않고 있는 남유다 백성들에게 하나님의 본 심판을 경고했던 예언자가 에스겔이었습니다.

에스겔 3장 1~2절입니다.

또 그가 내게 이르시되 인자야 너는 발견한 것을 먹으라 너는 이 두루마리를 먹고 가서 이스라엘 족속에게 말하라 하시기로 내가 입을 벌리니 그가 그 두루마리를 내게 먹이시며.

하나님께서 에스겔을 예언자로 부르셨습니다. 예언자는 무엇을 하는 사람입니까? 하나님이 맡겨주신 말씀을 있는 그대로 선포하는 사람입니다. 하나님의 말씀을 있는 그대로 선포해야 하는 예언자에게 하나님께서는 먼저 말씀의 두루마리를 먹이셨습니다. 한마디로 선 섭취

후 사역인 것입니다. 말씀으로 충만한 사람만이 말씀을 온전히 선포할 수 있습니다. 선 섭취가 되어야 후 사역이 가능한 것입니다. 오늘날 너무도 준비됨 없이 하나님의 일을 하고자 하는 사람들이 있습니다. 자기 스스로도 말씀으로 충만하지 않은 사람이 무슨 말씀을 선포할 수 있겠습니까? 자기 스스로도 말씀 앞에 순종하지 않으면서 어떻게 다른 사람들에게 순종의 삶을 촉구할 수 있겠습니까? 오늘날 한국 교회의 가장 심각한 문제는 하나님께 온전히 순종해 본 적이 없는 목사들이 교인들에게 하나님에 대한 순종을 촉구하는 것입니다. 너무나 말도 안 되는 이야기입니다. 저도 목사지만 목사들만 하나님을 제대로 믿어도 한국 교회가 이 모양 이 꼴이 되지는 않았을 것입니다. 하나님의 일을 한다는 사람들은 자신들이 먼저 하나님에 대한 믿음으로 충만해야 합니다. 선 섭취 후 사역이 필요합니다.

교회 사역을 한다는 분들 중에 정말 위험한 사람들이 있습니다. 누구일까요? 분별없이 열심만 내는 사람입니다. 대표적인 사람이 사도 바울입니다. 바울의 인생을 전반부와 후반부로 나눌 때 그 중간에 터닝 포인트가 어디입니까? 다메섹 도상입니다. 다메섹 도상 이전을 바울의 전반부라고 하고 다메섹 도상 이후를 바울의 후반부라고 할 수 있습니다. 그런데 바울의 전반부와 후반부를 관통하는 단어가 바로 열정과 헌신입니다. 바울은 언제나 열정적인 사람이었고 헌신적인 사람이었습니다. 그런데 다메섹 도상 이전까지 바울의 열정과 헌신은 하나님의 마음을 아프게 하는 열정과 헌신이었습니다. 자기 생각에는 하나님을 위해 수고하고 애쓰고 있다고 했는데 사실은 하나님의 뜻과 아무런 상관이 없는 행위였고 도리어 하나님의 마음을 아프게 하는 열정과 헌신이었습니다. 저는 오늘날에도 이런 일들이 많다고 생각합니다. 한국 교인들만큼 열정적이고 헌신적인 신앙인들이 세상 어디에 있습니까? 그런데 이분들이 교회 공동체에서 보여주는 열정과 헌신이 정말 하나님을 기쁘시게 하는 열정과 헌신일까요? 저는 그렇지 않다고 봅니다. 진정으로 하나님의 뜻이 무엇인가를 잘 알지 못하게 되면 자기 생각에는 하나님을 위해 수고하고 애쓴다고 하지만 도리어 하나님의 마음을 아프게 할 수 있다는 것입니다. 그래서 열심을 내기 전에 하나님의 뜻을 온전히 깨닫는 것이 중요합니다. 열심 이전에 분별이 무엇보다 중요합니다.

한국 교회는 행사를 통해 유지되고 운영되는 교회들이 생각보다 많습니다. 그래서 일 년 내내 바쁘고 분주합니다. 교회 프로그램들을 성공적으로 진행하려면 많은 헌신자들이 필요합니다. 그래서 무대에 세워서는 안 되는 사람들에게도 사역을 맡기게 됩니다. 교인들 가운데도 하나님을 위해 무엇인가를 해야 한다는 사역 강박증을 가진 분들이 많습니다. 교회 출석한지 2주 밖에 안 된 청년이 기타를 좀 친다고 해서 찬양단에 세우거나 노래를 좀 부른다고 해서 성가대에 세우는 일들이 있지 않습니까? 저는 이런 모습들이 매우 위험하다고 봅니다. 왜냐하면 사람들이 주목하는 공적인 무대에 서는 사람이 어떤 사람이냐에 따라서 사람들은 엄청나게 실족할 수 있습니다. 기타를 칠 사람이 없으면 기타를 치지 않으면 됩니다. 노래를 잘하는 사람이 없으면 성가대를 하지 않으면 됩니다. 그런데 이제 막 신앙의 길에 들어선 사람에게 기타 좀 친다고 해서 찬양단을 시키고 노래 좀 부른다고 해서 성가대를 시키는 것은 너무나 성급하다는 생각이 듭니다. 한국 교회가 여전히 사역 강박증에서 자유롭지 못한데 3장에서 말하고 있는 것처럼 하나님의 일을 제대로 행하기 위해서라도 선 섭취 후 사역이라는 순서를 꼭 기억할 필요가 있습니다.

4장으로 가면 에스겔이 민족의 죄를 대속하기 위해 행위 예언을 합니다. 어떻게 행위 예언을 합니까? 이스라엘의 죄를 위해 좌편으로 390일 동안 눕고 남유다의 죄를 위해 우편으로 40일 동안 눕습니다. 이처럼 어떠한 행위를 통해서 메시지를 선포하는 것을 행위 예언이라고 합니다. 에스겔서에 보면 에스겔은 매우 다양한 행위 예언을 합니다. 그래서 에스겔을 행위 예언자로 부르기도 합니다. 그런데 에스겔만 이런 행위 예언을 한 것은 아닙니다. 이사야도 행위 예언을 했습니다. 이사야 20장 3~4절입니다.

여호와께서 이르시되 나의 종 이사야가 삼 년 동안 벗은 몸과 벗은 발로 다니며 애굽과 구스에 대하여 징조와 예표가 되었느니라 이와 같이 애굽의 포로와 구스의 사로잡힌 자가 앗수르 왕에게 끌려갈 때에 젊은 자나 늙은 자가 다 벗은 몸과 벗은 발로 볼기까지 드러내어 애굽의 수치를 보이리니.

이사야는 신분상 왕족일 가능성이 아주 높습니다. 사회적으로 얼마나 높은 지위에 있는 사람입니까? 그런데 이사야는 삼년 동안 벗은 몸과 발로 다녔습니다. 옷도 제대로 입지 않고 신발도 신지 않았습니다. 지금까지 멀쩡하게 생활했던 사람이 갑자기 이렇게 행동하면 사람들이 너무 궁금하지 않겠습니까? 궁금증을 참을 수 없는 사람들이 먼저 묻습니다. "이사야 선생님, 지금 뭐하시는 겁니까, 옷도 제대로 입지 않고 신발도 신지 않고." 여기 벗은 몸과 발이라는 표현은 당시 포로들의 모습을 가리킵니다. 제국이 어떤 민족을 정복한 후에 사람들을 포로로 끌고 갈 때 옷을 벗기고 신발을 벗겼습니다. 벗은 몸과 발은 포로로 끌려가는 것을 상징합니다. 그렇다면 이사야가 이런 행위 예언을 통해 무엇을 말하고자 한 것입니까? 이집트와 구스가 앗수르에 포로로 끌려갈 것이라는 것입니다. 그러므로 이집트를 의지하지 말라는 것이 예언의 핵심입니다. 이런 이야기를 사람들에게 선포하면 사람들이 귀를 막아버리니까 이사야가 행동으로 메시지를 선포한 것입니다. 멀쩡했던 사람이 갑자기 옷도 입지 않고 신발도 신지 않고 다니면 사람들이 그의 행동에 대해 묻게 됩니다. 그때 자신이 왜 이런 행동을 하고 있는지를 설명해주는 것입니다. 행위 예언의 가장 중요한 목적은 사람들의 호기심을 유발해서 먼저 묻도록 하는데 있습니다. 그래서 평소에 그런 행동을 하지 않을 것 같은 사람이 그런 행동을 하게 될 때 행위 예언의 효과는 더욱 크다고 할 수 있습니다.

대학생 선교 단체들이 공동체의 죄에 대해 신앙인으로 어떤 태도를 취해야 하는가와 관련해서 다음과 같은 구호를 만들었습니다. 예수전도단(YM)은 '타인의 죄를 내 죄처럼', 한국대학생선교회(CCC)는 '민족의 죄를 내 죄처럼'이라는 구호를 만들었습니다. 그런데 문제는 민족의 죄와 타인의 죄를 내 죄처럼 받아들이겠다고 하면서 그것을 자신의 죄로 자각했다면 그 다음 그 죄를 청산하기 위해 무엇을 해야 하는가 하는 것이 나와야 합니다. 사실 죄는 자각하는 것이 중요하지 않고 청산하는 것이 중요합니다. 즉 회개를 어떻게 할 것인가를 진지하게 고민해야 하는 것입니다. 그런데 막연하게 캠페인처럼 '타인의 죄를 내 죄처럼', '민족의 죄를 내 죄처럼'이라는 주장만 했지, 민족의 죄가 무엇이고 그 죄를 청산하기 위해 우리는 무엇을 해야 하는지에 대한 회개로 나가지 못했습니다. 죄를 자각하는 것이 회개의 출발입니다. 중요한 것은 진정으로 죄를 회개하는 것입니다. 진정한 회개는 삶을 통해 발현되어야 합니다. 안타까운 것은 많은 신앙인들이 회개를 입술로 하는 참회의 고백으로 생각한다는 것입니다. "하나님, 내가 무엇을 잘못했습니다, 용서해주세요"라고 하는 것을 회개라고 생각합니다. 회개는 진실한 마음으로 뉘우치고 죄 된 길에서 돌아서는 것입니다. 회개도 입으로만 하고 신앙의 결단도 입으로만 하는 경우들이 많습니다. "하나님, 당신 앞에서 자기를 부인하고 온전히 순종하겠습니다"라고 결단한 후에 행위를 통해 자기 부인의 삶, 순종의 삶을 살아내지 않습니다. 고백은 멋지게 합니다. 그러나 더 중요한 것은 고백의 내용이 아니라 그 고백에 걸맞은 삶입니다. 고백은 있는데 삶이 없으면 그 고백은 거짓말입니다. 결단은 있는데 삶이 없으면 그 결단은 하나님을 속인 것입니다.

에스겔 7장 26절입니다.

환난에 환난이 더하고 소문에 소문이 더할 때에 그들이 선지자에게서 묵시를 구하나 헛될 것이며 제사장에게는 율법이 없어질 것이요 장로에게는 책략이 없어질 것이며.

하나님께서 신앙의 공동체에 허락하시는 가장 큰 심판은 말씀의 기근입니다. 말씀의 기근 상황에서는 그 어디에서도 하나님의 말씀을 들을 수가 없습니다. 아모스 8장 11절도 이러한 사실을 잘 말해주고 있습니다.

주 여호와의 말씀이니라 보라 날이 이를지라 내가 기근을 땅에 보내리니 양식이 없어 주림이 아니며 물이 없어 갈함이 아니요 여호와의 말씀을 듣지 못한 기갈이라.

여호와의 말씀을 듣지 못한 기갈, 이것이 바로 말씀의 기근입니다. 이것이 하나님께서 당신의 백성으로 자처하는 자들에게 주시는 가장 큰 심판입니다. 이런 상황에서는 어디에서도 하나님의 말씀을 들을 수가 없습니다. 저는 그런 의미에서 한국 교회가 이러한 하나님의 심판을 받고 있는 것은 아닌지 심히 두렵습니다. 어떤 심판을 받고 있습니까? 참 하나님의 말씀을 만나지 못하는 심판입니다. 오늘날 한국 교회 강단에서 하나님의 말씀이 온전히 선포되고 있습니까? 제가 볼 때 한국 교회 목사님들 중에 10분의 1 정도만 하나님의 말씀을 제대로 선포하고 있다고 생각합니다. 나머지 목사님들은 교인들 눈치를 보면서 소비자 중심의 목회를 하고 있습니다. 이것이 어떻게 보면 가장 큰 심판입니다. 교회 안에서 조차도 하나님의 말씀과 제대로 대면할 수 없다면 이것보다 더 큰 심판이 어디에 있겠습니까? 그런데 더 문제는 교인들조차도 하나님의 말씀을 가감 없이 선포하는 것을 듣고 싶어 하지 않는다는 것입니다. 참으로 아이러니합니다. 하나님을 믿는 하나님의 백성이라고 고백은 하면서도 하나님의 말씀과 정직하게 대면하는 것을 좋아하지 않습니다.

한번 생각해 보십시오. 여러분이 교회를 선택한다고 할 때 A라는 교회의 목사님은 하나님의 말씀을 가감 없이 선포하는 분입니다. B라는 교회 목사님은 하나님의 말씀 가운데 우리를 부담스럽게 만드는 것은 빼고 우리가 듣고 싶어 하는 메시지만을 선포하는 분입니다. 여러분은 어느 교회를 선택하시겠습니까? 아마 신앙의 본질에 근거하면 당연히 A교회를 가야 한다고 생각하겠지만 실제로 대다수 교인들은 B교회를 선택합니다. 왜 그렇습니까? 신앙생활은 하고 싶지만 하나님의 말씀이 가감 없이 선포되는 것이 너무도 부담스럽기 때문입니다. 이렇게 생각하는 신앙인들이 대다수이다 보니 오늘날 한국 교회는 점점 소비자 중심의 교회가 되어가고 있습니다. 그 결과 그릇 오도된 메시지에 익숙한 교인들은 하나님의 말씀과 삯꾼의 달콤한 메시지를 분별할 능력을 점점 상실해가고 있습니다.

중학교 시절 성경을 읽다가 마태복음 7장 13~14절이 도무지 이해가 되지 않았습니다.

좁은 문으로 들어가라 멸망으로 인도하는 문은 크고 그 길이 넓어 그리로 들어가는 자가 많고 생명으로 인도하는 문은 좁고 길이 협착하여 찾는 자가 적음이라.

당시 한국 교회는 개신교 100주년 기념행사를 성대하게 준비하면서 1200만 성도라는 구호를 자주 사용했습니다. 양적으로 엄청난 전성기를 구가하던 때였습니다. 그때 성경을 읽다가 이런 고민이 생겼습니다. 분명히 성경에는 "생명으로 인도하는 문은 좁고 길이 협착하여 찾는 자가 적다"고 했는데 어떻게 우리나라 인구의 4분의 1 이상이 예수님을 믿겠다고 교회로 몰려오는가? 나중에 그 이유를 깨닫게 되었습니다. 원래 신앙의 길은 좁은 문을 통과하여 협착한 길로 걸어가는 것인데 지금 한국 교회는 좁은 문을 크게 확장해서 누구나 쉽게 들어올 수 있도록 만들었고 협착한 길은 16차선으로 시원하게 아스팔트를 깔아주었습니다. 그래서 누구든지 편안하게 신앙의 길을 걸어갈 수 있도록 했다는 것입니다. 하나님의 말씀도 청중 누구나 들어도 부담이 되지 않도록 달콤한 메시지로 바꾸었습니다. 여기에 익숙한 신앙인들은 교회가 가르치고 있는 말씀 안에서는 좋은 신앙인으로 평가받을 수 있습니다. 그런데 말씀 앞에 우리가 섰을 때 우리가 정말 하나님의 백성이라고 말할 수 있을까요? 하나님에 대한 온전한 믿음이 있다고 말할 수 있을까요? 우리가 정말 예수님을 따르기 위해 자기 부인의 삶을 살고 있습니까? 이런 질문 앞에서 우리는 너무나도 부끄러운 삶을 살아가고 있습니다. 어떻게 보면 에스겔 당시 남유다의 모습과 오늘날 한국 교회의 모습이 너무도 닮아 있지 않습니까? 에스겔 말씀을 통해 자신을 성찰할 수 있었으면 좋겠습니다.

에스겔 II

말 씀 과 함 께 ㅣ 예 언 서 강 의

에스겔 II

  에스겔 8~11장에는 하나님의 영광이 타락한 성전을 떠나는 이야기
가 나옵니다. 에스겔 당시 예루살렘 성전은 우상 숭배의 소굴로 전락
했습니다. 여기서 다시 한 번 헤브라이즘과 헬레니즘에 대한 이야기를
하겠습니다. 헬레니즘은 시간과 공간 자체를 근원적으로 두 개로 나
누어 사유합니다. 즉 성의 세계와 속의 세계, 영의 세계와 육의 세계라
는 이원론으로 나눕니다. 그런데 성경이 말하는 헤브라이즘은 이러한
이원론적인 사유를 거부합니다. 그리고 모든 것이 경계 가운데 있음
을 강조합니다. 헬레니즘에서는 성전은 항상 거룩한 신의 집이라고 주
장하지만 헤브라이즘에서는 성전은 거룩한 신의 집으로 부름 받은 것
입니다. 그런데 현실에서 성전은 부름 받은 그대로 거룩한 신의 집이
될 수도 있고 강도의 소굴로 전락할 수도 있습니다. 그래서 우리가 현
실세계에 있는 성전이 부름 받은 그대로 신의 집으로 존재하고 있는

지 강도의 소굴로 추락한 것은 아닌지 분별해야 합니다. 에스겔 8~11장에 보면 예루살렘 성전은 우상 숭배의 소굴로 전락했습니다. 에스겔 10장 4절입니다.

여호와의 영광이 그룹에서 올라와 성전 문지방에 이르니 구름이 성전에 가득하며 여호와의 영화로운 광채가 뜰에 가득하였고.

여호와의 영광이 그룹에서 문지방으로 이동합니다.

에스겔 10장 19절입니다.

그룹들이 날개를 들고 내 눈 앞의 땅에서 올라가는데 그들이 나갈 때에 바퀴도 그 곁에서 함께 하더라 그들이 여호와의 전으로 들어가는 동문에 머물고 이스라엘 하나님의 영광이 그 위에 덮였더라.

이제는 문지방에서 동문으로 이동합니다.

에스겔 11장 23절입니다.

여호와의 영광이 성읍 가운데에서부터 올라가 성읍 동쪽 산에 머무르고.

그룹 위에 있어야 할 여호와의 영광이 문지방으로 갔다가 동문으로 갔다가 마지막에는 동쪽 산으로 이동하고 있습니다. 타락한 성전에서 여호와의 영광이 서서히 떠나가는 것입니다. 여호와의 영광이 떠난 건물을 성전이라고 할 수 있습니까? 여호와의 영광이 떠난 성전은 건물 덩어리에 불과할 뿐입니다. 주전 586년에 바벨론은 거룩한 하나님의 집인 성전을 무너뜨린 것이 아니라 건물을 무너뜨린 것입니다.

에스겔 14장 10절입니다.

선지자의 죄악과 그에게 묻는 자의 죄악이 같은즉 각각 자기의 죄악을 담당하리니.

여기에서 선지자는 거짓 선지자를 말합니다. 거짓 선지자에게 묻는 사람과 거짓 선지자의 죄가 똑같습니다. 이 말씀을 통해 우리는 어떤 목사를 만날 것인가, 어떤 교회 공동체를 선택할 것인가 하는 것이 너무도 중요함을 발견하게 됩니다. 분별의 책임이 우리에게 요청되고 있는 것입니다. 오늘날 너무나 많은 개신교인들이 말씀에 대한 섭취를 목사에게만 의존하려는 경향이 있습니다. 매우 안타까운 모습입니다. 가톨릭에 대한 개혁 운동으로 개신교가 탄생했을 때 개신교와 가톨릭의 가장 중요한 차이가 무엇이었습니까? 만인 사제입니다. 신부만이 사제이고 신부를 통해서만 하나님의 은혜를 경험할 수 있고 신부를 통해서만 하나님의 말씀을 들을 수 있다는 것을 거부하고 예수 그리스도의 몸 된 교회를 이루는 한 사람 한 사람이 사제라는 마음으로 교회 공동체를 일구는 곳이 교회라는 것이 개신교의 핵심입니다. 내가 하나님 앞에 매 순간 정직하게 살고 하나님과의 만남을 신실하게 이어가고 하나님의 말씀을 섭취하겠다는 마음으로 살아가는 사람들이 개신교인입니다. 그런데 종교 개혁 운동이 시작된 지 500년이 지난 지금 너무도 많은 개신교인들이 말씀을 목사들에게 떠넘기고 있습니다. 옛날 사람들은 성경이 없었다는 핑계로 그것에 대해 항변할 수 있습니다. 그런데 오늘날 그리스도인들은 그런 핑계를 댈 수 없습니다. 지금 우리는 한글로 번역된 성경을 가지고 있지 않습니까? 예언서에 나오는 말씀만 제대로 읽어도 내가 어느 교회를 다닌다는 것이 너무나 부끄러운 일임을 깨닫게 될 텐데 그런 분별력이 전혀 작동되고 있지 않습니다. 이런 현실에서 에스겔 14장 10절의 "거짓 예언자에게 묻는 사람이나 거짓 예언자의 죄가 동일하다"는 말씀을 정말 무겁게 받아야 합니다. 잘못된 교회에서는 하루 빨리 출애굽하는 것이 정답입니다. 교회가 문제가 있어도 그곳에 있는 사람들과의 관계를 포기하지 못하기 때문에 계속 그곳에 머무는 경우들이 많은데 결국 신앙은 결단입니다. 하나님 앞에서 분별의 책임을 가져야 함을 꼭 기억하셔야 합니다.

에스겔 18장 20절입니다.

범죄하는 그 영혼은 죽을지라 아들은 아버지의 죄악을 담당하지 아니할 것이요 아버지는 아들의 죄악을 담당하지 아니하리니 의인의 공의도 자기에게로 돌아가고 악인의 악도 자기에게로 돌아가리라.

성경은 연좌제를 금지하고 있습니다. 우리는 하나님 앞에서 각자의 삶에 대한 판단을 받게 될 것입니다. 아버지가 신앙이 좋다고 해서 자녀들이 아버지로 인해 구원받는 것은 아닙니다. 반대로 아버지가 하나님을 배척했다고 해서 아버지로 인해 자녀들이 심판을 받는 것도 아닙니다. 키에르케고르는 우리 모두가 하나님 앞에서 단독자로 서야 한다고 했습니다. 우리 집안의 신앙 내력이 어떠하고 부모의 신앙이 어떠했는지는 그리 중요하지 않습니다. 우리 각자는 하나님 앞에서 단독자로 서게 되는 것입니다. 신명기 24장 16절은 연좌제를 철저하게 금지하고 있습니다.

아버지는 그 자식들로 말미암아 죽임을 당하지 않을 것이요 자식들은 그 아버지로 말미암아 죽임을 당하지 않을 것이니 각 사람은 자기 죄로 말미암아 죽임을 당할 것이니라.

그런데도 신앙인들이 연좌제를 연상하는 이유는 출애굽기 20장 5~6절 때문입니다.

그것들에게 절하지 말며 그것들을 섬기지 말라 나 네 하나님 여호와는 질투하는 하나님인즉 나를 미워하는 자의 죄를 갚되 아버지로부터 아들에게로 삼사 대까지 이르게 하거니와 나를 사랑하고 내 계명을 지키는 자에게는 천 대까지 은혜를 베푸느니라.

하나님을 사랑하는 자에게는 천 대까지 은혜를 베풀고 하나님을 미워하는 자에게는 삼사 대까지 심판을 받는다는 말씀 때문에 하나님께 불순종하면 그 조상들의 저주를 후손들이 받게 되는 것처럼 생각합니다. 그러나 여기서 말하는 삼사 대는 한 집안에 살고 있는 모든 세대를 가리키는 것으로 삼사 대가 심판을 받는다는 것은 그 시대를 살아가는 모든 세대가 동일한 심판을 받는다는 의미입니다. 당시에는 삼사 대가 한 집안에 모여 살았습니다. 그 말은 조상들의 죄로 인하여 아무 죄도 없는 후손들이 계속 대를 이어서 가계의 저주를 받는다는 것이 아닙니다. 열왕기상 21장 29절을 기억하고 있습니까? 하나님께서 아 합을 심판하고자 하셨는데 아합이 하나님의 경고를 듣고 나서 너무나 겸비한 모습을 보였습니다. 그래서 하나님께서 엘리야에게 뭐라고 말 씀하셨습니까.

아합이 내 앞에서 겸비함을 네가 보느냐 그가 내 앞에서 겸비하므 로 내가 재앙을 저의 시대에는 내리지 아니하고 그 아들의 시대에 야 그의 집에 재앙을 내리리라 하셨더라.

본문도 가계의 저주를 옹호하는 구절로 악용됩니다. 이 구절을 읽 으면서 사람들은 이런 착각을 합니다. 하나님께서 아합을 심판하고자 하셨는데 아합이 회개하자 심판하지 아니하시고 그 아들 시대에 하나 님의 심판이 임했다고 생각합니다. 결국 아합의 아들은 아버지의 죄 로 말미암아 심판을 받는 것이니 이것이 가계의 저주라는 식의 주장 을 하는 것입니다. 그런데 29절에 중요한 전제가 하나 있습니다. 하나 님께서는 아합을 심판하고자 하셨는데 아합이 겸비함을 보였습니다. 그래서 하나님은 심판을 철회하셨습니다. 그런데 왜 그의 아들 시대에 그의 집에 재앙을 내리겠다고 말씀하셨을까요? 여기에는 중요한 전제 가 있는데 첫 번째 전제는 아합의 아들이 아합의 죄를 지속한다는 전 제입니다. 아합의 아들이 아합의 죄를 지속하게 되면 하나님께서 어떻 게 하십니까? 무엇을 잘못하고 있는가를 깨우쳐 주시면서 회개할 수 있는 기회를 주십니다. 그러면 어떤 경우에 재앙이 임하게 됩니까? 회개할 수 있는 기회를 주셨음에도 불구하고 회개를 거부할 때입니다. 이것이 바로 두 번째 전제입니다. 아합의 아들이 아합의 죄악을 지속할 때 그리고 회개를 거부할 때 아합의 아들은 하나님의 심판을 받게 된다는 것입니다. 결코 아합의 아들이라는 이유만으로 하나님의 심판을 받는 것이 아닙니다. 이 두 가지 전제를 이해하는 것이 중요합니다. 이것을 제대로 이해하지 못하면 마치 하나님께서 연좌제로 심판하시는 분인 것처럼 오해하기 쉽습니다.

에스겔 21장 6절입니다.

인자야 탄식하되 너는 허리가 끊어지듯 탄식하라 그들의 목전에서 슬피 탄식하라.

지금의 한국 교회를 바라보면서 잠 못 드는 아픔이 있어야 합니다. 탄식해야 합니다. 교회가 이럴 수는 없는 것 아닌가, 목사가 이럴 수는 없는 것 아닌가, 장로와 권사들이 이럴 수는 없는 것 아닌가 하는 탄식이 있어야 합니다. 에스겔 9장 4절 이하에 탄식하는 자들이 하나님의 구원을 받습니다.

여호와께서 이르시되 너는 예루살렘 성읍 중에 순행하여 그 가운데에서 행하는 모든 가증한 일로 말미암아 탄식하며 우는 자의 이마에 표를 그리라 하시고 그들에 대하여 내 귀에 이르시되 너희는 그를 따라 성읍 중에 다니며 불쌍히 여기지 말며 긍휼을 베풀지 말고

쳐서 늙은 자와 젊은 자와 처녀와 어린이와 여자를 다 죽이되 이마에 표 있는 자에게는 가까이 하지 말라(4~6절).

하나님께서 누구를 구원해 주십니까? 남유다의 죄악에 대해서 탄식하는 자들의 이마에 먼저 표를 하십니다. 그리고 그들을 구원해 주십니다. 이런 맥락에서 오늘날에도 우리 시대 교회를 바라보면서 "이럴 수는 없는 것 아닌가"라고 탄식하는 자들이 필요합니다. 에스라 9장에도 "이스라엘이 이럴 수는 없는 것 아닌가"라며 에스라가 자신의 옷을 찢었습니다. 그리고 하루 종일 넋 나간 사람처럼 땅에 앉아 있었습니다. 그때 사람들이 하나 둘 에스라 주위에 모이면서 에스라와 함께 개혁 운동을 펼치게 됩니다. 이런 탄식이 정말 중요합니다. '말씀과함께' 성경공부를 하는 분들은 이러한 탄식을 가진 분들이라고 생각합니다. 제가 묻고 싶습니다. 오늘날 한국 교회의 모습 중에서 여러분들을 가장 탄식하게 만드는 것이 무엇인가요?

이○○ : 목회자들의 부패는 익히 알고 있습니다. 다만 정도가 심하다고 생각하는 것이 교회를 오래 다닌 분들이 기득권을 갖고 있으면서 전혀 하나님의 말씀과 관계가 없는 행동을 하면서 그것이 옳다고 착각하는 것입니다. 예를 들면 하나님께서는 가난한 자와 약한 자 그리고 과부와 고아를 불쌍히 여기라고 하셨는데 그런 얘기를 하면 마치 공산당이라는 식으로 몰아갑니다. 그런 것을 볼 때마다 마음이 아프고 참담합니다. 이런 분들과 같이 갈 수 있을까요? 그들에게 무슨 말이라도 해야 하나 고민을 많이 하게 됩니다. 이럴 때가 참 힘듭니다.

최○○ : 저는 10년 정도 재미있게 교회생활을 했습니다. 나름대로 성경을 열심히 읽었습니다. 그런데 어느 날부터 교회에서 선포되는 목사님의 말씀이 이건 아니라는 생각이 들었는데 교회 안에서 그것을 함께 나눌 사람이 없었습니다. 대부분의 신앙인들이 말씀을 사랑하지도 않고 알고 싶어 하지도 않는 것 같습니다. 그래서 굉장히 외로웠습니다. 다른 교회로 가서 신앙생활을 하려고 하는데 하나님 말씀을 올바르게 전하고 진실한 마음으로 목회하는 목사님들이 많이 계시지 않는 것 같습니다.

김○○ : 하나님 나라의 가치관, 특히 공적 가치에 대해 교회에서 잘 안 가르쳐 주는 것 같습니다.

이○○ : 교인들이 생각하거나 행동하는 것이 비신앙인들과 다르지 않다는 것, 모든 면에서 너무도 구별되지 않고 도리어 그것을 편하게 받아들이는 모습에 마음이 아픕니다.

문○○ : 저는 청년 때부터 신앙생활을 했는데 한 교회를 거의 20년 가까이 다녔습니다. 그러다 그 교회를 떠나서 다른 교회로 옮기게 되었습니다. 작은 교회였는데 목사님께서 십일조를 원하시지 않더라고요. 저는 십일조 생활을 해왔기 때문에 십일조를 드렸습니다. 그래서 교회 재정이 많아지면서 목사님이 물질에 욕심을 내는 모습을 보았습니다. 그 교회는 두 달마다 교인총회를 했는데 한 교인이 사용 목적에 대해 질문하면 목사님이 굉장히 화를 내면서 그동안에는 못했던 것을 당연하게 생각하는 모습을 보면서 너무도 큰 충격을 받았습니다. 그래서 그 교회에서도 나왔습니다. 물질에 크게 연연하지 않던 분이 갑자기 돈이 생기니까 그런 것에 무너지는 것을 보면서 참으로 안타까웠습니다.

조○○ : 교회가 점점 이익 집단화 되는 경향이 강해지는 것 같아서 많이 힘듭니다.

이○○ : 저 같은 경우에는 예전에 같이 있던 목사님께서 자신이 방향성을 정해 놓고 그쪽으로 가자고 하고 거기에 반하면 하나님의 뜻을 거스르는 것처럼 이야기를 많이 하셨습니다. 목사님의 뜻이 하나님의 뜻인 것처럼 너무 강하게 말씀하는 것이 많이 힘들었습니다.

박○○ : 저는 교회가 사회적 약자에 대해 무관심한 것에 대해 문제의식을 가지고 있습니다. 교회는 언제나 기득권자들의 편에 서 있는 것 같습니다.

말씀하신 것처럼 하나님 나라의 공적 가치에 대한 강조 부재, 이원론적인 신앙의 팽배는 서로 상관관계가 있습니다. 우리가 어떤 문제에 대해 탄식하게 되면 그런 일에 동참하지 않을 가능성이 높습니다. 저는 탄식할 때 제대로 탄식하는 것이 중요하다고 생각합니다. 저도 젊은 시절부터 신학을 공부하는 과정에서 교단의 비리와 대형교회의 문제를 접하면서 그런 것을 당연하게 받아들이지 않기 위해서 나름 철저하게 저를 지켜왔습니다. 사람의 신념이 무너지는 것은 한 순간입니다. 저도 대형교회로부터 장학금 제안을 받은 적이 있었는데 제가 기업 같은 대형교회가 주는 장학금을 받아서 공부하게 된다면 평생 죄책감으로부터 자유하지 못할 것 같아서 그 제안을 거절했습니다. 겉으로는 단호하게 끊어 내었지만 사실 마음을 지키는 것은 결코 쉽지 않았습니다.

여러분들께서 말씀하신 모든 내용이 우리가 탄식할 내용이라고 생각합니다. 여기에 사소한 것을 하나 더 추가하면 헌금 종류를 좀 줄였으면 좋겠습니다. 한국 교회에는 헌금 종류가 너무 많습니다. 제일 웃긴 건 십일조를 내라고 하면서 구제헌금을 내게 하는 것입니다. 원래 십일조가 무엇을 위한 헌금입니까? 교회 안에 있는 가난한 자들을 위한 구제헌금 아닙니까. 십일조의 용도가 무엇인지도 모르면서 십일조를 강조하고 있는 것입니다. 어떤 분이 말하길 한국 교회에 40가지 이상의 헌금 종류가 있다고 합니다. 저는 개인적으로 주일에 헌금을 드리는데 부활절 헌금을 따로 걷거나 성탄절 헌금을 따로 걷는 것이 이해되지 않습니다. 그리고 일 년에 한 번씩 맥추감사 헌금을 걷는 것도 이해되지 않습니다. 교인들이 농사를 짓는 것도 아닌데 맥추감사 헌금을 왜 걷는가요? 저는 목회하면서 한 번도 부활절 헌금과 성탄절 헌금 그리고 맥추감사 헌금을 내라고 한 적이 없습니다. 제가 속한 공동체에는 헌금의 종류가 두 개뿐인데 주일 헌금과 나눔의 드림입니다. 저는 한국 교회가 하나님의 이름을 팔아서 종교 사업하는 꼴이 너무도 한탄스럽습니다. 그런데 대다수 교인들은 복 받기 위해서나 다른 교인들 눈치 때문에 이것이 잘못되었다는 것을 알고 있음에도 계속 그 일에 동참합니다. 결국 결단력 없는 신앙인들 때문에 한국 교회에 왜곡된 관행들이 계속 유지되고 있습니다.

제가 가장 탄식하는 사람들은 자기 교회에 대해 매일 비판하면서 그 교회를 수십 년째 다니는 사람입니다. 왜 문제투성이인 그런 교회를 떠나지 못하고 계속 다닙니까? 우리에게 있는 에너지 하나라도 정말 좋은 교회를 세워가는 일에 쏟아야 하는 것 아닙니까? 시간이 날 때마다 정말 좋은 신앙인들과 아름다운 성도의 교제를 나누어야 하는 것 아닙니까? 그런 일을 하기에도 시간과 에너지가 부족한데 교회 문제에 대해 매번 비판하고 욕하는 그러한 일에 너무나 많은 에너지를 쏟고 있는 사람들을 보면 너무나 한탄스럽습니다. 부정적인 것에 에너지를 쏟기 보다는 옳은 것을 세워나가는 일에 열과 성을 다하는 것이 무엇보다 중요합니다. 정리하면 우리들이 분노해야 할 일에 대해서는 잘 분노해야 합니다. 탄식해야 하는 일에 대해서는 잘 탄식해야 합니다. 그래야 부정적인 것에 덜 영향을 받으며 살아갈 수 있습니다.

에스겔 22장 30~31절입니다.

이 땅을 위하여 성을 쌓으며 성 무너진 데를 막아 서서 나로 하여금 멸하지 못하게 할 사람을 내가 그 가운데에서 찾다가 찾지 못하였으므로 내가 내 분노를 그들 위에 쏟으며 내 진노의 불로 멸하여 그들 행위대로 그들 머리에 보응하였느니라 주 여호와의 말씀이니라.

당시 이스라엘 공동체의 멸망을 막기 위해 하나님께 중보하는 사람이 한 사람도 없었다는 것입니다. 저는 믿는 한 사람이 정말 중요하다고 생각합니다. 예수님께서 하나님께 죽기까지 순종하심으로 우리 모두가 구원받게 된 것 아닙니까? 한 사람의 믿음이 너무나 중요합니다.

우리 각자가 하나님을 기쁘시게 하는 그 한 사람이었으면 좋겠습니다.

에스겔 24장 15~19절입니다.

여호와의 말씀이 또 내게 임하여 이르시되 인자야 내가 네 눈에 기뻐하는 것을 한 번 쳐서 빼앗으리니 너는 슬퍼하거나 울거나 눈물을 흘리거나 하지 말며 죽은 자들을 위하여 슬퍼하지 말고 조용히 탄식하며 수건으로 머리를 동이고 발에 신을 신고 입술을 가리지 말고 사람이 초상집에서 먹는 음식물을 먹지 말라 하신지라 내가 아침에 백성에게 말하였더니 저녁에 내 아내가 죽었으므로 아침에 내가 받은 명령대로 행하매 백성이 내게 이르되 네가 행하는 이 일이 우리와 무슨 상관이 있는지 너는 우리에게 말하지 아니하겠느냐 하므로.

하나님께서 남유다 백성들에게 처절한 심판을 행하기에 앞서 에스겔의 아내를 먼저 데려가십니다. 앞으로 백성들이 어떤 고난과 고통을 받게 될 것인가를 예언자의 삶의 모습을 통해서 먼저 보여주시는 것입니다. 예언자의 삶이 실존적으로 너무나 안타까운 것이 예언자는 하나님의 말씀을 먼저 듣는 자이고 그 말씀을 먼저 받아들이는 자이고 그 말씀에 먼저 순종하는 자이고 그 말씀을 먼저 경험하는 자입니다. 그러한 예언자의 삶을 처절하게 살았던 사람이 바로 에스겔입니다.

에스겔 34장 2절에는 삯꾼에 대한 이야기가 나옵니다.

인자야 너는 이스라엘 목자들에게 예언하라 그들 곧 목자들에게 예언하여 이르기를 주 여호와께서 이같이 말씀하시되 자기만 먹는 이스라엘 목자들은 화 있을진저 목자들이 양 떼를 먹이는 것이 마땅하지 아니하냐.

하나님께서 이스라엘에 목자를 세우셨는데 그들은 목자가 되지 못하고 삯꾼이 되었습니다. 양들을 잘 돌보라고 목자로 세움을 받았는데 양들을 잡아먹는 일에만 열심을 내고 있습니다. 에스겔 34장은 전체가 삯꾼에 대한 비판의 말씀입니다. 예수님께서 요한복음 10장에서 "나는 선한 목자라"고 할 때 '선한 목자'는 에스겔 34장에 나오는 삯꾼이 아니라는 말입니다. 그리고 나는 선한 목자라는 말에는 지금 예루살렘 성전에 있는 종교인들이 선한 목자가 아니라는, 즉 에스겔 34장에 나와 있는 삯꾼들이라는 비판도 어느 정도 담고 있습니다. 삯꾼들은 하나님의 말씀으로 백성들을 먹이지 않고 백성들의 삶을 돌보지 않습니다. 도리어 백성들의 것을 빼앗아서 자기 삶에 부귀영화를 추구합니다. 그럼에도 백성들은 그런 삯꾼들을 목자라고 생각하고 존경하고 따라가고 있습니다. 이 얼마나 어리석은 모습입니까. 양에게 요청되는 두 가지 책임이 있습니다. 요한복음 10장 4절입니다.

자기 양을 다 내놓은 후에 앞서 가면 양들이 그의 음성을 아는 고로 따라오되.

양은 어떤 책임이 있습니까? 첫째는 목자의 음성을 분별할 줄 알아야 합니다. 본문에는 "양들이 그의 음성을 아는 고로"라고 말씀하고 있습니다. 제 이름이 '누렁이'라고 합시다. 누군가 울타리 밖에서 '누렁아, 누렁아' 하고 부릅니다. 그때 이 목소리가 나에게 꼴을 먹이려는 목자의 음성인지 아니면 나를 울타리 밖으로 끌어내어 잡아먹으려는 삯꾼의 음성인지를 알아야 합니다. 잘 분별해야 합니다. 그것이 양의 책임입니다. 오늘날 신앙인들도 무엇이 하나님의 음성이고 무엇이 사탄의 음성인지를 무엇이 하나님의 뜻이고 무엇이 내 욕망에 근거한 내 마음의 음성인지를 알아야 합니다.

둘째는 목자의 음성을 아는 것으로만 그쳐서는 안 됩니다. 그 목자를 따라가야 합니다. 그것이 양의 두 가지 책임입니다. 요한복음 10장에는 선한 목자가 어떤 존재인가에 대한 말씀들이 많이 나옵니다. 11절에는 "나는 선한 목자라 선한 목자는 양들을 위하여 목숨을 버리거니와." 14절에는 "나는 선한 목자라 나는 내 양을 알고 양도 나를 아는 것이"라는 말씀이 나옵니다. 예수님께서 계속해서 나는 선한 목자라고 말씀하시는 것은 당시 예루살렘 성전에 있는 종교 지도자들이 참 목자가 아니라는 폭로이기도 합니다. 당시 종교 지도자들은 에스겔 34장에 나오는 삯꾼의 후예들이었습니다.

에스겔 36장 27절입니다.

또 내 영을 너희 속에 두어 너희로 내 율례를 행하게 하리니 너희가 내 규례를 지켜 행할지라.

여기서 '내 영'은 성령을 가리킵니다. 성령을 우리 속에 둠을 통해 하나님께서는 무엇을 기대하셨습니까? 하나님의 율례, 즉 하나님의 말씀을 행하기를 원하셨습니다. 이 말씀처럼 우리가 성령을 받게 되면 하나님의 규례를 지켜 행하게 되는 것입니다. 그것이 바로 성령을 주시는 목적입니다. 오늘날 한국 교회가 고쳐야 할 것이 많지만 그 가운데 하나가 잘못된 성령론, 즉 왜곡된 성령 운동입니다. 성령은 성부 하나님과 성자 하나님께서 이 땅에 있는 당신의 백성들을 돕기 위해서 보내주신 선물입니다. 그러면 성령 하나님은 이 땅에 있는 당신의 백성들의 무엇을 돕습니까? 크게 두 가지입니다. 첫째는 성령 하나님은 당신의 백성들로 하여금 하나님의 말씀을 기억나도록 도우시고 하나님의 말씀을 깨닫도록 도우십니다. 그것이 어디에 나옵니까? 요한복음 14장 26절에 나옵니다.

보혜사 곧 아버지께서 내 이름으로 보내실 성령 그가 너희에게 모든 것을 가르치고 내가 너희에게 말한 모든 것을 생각나게 하리라.

이처럼 성령은 이 땅에 있는 하나님의 백성으로 하여금 하나님의 말씀을 기억나도록 도우시고 하나님의 말씀을 깨닫도록 도우십니다.

둘째는 성령은 하나님의 말씀에 순종할 수 있도록 우리를 도우십니다. 에스겔 36장 27절이 이것을 잘 말해줍니다. 우리가 참 하나님의 백성, 예수의 제자라면 하나님의 뜻을 알고자 하는 간절함과 목마름이 있을 수밖에 없습니다. 하나님의 백성들은 하나님의 뜻을 알기 위해 성경을 읽고 큐티도 합니다. 그때 성령께서 하나님의 뜻을 간절히 알고자 하는 그 사람을 도와주십니다. 어떻게요? 말씀을 깨닫도록 도우시고 삶의 중요한 순간마다 말씀을 기억나도록 도와주십니다. 그래서 우리가 성령의 도우심을 통해서 하나님의 뜻이 무엇인가를 알게 됩니다. 그 다음에 참 하나님의 백성이라면 자신이 깨달아 알게 된 하나님의 뜻을 일상의 삶을 통해 살아내고자 하는 마음이 생길 수밖에 없습니다. 그런데 우리가 하나님께 순종하고자 하다 보면 깨닫게 되는 것이 있습니다. 순종하고자 하는 내 마음의 결단은 하늘을 찌르는데 내 능력과 의지가 너무 약하다는 것입니다. 작심삼일도 잘 안 됩니다. 하루 만이라도 하나님께 온전히 순종하며 살아가는 것이 쉽지 않습니다. 세상의 유혹이 너무도 강력합니다. 그래서 순종하고자 마음을 먹게 되면 내 믿음이 얼마나 나약한가를 금방 깨닫게 됩니다. 그때 하나님께 온전히 순종하고자 하는 우리를 누가 도와주십니까? 성령 하나님께서 도와주십니다.

우리가 신앙의 길에서 반드시 가져야 할 확신이 있습니다. 나 같은 사람이 정말 하나님을 제대로 알 수 있을까, 나 같은 사람이 하나님께 제대로 순종할 수 있을까, 나는 수준이 이것밖에 안 되는데 하는 탄식 자체가 성령의 도우심을 신뢰하지 않는 것입니다. 성경은 우리에게 무엇을 가르쳐주고 있습니까? 정말 하나님의 뜻을 온전히 알기를 소망한다면 성령께서 반드시 우리를 도와서 하나님의 뜻을 깨달아 알도록 하신다는 것입니다. 내가 하나님께 온전히 순종하기를 원한다면 성령께서 반드시 우리의 순종을 도와주신다는 것입니다. 내 이성으로 말씀을 깨닫고 내 능력으로 하나님께 순종하는 것이 아닙니다. 성령의 도우심을 믿고 신뢰해야 합니다. 그런데 끊임없이 자기를 주목하게 만드는 것이 사탄의 간계입니다. 사탄은 우리로 하여금 끊임없이 자기 자신만을 주목하게 만듭니다. "너 같은 존재가 무슨 하나님의 백성이냐, 네가 그 정도의 능력을 가지고 있어"라고 하면서 계속 자기를 주목하게 만들고 위축되게 만듭니다. 이것이 사탄이 하나님의 백성들을 넘어뜨리는 간계입니다. 내 힘으로 순종합니까. 아닙니다. 성령께서 우리를 도와주십니다. 우리는 성령의 이끄심에 온전히 순종하고자 하는 마음만 먹으면 됩니다.

제 이야기를 잠깐 하겠습니다. 저는 대학생 때 만나는 분들에게 공동체에 대한 꿈을 나누었습니다. 그때 저를 아끼고 사랑했던 교수님, 선배, 친구들이 하나같이 했던 말이 있습니다. "진일아, 네가 하고자 하는 공동체가 성경적으로는 옳은 것이지만 그렇게 공동체를 하게 되면 사람들이 오지를 않아, 그러면 너 어떻게 먹고 살 거야." 소위 신학교 교수라는 분들과 신학교 선배들이 저에게 했던 조언이었습니다. 물론 인간적으로 제 삶에 대한 걱정에서 그런 이야기를 한 것은 이해합니다. 그러나 목회자가 되고자 하는 사람이라면 신앙의 본질에 대해 사고하고 결정해야 하는 것 아닙니까? 저에게 말씀한 분들이 백이면 백 공동체가 성경적으로는 옳다고 하셨습니다. 그러나 네가 하고자 하는 공동체 목회가 성경적으로는 옳지만 그렇게 하면 먹고 살기 힘들다는 것이었습니다. 신앙의 공동체는 사람들이 부담스러워서 아무도 오지 않는다는 것입니다. 그분들의 조언의 핵심은 목회를 통해 먹고 살기 위해서는 공동체 목회를 하면 안 된다는 것이었습니다. 이것이 저를 아끼던 분들이 했던 조언입니다. 그때 저는 본질보다 삶을 우선순위에 두는 현실에 절망했습니다. 저는 어찌되었건 신앙의 공동체를 세우는 것이 하나님의 뜻이라고 생각했고 20대 초반부터 공동체로 살아왔습니다. 그렇게 해서 지금까지 제가 굶었습니까? 아닙니다. 어디서 이렇게 선하고 좋은 사람들을 만날 수 있을까 싶을 정도로 정말 좋은 사람들과 함께 신앙의 삶을 함께 걸어가고 있습니다. 저는 만나는 누구에게나 공동체 지체들을 칭찬하고 자랑합니다. 우리 지체들을 생각만 해도 너무 행복하고 즐겁습니다. 자연스레 감사의 고백이 흘러나옵니다. 저는 정말 제 인생을 통해 강한 확신이 생겼습니다. 내가 하나님께 온전히 순종하고자 할 때 하나님께서 내 삶을 어떻게 인도하셨는지, 어떻게 나를 도우셨는지에 대한 확신이 있습니다. 이것이 저는 진정으로 성령에 대한 사모함이라고 생각합니다. 성령에 대한 사모함은 미친 듯이 몇 시간 동안 괴성을 질러대는 것이 아닙니다. 무엇이 성령 충만한 모습인지를 정확하게 분별해야 합니다.

성령은 이 땅에 있는 당신의 백성들을 돕기 위해서 성부 하나님과 성자 하나님이 보내신 선물입니다. 무엇을 도와주십니까? 하나님의 말씀을 깨닫도록 도우시고 하나님의 말씀을 기억나도록 도우십니다. 그리고 깨달은 바 하나님의 말씀에 온전히 순종할 수 있도록 우리의 순종을 도우시는 분이 성령입니다. 따라서 우리가 언제 성령의 도우심을 경험할 가능성이 높겠습니까? 성령은 하나님의 말씀을 깨닫도록 도우시는 분이니까 하나님의 뜻을 알고자 할 때 하나님의 말씀을 깨우쳐 주시는 성령의 도우심을 경험할 가능성이 아주 높습니다. 언제 성령의 도우심을 경험할 가능성이 높습니까? 성령은 우리의 순종을 도우시는 분이니까 우리가 하나님께 온전히 순종하고자 할 때 성령의 도우심을 경험할 가능성이 높은 것입니다. 그래서 성령 충만한 사람들은 말씀으로 충만한 사람들입니다. 진짜 성령 충만한 사람들은 순종으로 충만한 사람들입니다.

그런데 오늘 한국 교회는 너무도 샤머니즘적인 성령 이해를 가지고 있습니다. 어린 시절 기도원에는 하얀색 구두를 신고 하얀색 정장을 입은 부흥사들이 많았습니다. 부흥사들은 설교하다 막히면 꼭 찬양을 부릅니다. 지금도 기억나는 찬양이 있는데 '성령 받아라 성령 받아라' 입니다. 이 찬양을 많이 불렀습니다. 그런데 이 찬양에는 율동이 있습니다. '성령 받아라' 하면서 부흥사가 강대상에서 성령을 던지는 제스처를 하면 교인들이 성령을 받는 율동을 했습니다. 성령을 야구공처럼 생각한 것입니다. 부흥사가 성령을 우리에게 던져주는 존재로 생각하는 이런 미신적인 생각은 도대체 어디에서 시작된 것일까요? 지금도 부흥회나 찬양 집회에 참석하면 인도자들이 이런 멘트를 많이 합니다. "오늘 우리 뜨거운 기도와 찬양을 통해서 성령이 이곳 가운데 임재하시기를 간구합시다." 이런 멘트를 들으면서 사람들은 큰소리로 '아멘' 하고 화답합니다. 여러분 이 말 자체가 얼마나 반성경적인지를 아셔야 합니다.

실제로 많은 신앙인들은 자신들이 뜨겁게 기도하고 찬양할 때 성령이 자신들이 모인 그곳에 임재하신다고 생각합니다. 그래서 성령의 임재를 갈망하면서 얼마나 열광적인 종교 의식을 행합니까. 그런데 이것이 얼마나 반성경적인 행위입니까. 성령이 언제 우리 안에 좌정하십니까? 우리가 예수를 그리스도로 고백하는 순간부터 성령은 이미 우리 안에 좌정하십니다. 그런데도 찬양 집회나 부흥회를 시작하면서 이미 우리 안에 좌정하신 성령을 일단 저 멀리 보내놓고 출발합니다. 그리고 저 멀리 보낸 성령을 우리가 뜨겁게 기도하고 찬양하게 되면 다시 이곳으로 불러낼 수 있다고 생각합니다. 이 얼마나 샤머니즘적인 사고입니까. 무당들이 푸닥거리를 왜 합니까? 무당들이 푸닥거리를 하는 이유가 신을 즐겁게 해드림으로써 강림하도록 하는 것이 목적 아닙니까? 전형적으로 한국 교회가 가지고 있는 성령론 자체가 샤머니즘적인 성령론입니다.

한국 교회 성도들이 경험하는 성령 체험이 진정한 성령 체험일까요? 저는 많은 경우 성령의 역사가 아닌 악령의 역사도 있다고 봅니다. 정말 성령을 만났다면 성령 받은 자들이 그런 삶을 살지 않습니다. 조○○, 김○○, 이○○ 같은 사람들이 진짜 성령의 충만함을 받았다면 어떻게 그렇게 돈에 대한 욕심과 성적인 탐욕에 빠질 수가 있습니까? 그래서 이것을 잘 분별해야 합니다. 몇 시간 동안 지치지 않고 괴성을 질러대면서 찬양하고 기도하는 사람들은 성령 충만한 것이 아니라 체력이 좋은 것입니다. 체력 좋고 목청 좋고 감정 충만한 것을 성령 충만한 것으로 오해하면 안 됩니다. 성령 충만한 사람은 자기 이기심과 탐욕을 십자가에 못 박는 사람이고 세속의 가치와 문화에 지배받지 않는 사람입니다. 에스겔 마지막 부분인 40~48장에는 예루살렘 성전과 사독 계열 제사장들의 회복에 대해 말씀합니다. 예언서는 앞부분에는 심판에 대한 경고가 나오고 뒷부분에는 회개하는 자들에 대한 진정한 회복 이야기가 나옵니다. 에스겔도 심판과 회복이라는 구조로 구성되어 있음을 알 수 있습니다. 여기까지 하고 질문 받겠습니다.

Q 목사님들의 설교를 듣다 보면 성경 말씀보다 자신의 생각을 이

야기하는 경우들이 많은 것 같습니다. 많은 목사님들은 초신자 위주로 설교하기 때문에 쉽게 한다는 이유로 설교 말씀을 달콤하게 하는 경향이 많습니다. 그래서 교회 생활을 오래하거나 성경공부를 오래한 교인들은 그런 것에 대해 관용을 베풀고 목회를 위해 그럴 수 있다고 이해하는 경향이 많습니다. 목회자들의 달콤한 메시지에 대해 그러시면 안 된다고 조언의 말씀을 드려야 할 것 같은데 목사님은 어떻게 생각하시는지요?

A 집사님의 조언을 담임목사님이 잘 경청해주시면 좋겠습니다. 저는 집사님의 말씀이 참 중요하다고 봅니다. 집사님의 말씀이 한국 교회의 현실을 정확하게 직시하고 있습니다. 교인들이 백 명이 모이건 천 명이 모이건 간에 교회 안에 모인 사람들의 신앙 수준은 너무나 다릅니다. 똑같지 않습니다. 어떤 분은 신앙의 연수가 오래 되었고 어떤 분은 이제 막 신앙의 길에 들어선 초신자도 있습니다. 정말 하나님을 제대로 믿고자 하는 분도 계시고 인맥을 쌓기 위해 교회에 오시는 분도 계십니다. 그래서 교회 안을 자세히 들여다보면 어느 교회건 교회 안에 있는 분들의 마음이 한 마음 한 뜻은 아닙니다. 교인들의 스펙트럼이 너무 넓다 보니까 목사님들이 이분들 모두가 원하는 응답을 해드리는 것이 현실적으로는 쉽지 않습니다. 그래서 대다수 목사님들은 초신자들에게 초점을 맞추어 설교나 목회를 합니다. 이렇게 하는 데는 여러 이유가 있겠지만 그중 하나가 목사님들 스스로가 준비되어 있지 않습니다. 초신자들에게 그리스도교 신앙을 설명하는 것까지는 어렵지 않은데 성경에 대해서 나름 알고자 하는 분들에게 또는 인문학적 소양이 있는 분들에게 성경을 제대로 설명할 준비가 되어 있는 목회

자들이 그리 많지 않습니다. 그래서 초신자들에게 맞추어 설교하고 목회하는 교회들이 많습니다. 사실 초신자들은 교회에 정착하는 것이 어렵지 않습니다. 그런데 문제는 10~20년, 30년 이상 신앙생활을 하신 분들은 매년 쳇바퀴 도는 것 같은 답답함을 느낀다는 것입니다. 10년 전 설교나 5년 전 설교나 그것이 그것 같은 진부함과 교회도 변화가 없는 것입니다. 매년 비슷한 행사를 치르면서도 교회는 돌아가고 있지만 내 신앙의 진보와 성장은 경험하지 못하는 것입니다. 그래서 저는 한국 교회 안에 오래된 신자들, 신앙 성장의 정체로 인해 답답해하는 분들을 위한 새로운 시도들이 필요하다고 봅니다.

대다수의 한국 교회가 초신자 중심이기 때문에 전도를 강조합니다. 예수 믿지 않던 사람들을 전도해서 그들에게 그리스도교 신앙의 기본기를 제대로 설명해주는 것은 너무나 중요한 일입니다. 그런데 이러한 문화에서 답답함을 느끼시는 분들, 신앙의 성장과 진보를 갈망하는 사람들에게는 이제 좀 다른 차원의 신앙을 설명해 내고 그 신앙을 살아낼 수 있도록 도와야 하지 않겠습니까? 이렇게 하려면 목회자 스스로도 성장과 진보가 필요합니다. 그래서 정직하게 본인이 그러한 성장과 진보를 도울 능력이 되지 않으면 그것을 잘할 수 있는 교회로 교인들을 인도해주는 것도 하나의 방법이라고 생각합니다. 아니면 그것을 잘할 수 있는 사람에게 아웃소싱을 맡겨 교인들을 잘 교육할 수 있도록 돕는 것도 하나의 방법입니다. 목회자들 스스로 자신이 잘 할 수 있는 것과 부족한 부분을 스스로 자각하고 인정하는 것이 필요합니다. 그런데 어떤 목사님들은 자신이 잘하지도 못하면서 교인들을 포기하고 싶지 않은 마음에 끝까지 교인들을 붙잡아두는 경우들이 많습니다. 저는 이것도 욕심이라고 생각합니다. 만약 그런 목회자로 인해 답답하신 분이 계시다면 저는 이런 조언을 드리고 싶습니다. 목사님을 찾아가서 이렇게 말씀드리면 좋을 것 같습니다. "목사님, 그동안 교회 공동체 안에서 신앙의 기본기를 잘 배울 수 있어서 정말 감사드립니다. 이제는 한층 성장된 신앙의 걸음을 걷고 싶습니다. 그것을 잘 도와줄 수 있는 교회로 가려고 합니다. 저를 축복해 주십시오." 이렇게 감사의 인사를 건네고 작별하는 것이 교회나 교인 모두에게 유익하다고 생각합니다. 대부분의 한국 교회는 초신자 중심으로 프로그램을 운영합니다. 그래서 신앙의 기본기를 형성하는 데는 탁월한 훈련을 제공합니다. 하지만 삶 속에서 존재를 다해 하나님을 만나고 싶어 하고 존재를 다해 하나님께 순종하고자 하는 분들을 위한 신앙의 문화를 만들어내고 살아내는 일에는 많이 취약합니다. 그러한 것을 교회에 요청했을 때 그 요청에 응답할 수 있는 교회는 많지 않습니다. 그래서 저는 신앙의 기본기를 쌓아 준 것에 대해 고마움과 감사함을 표하고 아름다운 이별을 하는 것이 교인이나 교회 입장에서 서로 유익하다고 생각합니다.

Q 에스겔이 행위 예언을 했을 때 일차적으로 누구를 대상으로 한 것인가요? 유다 백성들을 대상으로 한 것인가요?

A 에스겔은 바벨론 포로지에서 행위 예언을 했습니다. 일차적으로는 포로지에 있는 사람들을 대상으로 한 것입니다. 그들은 주전 597년에 포로로 끌려와서 이제 곧 하나님의 회복을 소망했던 사람들이었습니다. 에스겔은 행위 예언을 통해 주전 597년의 사건은 심판의 예고편일 뿐이고 곧 하나님의 본 심판이 있을 것을 경고했습니다.

에스겔이 포로지에서 행위 예언을 한 것이 이후에 남유다까지 소문이 났다고 봐야 합니다.

Q 그런데 이렇게 390일을 좌로 눕고 40일을 우로 눕는 행위 예언을 하게 되면 청중들이 이것이 무슨 의미인지를 알 수 있었을까요? 신약 시대에는 성령 충만함을 통해 말씀을 깨닫게 되는데 그때도 그러한 성령 충만함이 있었다고 봐야 하나요?

A 행위 예언의 가장 중요한 목적은 청중들로 하여금 호기심을 갖게 만드는 것입니다. 예언자가 보이는 이상한 행위를 보면서 사람들은 수군거릴 것이고 누군가는 왜 이런 행동을 하는지에 대해 질문하게 될 것입니다. 제가 다음 주에 삭발을 했다고 가정해 보십시오. 제가 삭발하고 '말씀과함께' 강의를 하면 여러분들이 저한테 질문할 것 아닙니까? "목사님, 아니 왜 삭발을 하셨어요?" 이것이 행위 예언입니다. 저의 삭발 행위는 곧 소문이 퍼질 것입니다. 제가 여러분에게 중요한 이야기를 한다고 해도 마음 속 깊이 그 이야기를 새기거나 다른 사람에게 온전히 전달하지 못하는 경우들이 많을 것입니다. 그런데 제가 삭발하고 나타나게 되면 많은 분들이 깜짝 놀라실 뿐만 아니라 저를 알고 있는 여러분 주변에 계신 분들에게도 "양진일 목사가 삭발했대, 왜 삭발을 했냐면…" 하면서 이야기를 전달할 가능성이 아주 높습니다. 이처럼 행위 예언이 때로는 훨씬 더 파급력이 클 때가 있습니다.

Q 인분을 굽고 하면 그 행위를 볼 때 '저 사람 미친 거 아니야' 이렇게 생각할 수도 있지 않았을까요?

A 당연히 그렇습니다. 인분을 땔감으로 사용했다는 것은 정상적인 연료가 없다는 것입니다. 남유다 백성들이 이제 빈궁한 삶을 살게 될 것을 보여주는 것입니다. 그렇게 행동하지 않았던 사람이 갑자기 이상한 행동을 하게 되면 사람들이 얼마나 궁금해 하겠습니까? 이때 왜 그런 행동을 하고 있는지를 설명하면 메시지의 파급력이 훨씬 더 크게 나타나게 됩니다. 이것이 행위 예언을 하는 목적입니다.

Q 에스겔 13장 19절을 보면 거짓 예언하는 여자들 이야기가 나오는데 거기에 "내 백성에게 너희가 거짓말을 지어내어 죽지 아니할 영혼을 죽이고 살지 못할 영혼을 살리는도다"는 말씀이 나오는데 여기 "죽지 아니할 영혼을 죽인다"는 것은 이해가 되는데 "살지 못할 영혼을 살리는 것"은 어떻게 해석해야 하나요?

A 이것은 진짜 살린다는 것이 아니라 하나님의 심판을 받을 사람들을 마치 구원받거나 살 수 있는 사람인 것처럼 말해준다는 의미입니다. 즉 가짜 평안과 가짜 구원을 선포하는 것입니다.

다니엘

말씀과함께 | 예언서강의

다니엘

다니엘은 이스라엘의 종말론적 신앙이 담겨 있는 책입니다. 신약에서 요한계시록 같은 책이라고 할 수 있습니다. 희망이 거의 보이지 않던 시대에 가장 사랑받는 본문 가운데 하나가 묵시 문학입니다. 거대한 악의 세력에 의해 신앙인들이 고난과 핍박을 받고 있지만 하나님께서 반드시 지금의 상황을 역전시켜 주실 것이라는 기대로 가득한 책이 묵시 문학입니다. 다니엘을 그 당시 사람들은 요한계시록과 같은 책으로 이해했다고 생각하시면 됩니다. 다니엘은 주전 2세기 중반 경에 기록되었습니다. 다니엘이 실제로 살았던 시대는 주전 7세기 말 또는 6세기 초입니다. 그래서 다니엘이 살았던 시대에 다니엘서가 기록되었다고 생각하는 분들이 많이 계신데 절대로 그렇지 않습니다. 성경의 각 본문은 시간적 시점에 있어서 1, 2, 3의 차이가 있습니다. 본문이 말하는 배경이 1, 본문이 기록된 시점이 2, 본문이 영감 받은 하나님의 말씀으로 인정받은 시점이 3이라고 할 때 어떤 성경 본문도 1, 2, 3이 일치하는 것은 없습니다. 다니엘도 마찬가지입니다. 다니엘 본문의 배경은 주전 7세기 말 또는 6세기 초입니다. 다니엘은 그 시대를 살았던 역사적 인물입니다. 그런데 다니엘이 쓰인 시점은 주전 2세기 중반 경입니다. 본문의 배경 시점과 기록된 시점 사이에 시간적인 간격이 큼을 알 수 있습니다.

다니엘은 유대인들의 성경 장르 구분법에 따르면 성문서에 속합니다. 그런데 70인경으로 번역된 이후에는 예언서에 속하게 되었습니다. 유대인들은 성경을 세 장르로 구분했는데 율법서, 예언서, 성문서입니다. 이중에 가장 거룩한 말씀을 율법서, 그 다음은 예언서, 그 다음은 성문서로 이해했습니다. 유대인들은 가장 거룩한 말씀을 성경 앞 부분에 배치했습니다. 그래서 히브리어 성경은 토라를 제일 앞에 예언서를 그 다음에 그리고 성문서를 제일 마지막에 배치했습니다. 그런데 70인경으로 성경이 번역되면서 장르가 네 개로 수정되었는데, 율법서, 역사서, 시가서, 예언서로 나누었습니다. 예언서는 이사야부터 말라기까지로 다니엘은 예언서로 분류됩니다. 유대인들에게 다니엘은 성문서에 속합니다. 다니엘은 성문서 가운데 묵시 문학입니다.

묵시 문학의 중요한 특징이 환상과 상징 그리고 숫자로 가득하다는 것입니다. 요한계시록이 그렇지 않습니까? 요한계시록에 보면 무수하게 많은 환상과 상징 그리고 숫자들이 나옵니다. 묵시 문학에 왜 환상과 상징이 많을까요? 묵시 문학이 등장하는 시점은 하나님을 대적하는 제국의 압제 가운데 있을 때였습니다. 믿음의 사람들은 소수자로 제국으로부터 엄청난 박해를 받았습니다. 이때 있는 그대로를 말하게 되면 정치권력에 의해서 더 큰 핍박과 박해를 받을 수 있습니다. 그래서 상징과 환상 같은 자기들만이 이해할 수 있는 암호를 사용하는 것입니다. 제국의 압제 가운데서 암호 같은 표현을 사용했다고 보시면 됩니다. 이것이 묵시 문학의 특징입니다. 묵시 문학에 왜 상징이나 환상이나 숫자가 많으냐면 제국이 이해할 수 없는 암호 같은 표현을 사용하고 있다고 이해하시면 됩니다.

묵시 문학의 목적은 고난 받는 하나님의 백성들을 격려하기 위해서입니다. 묵시 문학이 기록될 때 배경이 있습니다. 첫째는 믿음의 사람들이 소수자라는 것입니다. 둘째는 엄청난 핍박과 박해로 인해 많은 사람들이 배교하는 상황이라는 것입니다. 엄청난 핍박과 박해의 상황에서 소수의 믿음을 가진 자들이 자기들의 힘으로 할 수 있는 것이 거의 없는 상황이 묵시 문학이 기록될 때의 배경입니다. 이때는 자기 신앙 하나 지켜내는 것도 참으로 힘겨운 시기입니다. 이런 상황이 묵시 문학이 기록된 배경입니다. 묵시 문학이 언제 등장합니까? 믿음의 사람들이 소수일 때 하나님 나라를 대적하는 강력한 정치 세력이 권력을 쥐고 믿음의 사람들을 가혹하게 핍박하고 박해할 때입니다. 이런 상황에서 많은 신앙인들은 생존을 위해서 신앙을 저버립니다. 믿음의 사람들이 자기 신앙 하나 지키기 위해 목숨을 걸어야 되는 시기에 묵시 문학이 등장한 것입니다. 오늘날로 말하면 이슬람 세계의 그리스도인이나 북한에 있는 지하 교인들을 생각하시면 됩니다. 이분들이 바로 묵시 문학적인 상황 가운데 처해 있는 것입니다. 이런 묵시 문학적인 상황 가운데 처해 있는 사람들은 자기 신앙 하나 지켜내는 것에 목숨을 걸어야 합니다. 이분들에게 "당신들은 세상의 빛입니다, 당신들은 세상의 소금입니다, 세상에 나가서 이 세상을 말씀으로 변화시켜 내야 합니다"라고 말할 수 있겠습니까? 자기 신앙 하나 지키는 일에 목숨을 걸어야 하는 분들에게 "세상에 나가서 이 땅을 말씀으로 바꾸어 내십시오"라고 말하는 것은 상황적으로 너무나 잘못된 적용입니다.

성경에는 종말론과 관련해서 두 가지 목소리가 있습니다. 종말론은 죄악으로 가득한 지금의 세상이 해체되고 하나님이 다스리는 나라가 도래할 것을 말합니다. 이러한 종말의 핵심은 역사의 완성입니다. 하나님의 뜻이 온전히 성취되는 것입니다. 그런 맥락에서 성경에는 두 가지 종말론과 관련된 내용이 나오는데 하나는 파국 종말론이고 다른 하나는 평화 종말론입니다. 한국 교회에서 파국 종말론에 대한 이야기는 많이 회자되고 있지만 평화 종말론에 대해서는 거의 회자되지 않고 있습니다. 한국 교회는 파국 종말론을 유일한 종말론인 것처럼 가르쳐왔습니다. 파국 종말론이 무엇입니까? 다니엘이나 요한계시록 같은 묵시 문학적인 배경 가운데 등장하는 종말론입니다. 믿음의 사람들은 소수이고 교회를 박해하고 신앙을 무너뜨리고자 하는 권력자의 힘은 막강한 상황에서 많은 신앙인들이 살고자 하는 생존에 대한 욕구 때문에 신앙을 배교하고 있습니다. 끝까지 자기 신앙 하나 지키는 것에도 목숨을 걸어야 되는 상황 속에서 신앙인들이 할 수 있는 유일한 행위는 하나님의 전적인 개입을 간구하는 것 밖에 없습니다. 이럴 때 등장하는 종말론이 파국 종말론입니다. 그런데 성경에는 또 다른 종말론이 있는데 평화 종말론입니다.

이사야 2장과 미가 4장이 잘 보여주고 있는 것처럼 사람들이 하나님의 말씀을 배우기 위해서 예루살렘으로 올라옵니다. 하나님의 말씀을 배우기 위해서 말씀을 가르치는 자에게 와서 존재를 다해 말씀을 배웁니다. 그렇게 말씀을 배운 결과 어떤 일이 일어나게 됩니까? 그동안 사람들을 죽이는 일에 사용했던 칼과 창을 농기구인 보습과 낫으로 바꾸어 냅니다. 하나님의 말씀을 제대로 배운 결과 말씀에 순종하는 삶을 살아내는 것입니다. 그래서 나라와 나라 사이에 전쟁이 사라지고 사람과 사람 사이에 갈등이 사라지게 됩니다. 말씀을 배우고 말씀에 순종하는 자들에 의해서 하나님이 원하시는 바가 현실로 구현되어지는 하나님 나라가 세워지게 되는 것입니다. 이것이 바로 평화 종말론입니다.

이사야 11장에 보면 사자와 어린 양이 함께 뛰놀고 어린아이가 독사 굴에 손을 넣어도 아무런 해도 당하지 않는 모습을 볼 수 있습니다. 이것이 바로 말씀을 배운 결과 변화된 상황입니다. 이것이 바로 평화 종말론이 현실이 된 모습입니다. 이런 평화 종말론은 어디에서 강조되어야 할까요? 미국이나 한국처럼 그리스도인들이 다수인 곳에서 강조되어야 합니다. 우리나라에 그리스도인들이 얼마나 많습니까? 개신교 신자들과 가톨릭 신자들을 합하면 천만 명이 훨씬 넘는 분들이 그리스도교 신앙을 가지고 있지 않습니까? 국회의원을 비롯한 사회 지도층에 얼마나 많은 그리스도인들이 자리하고 있습니까? 그리스도인들이 너무나 막강한 힘을 가지고 있는 상황에서 교회마다 말씀을 제대로 가르치고 말씀에 온전히 순종함을 통해서 평화 종말론을 우리가 사는 이 땅 가운데 현실로 만들어 내야 하지 않겠습니까? 그런데 한국 교회는 이토록 많은 신앙인들이 막강한 힘을 발휘하고 있음에도 불구하고 평화 종말론을 강조하지 않습니다. 어떤 상황에서건 파국 종말론만을 강조합니다. 하나님의 말씀을 온전히 가르침, 말씀을 제대로 배운 다음에 말씀을 살아내고자 하는 순종의 결단을 함, 이것을 통해서 이 땅 가운데 하나님의 통치가 온전히 구현되는 하나님 나라를 건설해야 함, 이것을 강조하는 평화 종말론에 대한 메시지가 성경에 굉장히 많이 나옴에도 불구하고 한국 교회는 파국 종말론만 강조하고 있습니다.

파국 종말론이 어떤 배경에서 나온 것입니까? 믿는 자들이 소수이고 악한 권세가 신앙인들을 핍박하고 박해하는 상황에서 수많은 신앙인들이 배교하는 상황, 자기 신앙 하나 지키는 것에도 목숨을 걸어야 되는 상황에서 신앙인들이 할 수 있는 것이 하나도 없을 그때 오직 간구할 수 있는 것은 하나님의 절대적인 주권과 개입밖에 없습니다. 이때 나온 것이 파국 종말론입니다. 파국 종말론의 대표적인 본문이 요한계시록과 다니엘 7~12장입니다. 그런데 성경에는 파국 종말론만 있는 것이 아닙니다. 이사야 2장과 11장, 미가 4장을 보면 지금의 삶과 전혀 다른 새로운 삶이 펼쳐집니다. 어떻게요? 사람들이 말씀을 배우고 그 말씀에 순종함을 통하여 이 땅 가운데 하나님의 뜻이 현실이 되는 새로운 세상이 출현하는 것입니다. 이것을 무엇이라고 합니까? 평화 종말론이라고 합니다. 평화 종말론에서 무엇이 중요합니까? 말씀을 배우고 배운 말씀을 따라 순종하는 것이 중요합니다.

우리나라처럼 이렇게 많은 사람들이 교회 공동체에 속해 있는 상황에서는 파국 종말론이 아니라 말씀을 가르치고 말씀에 순종함을 통하여 하나님 나라를 이 땅 가운데서 살아내는 평화 종말론이 좀 더 강조되어야 합니다. 그런데 한국 교회에서 평화 종말론에 대한 강조는 거의 없습니다. 신앙인들이 듣고 배운 유일한 종말론이 파국 종말론입니다. 그 이유가 무엇일까요? 이 땅에 그리스도교 복음이 들어왔을 때가 구한말이었습니다. 그리고 얼마 후에 일제에 의해 식민 지배를 받게 되었고 해방과 동시에 분단이 되었고 동족상잔의 비극인 한국전쟁이 일어났습니다. 어떻게 보면 이 땅에 그리스도교 복음이 전래된 이후부터 줄곧 우리의 현실은 파국 종말론을 사모할 수밖에 없는 상황이었습니다. 그래서 한국 교회가 파국 종말론을 강조한 것은 충분히 이해됩니다. 그런데 1970~90년대로 넘어오면서 우리의 상황이 많이 바뀌었습니다. 경제적으로 선진국 대열에 진입했고 교회도 급성장했습니다. 지금 한국 교회가 강조해야 할 것은 파국 종말론이 아니라 평화 종말론입니다. 한국 교회가 제대로 말씀을 가르치고 있는가, 그리스도인들이 배운 말씀을 따라 온전히 순종하며 살고 있는가, 말씀을 배우고 신앙의 길을 걸어가는 여정에서 삶의 변화가 있는가를 진지하게 묻고 성찰해야 합니다. 그런데 안타깝게도 대부분의 그리스도인들이 여전히 파국 종말론 밖에 모릅니다. 이제는 평화 종말론에 대한 관심과 강조가 필요합니다.

예언과 묵시에는 차이가 있습니다. 예언은 청중의 반응 여부에 따라서 얼마든지 변경 가능한 말씀이라는 것, 이 땅의 정치, 경제, 종교가 하나님이 원하시는 것과 어긋났을 때 이러면 안 된다고 훈계하며 올바로 교정시켜내는 것을 목적으로 한다는 것, 예언의 말씀은 인간 예언자를 통해서 선포되어진다는 세 가지 특징이 있습니다. 하지만 묵시는 전혀 다릅니다. 묵시의 가장 중요한 특징은 청중의 반응이 그다지 중요하지 않습니다. 묵시의 가장 중요한 특징은 이미 모든 것이 결정되어 있다는 것입니다. 결정된 시나리오를 받아들이는 것 외에 청중이 할 수 있는 것은 아무 것도 없습니다. 청중이 결정된 묵시에 그 어떤 영향도 미칠 수 없습니다. 또한 묵시는 이 땅의 잘못된 부분을 고치는 것에 관심이 없습니다. 지금 이 세상은 총체적 타락과 부패의 상태입니다. 그래서 지금의 땅과 하늘이 해체되고 새 하늘과 새 땅이 도래하는 것을 소망합니다. 예언이 청소기의 부품을 교체하는 것이라면 묵시는 청소기 자체를 교체하는 것입니다. 집안을 청소하려고 하는데 청소기가 작동하지 않습니다. 자세히 살펴보니 부품 하나가 고장 났습니다. 그래서 부품을 바꾸어서 다시 청소기를 사용하는 것이 예언입니다. 그런데 청소기가 고장 났는데 부품 한두 개를 바꾼다고 다시 사용할 수 없는 상황이라면 이때는 청소기 자체를 교체해야 합니다. 이것이 묵시입니다. 마지막으로 묵시의 내용은 천상의 존재를 통해 전달됩니다. 다니엘 7~12장에 보면 다니엘은 하나님의 계시를 이해하지 못했습니다. 그래서 누가 설명해 줍니까? 천사 가브리엘이 하나님의 계시를 설명해 줍니다. 묵시는 천상의 존재를 통해 그 뜻이 우리에게 전달됩니다.

다니엘은 크게 두 부분으로 나눌 수 있습니다. 1~6장은 하나님에 대한 절대 신앙을 가진 자들이 구원받는 이야기이고, 7~12장은 어떤 분투도 악을 이겨내지 못하고 거의 대부분 변절하고 악의 공세 앞에 무너지는 이야기입니다. 다니엘은 세속 가치의 범람과 지배 속에서도 하나님의 백성 됨의 정체성을 사수하자는 것이 핵심 주제입니다. 어떤 상황에서도 하나님의 백성이라는 정체성을 사수하자고 독려하는 것이 다니엘을 기록한 목적이라고 할 수 있습니다.

성경을 읽다 보면 신앙인으로 이 세상의 정치권력에 대해 어떤 입장을 가져야 하는가에 대해 고민하게 됩니다. 이것은 신앙인에게 아주 중요한 질문입니다. 이런 주제와 관련해서 가장 많이 인용되는 구절이 마태복음 22장 21절입니다. "가이사의 것은 가이사에게, 하나님의 것은 하나님에게." 그동안 한국 교회는 가이사의 것은 정치로, 하나님의 것은 종교로 해석했습니다. 그래서 '정치는 정치인에게 종교는 종교인에게'라는 역할 분담론으로 본문을 해석했습니다. 그런데 이 구절을 헬라어로 보면 '가이사의 것은 가이사에게'와 '하나님의 것은 하나님에게' 중간에 '카이'라는 접속사가 있습니다. 여기서 '카이'를 순접 접속사인 '그리고'로 번역했습니다. '가이사의 것은 가이사에게'를 A라고 하고 '하나님의 것은 하나님에게'를 B라고 할 때 중간에 있는 '카이'를 순접 접속사인 '그리고'로 번역해서 'A and B'로 해석했습니다. 이렇게 번역하면 앞의 A와 뒤의 B는 무게가 거의 동일하게 됩니다. 그런데 김세윤 교수는 본문에 대해 새로운 해석을 했는데 '카이'를 순접이 아닌 역접으로 번역해야 한다는 것입니다. 그렇게 되면 "가이사의 것은 가이사에게 그러나 하나님의 것은 하나님에게로" 해석됩니다. 역접 접속사로 번역하면 어떤 변화가 있습니까? A and B 하게 되면 A와 B가 동일한 무게를 가지지만 A but B 하게 되면 어디에 무게가 있습니까? B에 무게가 있습니다.

예수님께서 어떤 상황에서 이 말씀을 하셨는지를 잘 보셔야 합니다. 사람들이 예수님께 "가이사에게 세금을 바쳐야 됩니까 말아야 됩니까"라고 질문했을 때 예수님은 동전을 가지고 오라고 합니다. 이때 사람들이 가이사의 얼굴이 새겨진 동전을 가지고 옵니다. 예수님의 말씀에서 '가이사의 것'은 가이사의 얼굴이 새겨진 그 동전을 가리킵니다. 가이사의 얼굴이 새겨진 그 동전은 가이사에게 바치라는 것입니다. 그렇다면 '하나님의 것'은 무엇입니까? 하나님의 형상이 새겨진 존재를 가리킵니다. 하나님의 형상이 새겨진 존재가 누구입니까? 사람입니다. 그 사람 안에 누가 포함됩니까? 가이사도 포함됩니다. 따라서 후자의 말씀은 하나님의 형상이 새겨진 가이사도 하나님께 바쳐져야 한다는 것을 강조하는 것입니다. 이것이 바로 예수님의 메시지 핵심입니다. 한글 번역에는 중간에 있는 접속사를 빼고 번역했습니다. "가이사의 것은 가이사에게, 하나님의 것은 하나님에게"라고 번역했는데 그 중간에 있는 '카이'(그러나)를 넣어서 번역해야 합니다. 이 말씀은 가이사의 얼굴이 새겨진 동전은 가이사에게 바쳐라 그러나 하나님의 형상이 새겨진 모든 존재는 하나님께 바쳐져야 한다는 것을 강조하는 것입니다. 결국 이 땅에 있는 모든 존재들이 하나님께 순종해야 될 대상임을 강조하는 것이 이 말씀의 핵심입니다.

로마서 13장에도 정치권력에 대한 말씀이 나옵니다. 그동안 한국교회는 로마서 13장 1절만을 강조했습니다. 그러나 이 말씀을 올바로 이해하려면 로마서 13장 4절과 6절을 함께 보아야 합니다. 하나님께서 이 땅에 정치권력을 세우신 목적이 무엇입니까? 4절과 6절은 '하나님의 사역자가 되기 위해서', '하나님의 일꾼이 되게 하기 위해서'

라고 말씀하고 있습니다. 하나님의 사역자와 일꾼의 가장 중요한 기능은 권선징악을 시행하는 것입니다. 선을 행하는 사람에게는 칭찬을 하고 악을 행하는 자에게는 징벌을 하는 것이 하나님께서 이 땅에 정치권력을 세우신 목적이고 모든 정치권력은 이 사명에 최선을 다해야 합니다. 그런데 로마서 13장과 다른 맥락에서 말하고 있는 본문이 요한계시록 13장입니다. 여기에 보면 바다에서 한 짐승이 올라옵니다. 이 짐승은 바다에서 올라와서 무엇을 합니까? 이 땅에 있는 하나님의 백성들을 핍박합니다. 하나님의 백성들을 핍박한다는 것은 사탄의 하수인으로서 역할을 수행한다는 것입니다. 요한계시록 13장에는 이 땅에 있는 정치권력 가운데 사탄의 하수인으로서 역할을 하는 권력이 있음을 알려줍니다. 이처럼 신약성경에는 원래 하나님이 기대하셨던 정치권력의 모습과 사탄의 하수인으로서 작동하고 있는 정치권력이 있음을 보여줍니다. 하나님이 처음으로 정치권력에 기대하셨던 모습이 로마서 13장에 나와 있고 사탄의 하수인으로서 정치권력의 모습이 요한계시록 13장에 나와 있습니다.

우리나라는 1961년 박정희 정권부터 1992년 노태우 정권까지 31년간 군사 독재 정권이었습니다. 군사 정권 시절 한국 교회는 신앙과 정치, 교회와 정치권력과의 관계를 어떻게 바라볼 것인가 했을 때 "위에 있는 권세들에게 복종하라"는 로마서 13장만을 강조했습니다. 그런데 신약성경에는 로마서 13장과 다른 목소리를 내고 있는 본문도 있습니다. 무엇보다 로마서 13장이 말하고자 하는 핵심은 하나님이 이 땅에 있는 정치권력에게 기대하시는 바가 무엇인가 하는 것입니다. 하나님은 이 땅의 정치권력이 권선징악의 도구가 되기를 원하셨습니다. 우리가 주목해야 할 말씀이 요한계시록 13장입니다. 요한계시록 13장은 도리어 선을 행하는 자들, 의롭게 살아가는 자들을 핍박하고 교회 공동체를 공격하는 사탄의 하수인으로서 정치권력이 있음을 분명하게 알려주고 있습니다.

느부갓네살이 세운 금 신상에 절하지 말라는 것이 다니엘 앞부분에서 강조되고 있는 내용입니다. 금신상은 하나님께만 바쳐져야 될 우리의 충성심을 도적질하는 것입니다. 이런 것을 우리는 우상이라고 말합니다. 하나님께만 우리가 가진 에너지의 100%를 온전히 집중해야 하는데 세상의 많은 것들이 우리의 에너지를 다른 곳으로 유인합니다. 다른 곳에 에너지를 사용하도록 유혹합니다. 이런 것들이 우상입니다. 그 가운데 하나가 느부갓네살이 세운 금 신상입니다. 거기에 절하게 되는 순간 하나님과 금 신상을 겸하여 섬기는 존재가 되는 것입니다. 금 신상에 절할 것을 요구받는 상황에서 다니엘의 세 친구는 결기 있는 신앙의 모습을 보여줍니다. 그것이 무엇입니까? '하나님의 도우심이 없다고 하더라도 아닌 것은 아니다' 라는 것입니다. 이것을 어떻게 표현합니까? "그리 아니하실지라도." 다니엘 3장 18절에는 "그리 아니하실지라도"의 신앙이 잘 드러나 있습니다. 이것이 시대정신과 타협하지 않는 신앙인의 정조와 기백입니다. 어떻게 보면 독립투사의 마음과 같은 것입니다. 내가 원하는 독립이 이루어지지 않는다 해도 절대 일본 제국주의에 무릎 꿇지 않겠다는 결기입니다. 하나님 아닌 어떤 것에도 무릎 꿇지 않겠다, 내가 끝까지 신앙을 지켜낼 때 하나님이 나를 도와주실 것이다, 설령 그렇게 되지 않는다 해도 나는 절대 우상 앞에 무릎 꿇을 수 없다는 엄청난 결기를 다니엘의 세 친구가 보여주었습니다.

그런데 오늘날 신앙인들에게 이런 신앙의 결기가 너무도 부재합니다. 신앙생활을 동아리 모임이나 인맥을 쌓기 위한 만남, 습관적인 취미 생활 정도로 생각하는 신앙인들이 너무 많습니다. 정말 말씀 앞에 무릎을 꿇고 존재를 바꾸어 내고자 하는 결기, 시대와 타협하지 않는 결기가 잘 보이지 않습니다. 다니엘의 세 친구가 보여주는 것처럼 영적인 결기를 가진 신앙인들이 과연 얼마나 될까요? 그런 신앙인을 만나기 어려운 것이 오늘 우리 시대의 아픔입니다. 우리가 영적 결기가 있다면 우리가 속해 있는 교회에서 교회다운 모습과 다른 모습이 벌어질 때 그것을 묵인하고 방관할 수 있겠습니까. '이것은 아니다'라는 생각이 들면 단호하게 그것을 반대해야 하는 것 아닙니까. 애정 어린 조언을 함에도 불구하고 듣지 않을 경우에는 본토 친척 아비 집을 떠나는 결단을 해야 하는 것 아닙니까. 그런데 대부분 그렇게 하지 못합니다. 그렇게 하지 못하는 가장 큰 이유는 그동안 교회에서 맺어 온 인맥, 그동안 낸 축의금과 조의금 때문에 결단을 못합니다. 이런 상황에서 무슨 신앙의 결기를 기대할 수 있겠습니까. 그런 의미에서 다니엘 앞부분을 읽을 때마다 저는 참으로 부끄럽습니다. 영적 결기와 기백이 없는 자들이 다니엘 앞부분을 읽는다는 것이 무슨 의미가 있을까요? 너무나 습관적으로 성경을 읽고 있는 것은 아닙니까? 다니엘이라는 성경 본문이 우리에게 왜 주어졌는지를 생각해야 합니다. 하나님의 뜻이 아니라면 과감하게 그런 것들과 단호하게 결별할 수 있고 하나님의 뜻이라면 다른 것들을 고려하지 않고 온전히 하나님께 존재를 다해 순종할 수 있는 영적 결기와 기백을 요청하는 것이 다니엘 앞부분의 강조점입니다.

1장을 보겠습니다. 다니엘은 주전 605년 바벨론에 포로로 끌려왔습니다. 이때가 느부갓네살 원년입니다. 예레미야에서 말씀드린 것처럼 주전 605년이 중요합니다. 이때가 여호야김 4년 또는 3년입니다. 왜 4년 또는 3년이라고 할까요? 1월을 한 해의 시작으로 보면 4월에 발생한 사건은 여호야김 4년에 일어난 사건입니다. 그러나 7월을 한 해의 시작으로 보면 4월에 발생한 사건은 여호야김 3년에 일어난 사건이 됩니다. 그래서 동일한 사건에 대해 예레미야에서는 여호야김 4년이라고 하고 다니엘에서는 여호야김 3년이라고 말하는 것입니다. 이것은 한 해의 시작을 1월로 볼 것인가, 7월로 볼 것인가에 따라서 다르게 계산된 것이라고 이해하시면 됩니다. 여호야김은 이집트가 세운 왕이었습니다. 여호야김은 이집트에 의해 세움을 받았기 때문에 처음부터 이집트의 봉신이 될 수밖에 없었습니다. 그런데 주전 605년에 이집트와 바벨론 전쟁에서 바벨론이 승리하게 됩니다. 이때 바벨론 느부갓네살 왕이 남유다에 내려와서 여호야김에게 묻습니다. "계속해서 이집트를 섬길래 아니면 새로운 종주국으로 바벨론을 섬길래." 이때 여호야김이 바벨론을 섬기겠다고 말합니다. 그래서 주전 605년에 이집트를 섬기던 남유다는 바벨론의 봉신이 됩니다. 그리고 남유다가 바벨론의 봉신이 되었다는 기념으로 남유다 청년들이 포로로 끌려가게 되는데 포로로 끌려간 대표적인 인물이 다니엘과 세 친구였습니다.

다니엘과 세 친구는 포로로 끌려가서 3년 동안 갈대아의 교육을 받습니다. 그들을 갈대아 사람으로 귀화시켜 갈대아를 위해 충성할 수 있도록 교육받은 것입니다. 이때 다니엘과 세 친구는 왕궁에서 제공되는 고기를 먹지 않고 채식을 했습니다. 왜 그렇게 했습니까? 그 당시 고기는 대부분 우상에게 바쳐진 고기였습니다. 그래서 우상에게 바쳐진 고기를 먹지 않고 음식 정결법을 지키기 위해 채식을 한 것입니다. 열흘 동안 시험을 했는데 고기를 먹은 사람들보다 얼굴색이 더 좋았습니다. 그래서 계속해서 채식을 할 수 있도록 허락을 받았다는 이야기가 1장에 나옵니다. 1장의 이야기를 신학자들은 주전 2세기에 있었던 안티오코스 에피파네스 4세의 박해와 연관시킵니다. 안티오코스 에피파네스 4세라는 이름을 기억하셔야 합니다. 원래 이 사람의 이름은 안티오코스 4세였습니다. 그런데 에피파네스라는 이름을 스스로 붙였습니다. 세계사를 공부하면 중요한 것을 하나 발견하게 되는데 이름이 긴 사람들 중에 좋은 사람이 별로 없다는 것입니다. 안티오코스 4세는 스스로 에피파네스라는 이름을 붙였습니다. 에피파네스의 뜻이 '신이 나타났다'는 말입니다. 그 신이 누구겠습니까? 자신입니다. 자신을 신으로 불렀으니 얼마나 오만한 자입니까.

이스라엘은 700년 동안 5대 제국의 식민 지배를 받았습니다. 5대 제국은 앗수르, 바벨론, 페르시아, 헬라, 로마입니다. 주전 2세기 이스라엘은 헬라 제국의 지배를 받았습니다. 주전 331년에 헬라의 알렉산더는 페르시아를 무찌르고 고대 근동의 챔피언이 되면서 이스라엘을 지배했습니다. 그런데 천하무적 알렉산더가 33세라는 비교적 젊은 나이에 죽게 됩니다. 알렉산더가 죽은 다음에 거대한 헬라 제국은 네 개로 분할이 됩니다. 그 가운데 기억해야 할 두 나라가 있습니다. 다니엘에 보면 남방 왕과 북방 왕이라는 표현이 나오는데 여기 남방은 이집트이고 북방은 시리아입니다. 이집트에 있던 헬라 제국을 프톨레미 왕조라고 하고 시리아에 있던 헬라 제국을 셀류커스 왕조라고 합니다. 알렉산더가 33세에 요절한 다음 주전 301년부터 이집트를 중심으로 한 프톨레미 왕조가 이스라엘을 지배합니다. 그러다가 주전 198년부터 시리아를 중심으로 한 셀류커스 왕조가 이스라엘을 지배하게 됩니다.

안티오코스 에피파네스 4세 이전까지는 앗수르, 바벨론, 페르시아, 헬라 제국이 이스라엘을 간접 통치했습니다. 간접 통치라는 말은 이스라엘의 종교와 문화생활을 인정하고 허용한 것을 말합니다. 그러면 제국은 무엇만 요구하는 것입니까? 제국이 부과하는 세금과 조공만 잘 바치면 됩니다. 그러면 제국은 이스라엘의 종교생활과 문화생활에 대해 자유를 허락해주고 일절 개입하지 않습니다. 실제로 이스라엘 백성들은 자신들이 제국의 식민 지배를 받고 있다는 것을 피부로 거의 느끼지 못했습니다. 왜 그렇습니까? 안식일마다 회당에 가서 예배드리고 남자 아이들이 태어나면 팔일 만에 할례를 행하고 절기마다 예루살렘 성전에 가서 제사를 드렸기 때문입니다. 이스라엘 백성들은 자신들이 이방 제국의 식민 지배를 받고 있다는 것을 거의 느끼지 못했습니다. 그런데 주전 175년에 등극한 안티오코스 에피파네스 4세는 직접 통치를 하게 됩니다.

직접 통치의 핵심은 이스라엘을 헬라화시키는 것입니다. 이스라엘에게 종교와 문화의 자유를 더 이상 허용하지 않았는데 이스라엘은 제국이 명한대로 행해야 했습니다. 안티오코스 에피파네스 4세는 토라 소유 금지, 할례 금지, 안식일 준수 금지 등을 명령했습니다. 그동안 이스라엘이 갖고 있었던 모든 종교적인 정체성을 말살시키고자 한 것입니다. 그리고 예루살렘 성전에 헬라인들이 가장 중요하게 생각하는 제우스 신상을 세웠습니다. 이것을 다니엘에서는 "멸망의 가증한 것이 서지 못할 것에 선 것을 보거든"이라고 표현했습니다. 예루살렘 성전에 제우스 신상을 세운 후에 어떤 동물을 제물로 바쳤나요? 이스라엘 백성들이 가증하게 생각하는 돼지고기를 제물로 바쳤습니다. 그리고 제물로 바쳤던 돼지고기를 제사에 참여한 모든 사람들에게 강제로 먹였고 먹지 않겠다고 저항하면 시리아 군인들이 그들을 죽이기까지 했습니다.

이러한 행위가 예루살렘 성전에서만 일어났던 것이 아니었습니다. 셀류커스 왕조는 지방을 순회하면서 이러한 행위를 했습니다. 하루는 모데인이라는 지방으로 갔습니다. 그때 모데인 지방의 제사장이 맛다디아라는 사람이었습니다. 모데인 지방에 있는 모든 사람들을 광장에 모아놓고 제우스 신상에다 절하게 하고 돼지를 죽여서 제물로 바치고자 했습니다. 이때 모데인 지방 제사장이었던 맛다디아는 이 모든 행위를 거부합니다. 그리고 칼을 들어 시리아 군인들을 죽였습니다. 그리고 "여호와를 경외하는 자는 자신을 따르라"고 하면서 셀류커스 왕조에 대한 본격적인 저항 운동을 펼치게 됩니다. 이것이 마카비 항쟁입니다. 맛다디아의 셋째 아들이 유다입니다. 유다는 싸움을 잘해서 시리아 군인들을 망치로 깨부수듯이 모두 박살내 버렸습니다. 그래서 그에게 붙여진 별명이 '망치'라는 뜻의 마카비였습니다.

가톨릭 제2정경에는 마카베오상하가 있는데 그 본문들이 마카비 독립 운동에 대한 이야기입니다. 이를 마카비 항쟁이라고 부릅니다. 결국 마카비 항쟁을 통해서 주전 164년에 예루살렘 성전이 정결케 됩니다. 제우스 신상을 박살내고 예루살렘 성전을 정화한 것입니다. 이것을 기념하는 절기가 요한복음에 나오는 수전절입니다. 다니엘 1장에서 고기를 먹지 않고 채식만 한 것을 학자들은 안티오코스 에피파네스 4세의 박해와 연관시키고 있습니다. 다니엘이 언제 기록되었습니까? 주전 2세기 중반입니다. 주전 2세기 중반은 마카비 항쟁이 진행 중인 때였습니다. 본문에 나오는 다니엘과 세 친구가 고기를 먹지 않겠다고 하는 이야기를 최초의 독자들은 어떻게 이해했을까요? 안티오코스 에피파네스 4세가 강제로 돼지고기를 먹게 했을 때 그것을 먹지 않기 위해 목숨을 걸었던 사람들의 이야기로 받아들였을 것입니다. 그래서 학자들은 다니엘 1장의 이야기가 주전 2세기 안티오코스 에피파네스 4세의 돼지고기 강제 급식을 거절하는 것과 연관이 있다고 생각합니다.

다니엘 3장 17~18절입니다.

왕이여 우리가 섬기는 하나님이 계시다면 우리를 맹렬히 타는 풀무불 가운데에서 능히 건져내시겠고 왕의 손에서도 건져내시리이다 그렇게 하지 아니하실지라도 왕이여 우리가 왕의 신들을 섬기지도 아니하고 왕이 세우신 금 신상에게 절하지도 아니할 줄을 아옵소서.

17절에서 다니엘의 세 친구는 하나님의 도우심을 전적으로 신뢰하고 기대합니다. 그런데 18절에서 뭐라고 말합니까? 그러나 내가 기대하고 소망하는 바가 현실이 되지 않는다 하더라도 자신은 결코 신앙의 정조를 버릴 수 없다는 것입니다. 인생사의 긴 여정에서 우리가 원하는 대로 하나님께서 이끌어주지 않는다 하더라도 하나님만을 믿고 따르겠다는 것입니다. 얼마나 위대한 고백입니까? 오늘날 신앙인들 중에 자신이 원하는 바대로 하나님께서 역사하지 않을 때 마음이 상한 분들, 하나님에 대해 냉담해지는 분들이 얼마나 많습니까? 우리는 이것을 기억해야 합니다. 하나님은 우리를 도울 수 있는 능력이 있는 분이시지만 어떤 상황에서건 우리가 기대하는 바를 행하기도 하시고 행하지 않기도 하신다는 것입니다. 그런 하나님의 뜻을 받아들이는 것이 중요합니다. 다니엘의 세 친구가 했던 고백의 연장선상에 예수님의 겟세마네 기도가 있습니다. 예수님은 "이 잔을 내게서 지나가게 하옵소서"라고 기도했습니다. 그리고 마지막에 어떻게 기도하셨습니까? "그러나 나의 원대로 마시옵고 아버지의 원대로 하옵소서"(막 14:36). 자신이 원하는 바가 있지만 자신이 원하는 바대로 이루어지지 않는다 하더라도 하나님의 뜻, 하나님의 섭리를 받아들이겠다는 신앙의 결기를 엿볼 수 있습니다. 그런 의미에서 다니엘 3장에서 다니엘의 세 친구의 고백과 예수님의 겟세마네 기도는 연관 관계가 있습니다.

다니엘 5장 1절에는 벨사살이라는 왕이 나옵니다. 벨사살은 바벨론 마지막 왕인 나보니두스의 아들입니다. 성경만 읽는 분들은 다니엘 5장을 보면서 바벨론이 멸망할 때 왕이 벨사살이라고 생각합니다. 그런데 세계사를 보면 바벨론의 마지막 왕은 나보니두스입니다. 바벨론에 벨사살이라는 왕은 존재하지도 않았습니다. 이런 사실을 접하면 혼란스럽습니다. 분명히 다니엘 5장에는 바벨론의 마지막 왕이 벨사살인데 세계사를 보면 바벨론의 마지막 왕은 나보니두스인 것을 어떻게 이해해야 할까요? 그리고 벨사살이라는 왕은 존재하지도 않는다는 사실을 어떻게 이해해야 할까요? 그래서 배경을 이해하는 것이 너무나 중요합니다. 바벨론의 마지막 왕은 나보니두스가 맞습니다. 나보니두스의 어머니는 달 신을 숭배하던 여제사장이었습니다. 재미있는 것은 달 신의 이름이 '신'입니다. 나보니두스의 어머니는 달 신, 즉 신의 여제사장이었습니다. 그래서 나보니두스는 어렸을 때부터 어머니의 영향을 받아서 달 신 숭배를 했습니다. 그런데 바벨론이 주신으로 섬겼던 신이 무엇입니까? 마르둑입니다. 그래서 나보니두스가 왕이 되었을 때 계속해서 마르둑 제사장들과 갈등을 빚게 되었습니다. 왜냐하면 나보니두스는 마르둑을 몰아내고 달 신인 '신'을 바벨론의 국가 종교로 만들고 싶어 했습니다. 그런데 오랜 세월 바벨론 사람들이 바벨론의 주신으로 섬겨 왔던 신은 마르둑이었기 때문에 마르둑 사제들과 나보니두스가 갈등할 수밖에 없었습니다.

마르둑 제사장들과 계속된 갈등으로 인해 나보니두스는 본궁을 떠나서 별궁으로 거처를 옮기게 됩니다. 그리고 나보니두스가 떠난 그 자리에 그의 아들 벨사살을 앉히게 된 것입니다. 그런데 아버지가 살아 있었기 때문에 벨사살은 공식적인 왕은 아니었습니다. 5장 16절을 보면 벨사살이 이렇게 말합니다.

내가 네게 대하여 들은즉 너는 해석을 잘하고 의문을 푼다 하도다 그런즉 이제 네가 이 글을 읽고 그 해석을 내게 알려 주면 네게 자주색 옷을 입히고 금 사슬을 네 목에 걸어 주어 너를 나라의 셋째 통치자로 삼으리라 하니.

여기서 '셋째 통치자'라는 말이 무슨 뜻입니까? 원래대로 하면 왕다음에 둘째 통치자가 되어야 하는 것 아닙니까. 그러면 왜 벨사살은 셋째 통치자라고 말하고 있을까요? 첫째 통치자가 누구입니까? 왕인 나보니두스입니다. 그러면 둘째 통치자는 누구입니까? 벨사살입니다. 벨사살 다음에 셋째 통치자가 나오는 것입니다. 그래서 벨사살은 자신의 꿈을 해석하는 자를 셋째 통치자로 삼겠다고 한 것입니다. 바벨론이 멸망할 때 공식적인 왕은 나보니두스입니다. 벨사살은 그의 아들입니다. 왕위 계승이 일어난 것이 아닙니다. 그래서 벨사살은 자신의 꿈을 해석하는 자를 셋째 통치자로 삼겠다고 한 것입니다.

바벨론은 고대 근동에 등장했던 제국 가운데 비교적 단명한 제국입니다. 페르시아에 의해서 주전 539년에 무너집니다. 바벨론이 앗수르를 무너뜨리고 고대 근동의 챔피언이 되었을 때가 주전 609년입니다. 그런데 주전 539년 페르시아에 의해 무너집니다. 고대 근동의 챔피언으로 존재했던 기간이 70년 밖에 되지 않았습니다. 천하무적이라고 생각했던 바벨론이 70년 만에 이렇게 몰락하게 되었을까요? 학자들은 이런 추측을 합니다. 달 신을 국가 종교로 세우고자 하는 나보니두스와의 갈등 때문에 마르둑의 제사장들과 바벨론 백성들이 엄청 화가 나 있었습니다. 이때 페르시아 왕이었던 고레스는 마르둑의 제사장들과 비밀 협약을 맺습니다. 페르시아에 항복하게 되면 마르둑을 계속 섬길 수 있도록 해주겠다는 약속을 받고 마르둑 사제들이 고레스에게 성문을 열어주었다는 것입니다. 정말 그런지는 알 수 없지만 페르시아가 바벨론을 손쉽게 정복한 것은 사실입니다. 바벨론의 몰락과 나보니두스가 달 신 숭배를 한 것은 밀접한 연관이 있다고 이해하시면 되겠습니다.

다니엘 6장을 보면 다리오 왕 때 다니엘이 사자 굴에서 극적으로 구원을 받는 이야기가 나옵니다. 다니엘의 신앙에서 우리가 본받아야 할 것은 그가 하나님과의 신실한 대화를 지속했다는 것입니다. 다니엘은 매 순간마다 하나님을 의식하는 삶을 살았습니다. 하나님께 기도한다고 하는 것은 매 순간마다 하나님을 기억하는 행위입니다. 하나님께 기도한다는 것은 그분의 뜻에 자신을 굴복시키겠다는 결단입니다. 사실 한국 교회는 기도를 강조하지만 기도가 무엇인지 제대로 가르치지 않았습니다. 그래서 너무나 많은 신앙인들이 전통적으로 선조들이 해오던 기도를 성경적 기도라고 생각합니다. 한국 교인들이 생각하는 기도가 무엇입니까? 간구입니다. 자신의 소원과 바람을 아뢰는 것입니다. 그런데 성경이 말하는 기도의 본질은 나의 원함으로 기도는 시작하지만 나의 뜻과 하나님의 뜻이 일치하는가를 묻고 나의 뜻과 하나님의 뜻이 다를 때 기꺼이 하나님의 뜻을 받아들이기 위해서 나의 뜻을 내려놓는 것, 나를 꺾는 것, 하나님께 나를 굴복시키는 것입니다. 그래서 기도를 많이 하는 분들은 하나님의 성품을 닮아가고 하나님의 뜻을 살아내는 자가 되는 것입니다. 정말 기도를 많이 하는 분들은 진실하고 정직할 수밖에 없습니다.

예를 들면 하루에 다섯 시간을 기도하는 분이 있는데 자기밖에 모르는 욕심꾸러기고 이기적인 사람이라면 그 사람은 하나님과 신실한 대화를 나눈 것이 아닙니다. 정말 기도를 많이 하는 분이 어떻게 욕심을 부릴 수 있습니까? 하나님은 끊임없이 우리에게 자기를 부인할 것과 세상에 지배받지 않는 거룩한 삶을 요청하시는데 어떻게 세상 욕망에 이끌려 살아갈 수 있습니까? 그런 분은 기도라는 방식을 통해 자기 신념을 강화한 것이지 결코 하나님과 신실한 대화를 나눈 것이 아닙니다. 그러나 다니엘은 신실하게 기도하는 사람이었고 하나님의 뜻을 자기 존재 안에 새긴 사람이었습니다.

다니엘 6장에서 신앙인들이 주의해야 할 것이 있습니다. 사자 굴에서 구원 받은 다니엘의 이야기는 정말 감동적입니다. 악의 공격에 무너지지 않고 승리했으니 얼마나 통쾌합니까. 하지만 신앙인들의 기도가 항상 이런 결과를 만들어내는 것처럼 말하는 것은 조심해야 합니다. '내가 이렇게 저렇게 했더니 하나님께서 나를 이렇게 도우셨다'는 승리주의적 간증을 신앙의 정석처럼 말하는 것은 경계해야 합니다. 저는 교회에서 전도 집회를 할 때 인지도가 있는 연예인을 초청해서 간증하는 것을 반대합니다. 찬송가를 선정할 때도 중요한 원칙이 하나 있는데 아무리 좋은 찬송곡이라고 하더라도 작사가와 작곡가가 살아 있는 경우에는 그 곡을 선정하지 않는다고 합니다. 왜냐하면 그 작사가와 작곡가의 신앙이 어떻게 될지 알 수 없기 때문입니다. 그분이 죽기 전에 신앙을 버릴 수도 있지 않습니까? 저는 그런 의미에서 살아 있는 사람에게 간증을 시키는 것은 위험하다고 봅니다. 대부분의 간증이 승리주의적 간증입니다. 과속을 해서 차가 뒤집혔는데 하나님의 극적인 도우심으로 무사할 수 있었다는 간증은 이제 그만 했으면 좋겠습니다. 차라리 50년 동안 안전운전하며 사고 한번 없었던 교인들의 이야기가 신앙 간증으로 등장해야 하지 않을까요?

그런데 여전히 교회에서는 무엇인가 드라마틱한 간증을 선호하는 경향이 있습니다. 그러나 승리주의적 간증은 조심해야 합니다. 마치 다니엘이 하나님과 신실한 기도 생활을 했고 하나님에 대한 온전한 믿음이 있었기 때문에 사자 굴에서도 구원받은 것처럼 주장해서는 안 됩니다. 그리스도교 역사를 보면 사자 굴에 던져진 대다수의 신앙인들은 순교의 제물이 되었습니다. 그렇다면 순교의 제물이 된 그들은 실패한 것이고 구사일생으로 살아난 다니엘은 승리한 것인가요? 결코 그렇지 않습니다. 끝까지 하나님에 대한 신앙을 지켜낸 것이 참 승리입니다. 그 순간에 살아났느냐 죽었느냐로 승리와 실패를 결정지을 수 없습니다. 그런데 우리는 다니엘이 사자 굴에 던져졌는데 하나님께서 강권적으로 사자의 입을 막으셔서 극적인 구원을 경험한 것을 승리로 생각하며 '아멘' 하기 쉬운데 절대 그렇지 않습니다. 하나님의 신비로운 뜻 안에서 무수한 신앙인들이 순교의 제물이 되었습니다. 중요한 것은 순교의 제물이 되는 그 순간까지 그들이 자기의 신앙을 지켜냈다는 것이고 그것이 바로 믿음의 승리라는 것입니다. 그런데 우리가 승리주의적 간증에 중독되면 사자 굴에서 구원받지 못한 사람들은 실패한 것처럼 생각하기 쉽습니다. 그들은 하나님의 도움을 받지 못한 사람처럼 생각하기 쉽습니다. 이런 잘못된 생각들을 조심해야 합니다.

다니엘 6장까지는 다니엘의 꿈을 해몽하는 해석자의 역할을 하는데, 7장부터는 다니엘은 꿈을 꾸는 자이고 해석자로 천사가 등장합니다. 이것이 묵시 문학의 중요한 특징이라고 했습니다. 묵시 문학에는 하나님의 계시가 인간 예언자에 의해 전달되지 않고 천사와 같은 천상적 존재에 의해 전달됩니다. 다니엘 11장에는 남방 왕과 북방 왕이 싸우는 이야기가 나옵니다. 11장 2절 윗부분 소제목이 이렇게 되어 있습니다. "남방 왕과 북방 왕이 싸우리라." 여기 남방 왕이 누구입니까? 프톨레미 왕조입니다. 북방 왕은 셀류커스 왕조입니다. 프톨레미 왕조와 셀류커스 왕조 모두 헬라 제국의 후예들입니다. 프톨레미 왕조의 유명한 여왕이 클레오파트라입니다. 알렉산더가 죽은 이후에 헬라 제국은 네 개로 분할됩니다. 이때 이스라엘과 관련해서 기억해야 할 두 나라가 이집트를 중심으로 한 프톨레미 왕조와 시리아를 중심으로 한 셀류커스 왕조입니다. 프톨레미 왕조가 이스라엘 입장에서는 아래쪽에 위치하고 있었기 때문에 남방 왕이 되는 것이고, 셀류커스 왕조는 이스라엘 입장에서 위쪽에 위치하고 있었기 때문에 북방 왕이 되는 것입니다. 프톨레미 왕조는 주전 301년부터 198년까지 이스라엘을 다스렸고, 셀류커스 왕조는 주전 198년부터 142년까지 이스라엘을 통치했습니다. 그리고 주전 142년에 이스라엘은 독립 정부를 탄생시켰는데 이를 하스몬 왕조라고 부릅니다. 주전 142년에 탄생한 하스몬 왕조는 80년간 존속하다가 주전 63년에 로마에 의해 무너지게 됩니다. 앗수르, 바벨론, 페르시아, 헬라, 로마로 이어지는 5대 제국에 의해 이스라엘은 700년 동안 식민 지배를 받게 됩니다. 그리고 헬라에서 로마로 넘어가는 과도기에 80년 정도 반짝 존재했던 독립 정부를 하스몬 왕조라고 부릅니다. 하스몬 왕조는 마카비 항쟁의 열매라고 할 수 있습니다. 물론 이때는 마카비가 죽고 그의 형 시몬이 왕이 됩니다.

마지막으로 다니엘 12장 2절입니다. 본문은 구약에서 거의 유일하게 부활에 대해 말씀하고 있습니다.

땅의 티끌 가운데에서 자는 자 중에서 많은 사람이 깨어나 영생을 받는 자도 있겠고 수치를 당하여서 영원히 부끄러움을 당할 자도 있을 것이며.

여기 "자는 자 중에서 많은 사람이 깨어난다"는 것이 구약에 나오는 거의 유일한 부활에 대한 말씀입니다. 가끔 "부활에 대한 유대교의 입장이 무엇입니까"라고 묻는 분들이 계신데 사실 이 질문은 틀린 질문입니다. 왜 틀린 질문이냐면 유대교에서 하나로 합의된 부활에 대한 입장이 존재하지 않기 때문입니다. "사두개인들이 이해하는 부활에 대한 생각은 무엇입니까, 바리새인은 부활에 대해 어떻게 생각했습니까"라는 질문에 대답할 수는 있지만 부활에 대해 일치된 유대교의 입장은 존재하지 않음을 기억해야 합니다.

우리가 알고 있듯이 예수님 당시 유대교에는 크게 네 개의 종교 그룹이 있었습니다. 사두개파, 바리새파, 에세네파, 열심당입니다. 사두개파는 어떤 사람들입니까? 다윗 시대 대제사장이었던 사독의 후손이라고 주장하는 사람들입니다. 사두개파는 사회적 신분이 높은 사람들로 대부분 제사장과 귀족으로 구성되어 있었습니다. 사두개파의 사역지는 예루살렘 성전이었습니다. 중요한 것은 사두개파는 모세오경만 하나님 말씀으로 인정했습니다. 사두개파가 천년의 세월 동안 유대교를 지배했습니다. 바리새파가 언제 등장했습니까? 주전 2세기 말에 등장했습니다. 바리새파는 오늘날로 말하면 평신도 지도자라고 할 수 있습니다. 평신도라는 말은 비레위인이라는 말입니다. 그래서 바리새파는 십일조를 받지 못했고 생계를 위해 자신의 직업을 가졌습니다. 바리새파 가운데 대표적인 인물이 사도 바울입니다. 바울은 천막 제조업이라는 직업을 가졌습니다. 사두개파가 성전에서 사역한 반면 바리새파는 지방에 있는 회당에서 사역했습니다. 사두개파가 모세오경만을 하나님의 말씀으로 받아들이는 것에 반해 바리새파는 모세오경, 예언서, 성문서 거기다 장로들의 유전까지 하나님의 말씀으로 받아들였습니다.

모세오경에는 부활 사상이 나타나지 않기에 사두개파는 부활, 내세, 심판 사상을 믿지 않았습니다. 반면 바리새파는 모세오경뿐만 아니라 예언서와 성문서와 장로들의 유전까지 하나님의 말씀으로 받아들였습니다. 부활 사상이 어디에 처음으로 등장한다고 했습니까? 다니엘 12장 2절입니다. 다니엘이 언제 기록되었습니까? 주전 2세기 중반입니다. 주전 2세기 말에 등장한 그룹이 바리새파입니다. 바리새파는 성문서인 다니엘을 하나님의 말씀으로 받기에 부활, 내세, 심판을 믿은 것입니다. 그러다가 70년에 예루살렘 성전이 로마에 의해서 무너집니다. 예루살렘 성전이 70년에 무너지기 전까지 유대교를 장악한 그룹은 사두개파입니다. 사두개파의 사역지가 어디입니까? 예루살렘 성전입니다. 그런데 70년에 로마에 의해서 예루살렘 성전이 무너집니다. 성전이 무너졌다는 것은 사두개파가 사역할 수 있는 현장이 사라졌다는 것입니다. 이때부터 유대교를 누가 장악하게 됩니까? 바리새파가 장악하게 됩니다. 70년부터 유대교는 바리새파가 장악하게 된 것입니다. 그래서 이후의 유대교는 부활과 내세와 심판을 믿게 된 것입니다.

창세기부터 말라기까지 구약을 읽다 보면 내세 신앙을 발견할 수 없습니다. 심판 사상이나 부활에 대한 언급도 거의 나오지 않습니다. 구약에서 사람의 죽음에 대한 전형적인 표현이 모든 사람이 가는 길 또는 그 조상에게로 돌아갔다고 말합니다. 이 정도의 표현을 사용하지 우리 인생에 대한 하나님의 심판이 있을 것이라는 암시를 하고 있지 않습니다. 그렇다면 왜 토라나 예언서에는 부활, 내세, 심판에 대한 언급이 거의 없을까요? 주전 400년경 토라와 주전 200년경 예언서를 정경으로 확정했던 사람들이 누구입니까? 사두개파입니다. 성문서가 정경으로 인정된 것은 90년입니다. 이때는 바리새파가 유대교를 장악했을 때입니다. 토라와 예언서에는 내세, 심판, 부활에 대한 언급이 거의 없고 성문서 몇몇 곳에 등장합니다. 예를 들면 전도서에 하나님의 심판에 대한 이야기가 나옵니다. 다니엘에도 부활에 대한 언급이 있습니다. 성문서를 정경으로 인정한 사람들이 누구입니까? 바리새파입니다. 그때가 언제입니까? 90년입니다. 정리하면 왜 구약에는 부활과 내세와 심판에 대한 언급이 거의 나오지 않는가 할 때 천년 이상 유대교를 장악했던 그룹이 사두개파임을 기억하셔야 합니다. 사두개파는 부활, 내세, 심판 사상을 받아들이지 않았습니다. 그들이 인정했던 유일한 하나님의 말씀은 오경인 토라입니다. 그러다가 예루살렘 성전이 무너진 70년 이후에 유대교의 중심 권력이 사두개파에서 바리새파로 넘어가게 된 것입니다.

호세아

말씀과함께 | 예언서강의

호세아

호세아부터 말라기까지 12권을 소예언서로 구분합니다. 이사야나 예레미야나 에스겔에 비해 분량이 적기 때문에 소예언서로 분류했습니다. 소예언서라는 말을 제일 먼저 사용한 사람은 아우구스티누스입니다. 유대인의 분류법으로 예언서는 총 8권으로 전기 예언서 4권, 후기 예언서 4권입니다. 전기 예언서는 여호수아, 사사기, 사무엘, 열왕기이며, 후기 예언서는 대예언서와 소예언서로 나뉘는데, 이사야, 예레미야, 에스겔을 대예언서로 호세아부터 말라기까지 12권을 소예언서로 분류합니다. 여기 대와 소는 분량의 차이입니다. 이사야는 66장, 예레미야는 52장, 에스겔은 48장으로 대예언서는 분량이 많습니다. 반면 소예언서는 대예언서에 비해 분량이 짧습니다. 소예언서 가운데 가장 긴 본문이 호세아인데 14장입니다. 대와 소의 구분은 예언자의 영향력, 지명도에 따른 구분이 아닙니다. 분량의 차이로 그렇게 구분했다고 이해하시면 되겠습니다.

호세아는 여로보암 2세 통치 말기인 주전 750년경부터 북이스라엘이 패망하던 주전 722년 사이에 활동했던 예언자입니다. 호세아가 사역하던 시대 북이스라엘을 다스리던 왕은 여로보암 2세였습니다. 그는 어떤 인물입니까? 구약에서 이스라엘 역사에 등장한 왕은 총 42명입니다. 그 42명의 왕 가운데 일반 역사가들의 평가 기준으로 볼 때 A+를 받은 왕은 6명입니다. 주전 10세기 다윗과 솔로몬, 주전 9세기 오므리와 아합, 주전 8세기 북이스라엘 여로보암 2세와 남유다 웃시야입니다. 이렇게 6명이 일반 역사가의 관점에서 A+를 받을 수 있는 왕이었습니다. 일반 역사가의 판단 기준에서 중요한 것이 무엇입니까? 정치적 안정, 경제적 번영, 군사적 정복입니다. 이 6명의 왕이 다스릴 때 이스라엘의 경제는 풍요로웠습니다. 그리고 전쟁에서도 승리했고 영토도 확장했습니다. 그런데 예언자의 관점으로는 다윗을 제외한 5명은 F 수준입니다. 일반 역사가의 관점과 예언자의 관점이 그만큼 달랐습니다. 일반 역사가가 볼 때는 위대한 왕이었지만 예언자의 관점으로 바라보면 하나님께 온전한 충성을 바치지 못했던 왕들이었습니다. 그런 왕들 중의 한 명이 여로보암 2세였습니다. 여로보암 2세가 통치하던 시대 북이스라엘은 경제적인 번영을 누렸지만 빈부의 양극화가 더 심화되었습니다.

더욱 놀라운 것은 당시 정치 사회적으로 불법을 행하고 가난한 자들을 착취하던 자들의 종교적 열심이 대단했다는 것입니다. 그들은 다른 사람을 억압하고 착취함을 통해서 많은 부를 취했습니다. 그런데도 자기들이 소유하고 있는 부를 하나님의 축복으로 고백했습니다. 왜 이들의 종교적 열심이 대단할 수밖에 없었을까요? 자기에게 허락된 부귀영화를 하나님께서 내려주신 복으로 이해하게 되면 자기에게 복을 내려주신 하나님께 뜨거운 종교적 헌신을 통해 화답하게 되는 것입니다. 이들이 살아가는 일상의 삶은 불순종의 연속이라고 할 수 있습니다. 그런데도 자신들의 일상의 불순종을 열광적 종교 의식으로 대신하려고 했습니다. 여러분들이 이 두 가지를 잘 보셔야 합니다. 역설적이게도 종교 의식이 화려하고 종교적 헌신이 뜨거울 때 일상의 삶에서는 하나님이 원하시는 삶이 부재할 가능성이 아주 높습니다. 왜 일상의 불순종이 넘쳐날 때 종교 의식의 빈번함과 종교적 헌신의 뜨거움이 나타날까요? 크게 두 가지 이유입니다. 첫째는 부귀영화를 누리고 있는 사람들은 자기에게 허락된 부귀영화를 하나님이 내리신 복으로 이해합니다. 그러면서 하나님이 내리신 복에 대한 인간의 화답으로 과도하게 헌금을 낸다든가 화려한 종교 의식을 후원합니다. 둘째는 이들이 살아내는 일상의 삶이 하나님이 원하시는 삶과 너무도 거리가 멀다는 것입니다. 그때 일상의 불순종을 종교 의식의 거대함과 화려함을 통해 대신하려고 하는 경향이 있습니다. 하나님이 보시기에 문제가 많았던 여로보암 2세 때 역설적이게도 이스라엘 공동체에서 종교 의식이 화려하고 거대했던 이유, 종교적 헌신이 뜨거웠던 이유가 바로 그것입니다.

호세아는 하나님과 이스라엘의 관계를 부부 관계로 설명한 최초의 예언자였습니다. 예언서를 보면 죄에 빠진 백성들로 하여금 회개에 이르도록 권면하는 신학적 주제들이 예언서마다 조금씩 다릅니다. 아모스는 죄악에 빠진 백성들에게 정의로운 하나님의 심판을 강조했습니다. 아모스의 별명이 무엇입니까? 정의의 예언자입니다. 이사야는 인간이 범접할 수 없는 하나님의 거룩함과 영광스러움을 강조했습니다. 에스겔은 신비한 환상을 통해서 하나님의 주권을 강조했습니다. 그는 그발 강가에 있을 때 불 병거를 타고 찾아오시는 하나님의 절대주권을 강조했습니다. 예레미야는 새 마음을 주시는 하나님의 임재를 강조했습니다.

반면 호세아는 하나님의 끊임없는 사랑을 강조함으로써 백성들에게 회개를 촉구했습니다. 그래서 호세아를 사랑의 예언자라고 불렀습니다. 이런 호세아를 아모스와 비교합니다. 아모스는 정의의 예언자로 호세아는 사랑의 예언자로 말합니다. 호세아가 강조하고 있는 핵심은 신앙이라는 것은 결국에는 하나님 한 분에게만 집중하는 것이고 하나님만을 섬기는 것이라는 것입니다. 이것을 유일 신앙이라고 합니다. 그런 의미에서 하나님에 대한 신앙은 결혼관계와 유사한 것입니다. 우리가 결혼할 때 배우자에게 죽을 때까지 당신에게만 배타적인 사랑을 쏟겠다고 약속하지 않습니까. 신앙의 핵심이 바로 그것입니다. 내가 배우자를 얼마나 사랑했는가 보다는 얼마나 지속적으로 사랑하는가 하는 것이 중요합니다. 자신이 배우자에게 한 약속을 배반하지 않는 것이 중요합니다. 그런 의미에서 신앙의 핵심은 뜨거움이 아니라 신실함입니다. 신앙은 100미터 단거리 경주보다는 42.195km를 달리는 마라톤 경주와 같습니다. 십년 전에 하나님에 대해서 내가 얼마나 뜨거웠는지는 중요하지 않습니다. 내가 얼마나 뜨거웠는지 보다는 하나님에 대해 내가 얼마나 신실한가 하는 것이 중요합니다. 신실함이 신앙의 핵심입니다. 하나님은 우리가 하나님만을 믿기 원하십니다. 우상 숭배가 무엇입니까? 하나님만을 믿지 못하고 하나님과 다른 것을 겸하여 섬기는 것입니다. 오늘날도 마찬가지입니다. 내가 하나님을 믿고 있는가 보다는 하나님만을 믿고 있는가를 물어야 합니다. 안타깝게도 많은 신앙인들이 하나님과 맘몬, 하나님과 욕망, 하나님과 권력을 겸하여 섬기고 있습니다. 저를 포함해서 95% 이상이 우상 숭배자일 것입니다. 한 5% 정도만 진짜 하나님만을 믿는 신앙을 가지고 있다고 봐야 합니다. 저도 한참 멀었습니다. 호세아는 언약 백성으로부터 버림받은 하나님의 고통을 간접적으로 경험한 사람입니다. 호세아의 아내인 고멜은 호세아와의 약속을 어기고 바람을 피우고 다른 남자 품에 안겼습니다. 그 사건을 통해 이스라엘에게 배반당하신 하나님의 마음을 가장 절절하게 실존적으로 느꼈던 예언자가 바로 호세아였습니다.

호세아 1장 1절입니다.

웃시야와 요담과 아하스와 히스기야가 이어 유다 왕이 된 시대 곧 요아스의 아들 여로보암이 이스라엘 왕이 된 시대에 브에리의 아들 호세아에게 임한 여호와의 말씀이라.

호세아는 북이스라엘 출신으로 북이스라엘에서 사역했습니다. 그런데 1장 1절을 보면 호세아가 사역했던 시대적 배경을 설명하면서 남유다 왕들의 이름이 계속 열거되는 이유가 무엇입니까? 호세아를 읽었던 사람들이 남유다 사람들이기 때문에 그렇습니다. 앞에서 말씀드린 것처럼 예언자가 실제 사역할 때는 문서로 기록해야 할 필요성을 거의 느끼지 못했습니다. 예언자가 사역할 때는 대부분 육성으로 말씀을 선포합니다. 이사야도 그렇고 예레미야도 그렇고 호세아도 마찬가지입니다. 예언자들이 회개를 촉구하고 하나님의 심판을 경고할 때 예언자들의 메시지를 경청한 사람들은 그리 많지 않습니다. 대부분 그들을 참 예언자로 인정하지 않았습니다. 호세아도 마찬가지입니다. 그러면 언제부터 호세아를 참 예언자로 인정하게 되었을까요? 호세아가 경고한 것처럼 북이스라엘이 멸망했을 때부터입니다. 이때부터 호세아라는 한 존재에 대한 예언자로서의 권위가 부여되기 시작했습니다. 그리고 호세아의 예언을 귀 기울여 들었던 소수의 제자들이 호세아의 말씀을 기록하기 시작했습니다. 누가 읽을 것을 기대하는 것입니까? 남유다 백성들입니다. 이것이 무슨 말입니까? 그들의 눈으로 볼 때 멸망당한 북이스라엘이나 아직 멸망당하지 않은 남유다가 종이 한 장 차이라는 것입니다. 따라서 남유다도 지금의 죄악 된 삶을 끊어내지 못하면 멸망당한 북이스라엘처럼 하나님의 심판을 피할 길이 없음을 강조하는 것입니다. 호세아는 북이스라엘에서 사역한 예언자이지만 호세아를 읽는 사람들은 남유다 사람들이었음을 기억하셔야 합니다. 그래서 1장 1절에 호세아가 사역했던 시점을 말할 때 남유다 왕을 먼저 열거한 것입니다.

호세아 1장 2절입니다.

여호와께서 처음 호세아에게 말씀하실 때 여호와께서 호세아에게 이르시되 너는 가서 음란한 여자를 맞이하여 음란한 자식들을 낳으라 이 나라가 여호와를 떠나 크게 음란함이니라 하시니.

호세아가 아내로 맞이한 여인이 고멜이었습니다. 고멜의 행동은 호세아에서 이스라엘이 하나님께 대해 어떻게 행동했는가를 보여줍니다. 신학자들은 호세아에 나오는 고멜이 실존 인물이었을까, 실제로 이런 일이 일어났을까에 대해 이스라엘 전체를 의인화한 것으로 봅니다. 실제로 이런 일이 모두 일어난 것이 아니라 이스라엘을 의인화한 인물이 바로 고멜이라는 것입니다. 중요한 것은 호세아에서 고멜이 보인 모든 행동들은 당시 이스라엘이 하나님께 보이고 있는 행동에 대한 유비라고 이해하시면 됩니다.

호세아 1장 9절입니다.

여호와께서 이르시되 그의 이름을 로암미라 하라 너희는 내 백성이 아니요 나는 너희 하나님이 되지 아니할 것임이니라.

이스라엘은 출애굽 한 이후 시내산에서 하나님과 언약을 체결했습니다. 이것을 시내산 언약이라고 합니다. 이 언약에서 이스라엘은 무엇을 다짐하고 결단했습니까? 하나님만을 섬기겠다고 다짐하고 결단했습니다. 이러한 언약 체결을 통해서 이스라엘은 하나님의 언약 백성이 된 것입니다. 그런데 이스라엘은 자신들이 결단한 언약의 내용을 신실하게 준수하지 않았습니다. 도리어 하나님의 언약 백성이라고 하는 것을 모든 심판으로부터 면책 특권인 것처럼 착각했습니다. 하나님께서 언약 백성이 아닌 이방인들은 심판하시지만 차마 언약 백성 된 자신들은 심판하지 않을 것이라는 자신만만함이 있었습니다. 그런데 예언자들은 무엇을 경고했습니까? 이스라엘이 하나님만을 믿겠다고 다짐하고 결단하며 언약을 체결했지만 수백 년의 세월 동안 하나님과의 언약을 저버리고 있음을 질타했습니다. 실제 이스라엘은 언약 배반적 삶을 살았습니다. 언약을 체결하는 것이 중요합니까? 아닙니다. 언약 체결보다 더 중요한 것이 언약을 신실하게 지키는 것입니다. 그런데 이스라엘은 언약을 저버렸고 그 결과 언약은 파기되어 버린 것입니다.

결혼식에서 신랑과 신부가 서로에게 다짐의 고백을 합니다. 정말 멋진 고백입니다. 그런데 이때의 고백이 얼마나 멋진가, 감동적인가 하는 것이 중요합니까? 아니면 고백 이후 그 고백에 걸맞은 삶을 살아내는 것이 더 중요합니까? 결혼식 이후 바람피우지 않고 다른 이성에게 마음 뺏기지 않고 배우자에게만 배타적인 사랑을 온전히 쏟아낼 때만 이 고백은 아름다운 것입니다. 그런데 결혼식 이후 고백과 전혀 다른 삶을 산다면 이 고백은 결과적으로 거짓말이 되는 것입니다. 신실하게 결혼생활을 이어가지 못하는 배우자에게 그 고백과 다른 삶을 살아가는 것에 대해 책망할 때 이렇게 항변하면 되겠습니까? "내가 결혼식 때 멋진 고백을 했잖아." 고백이 중요한 것이 아닙니다. 언약 체결이 중요한 것이 아닙니다. 언약 체결보다 언약을 신실하게 지키는 것이 더욱 중요합니다. 결혼식에서 멋진 고백보다 그 고백에 걸맞은 삶을 살아가는 것이 더욱 중요합니다. 세례를 받았다는 것이 중요한 것이 아니라 세례 받은 이후 세례 받았을 때의 다짐과 결단에 걸맞은 신앙의 삶을 신실하게 살아내는 것이 더욱 중요합니다. 그런데 오늘날 교회 안에서 마치 세례를 받으면 구원을 확보한 것처럼 생각하고 교회에 등록하면 구원을 확보한 것처럼 생각하는 분들이 많습니다. 이런 비성경적인 사고가 여전히 한국 교회에 난무하고 있는 현실이 참으로 개탄스럽습니다. 그것의 의미가 무엇인지, 무엇이 진정 중요한지에 대해 전혀 분별력이 없는 것입니다. 그만큼 한국 교회가 성경을 읽지 않고 있다는 증거입니다. 어떻게 세례를 받으면 구원을 확보할 수 있다고 생각합니까? 이러한 사고는 구약 이스라엘 백성들이 "우리는 언약 백성이니까 절대로 심판 받지 않을 거야"라고 생각했던 것과 무엇이 다릅니까? 그런데 여전히 목사들은 그렇게 가르치고 있고 교인들은 그것을 철석같이 믿고 있습니다. 비신앙인들과 똑같은 세계관을 가지고 똑같은 삶을 살아냄에도 불구하고 구원 받음에 대해서는 너무나 담대한 확신을 갖고 있는 것입니다. 이것만큼 심각한 착각은 없다고 생각합니다.

호세아 4장 6절입니다.

내 백성이 지식이 없으므로 망하는도다 네가 지식을 버렸으니 나도 너를 버려 내 제사장이 되지 못하게 할 것이요 네가 네 하나님의 율법을 잊었으니 나도 네 자녀들을 잊어버리리라.

여기에 '지식이 없다'는 말은 하나님이 진정 원하시는 것이 무엇인지를 모른다는 것입니다. 이 얼마나 심각한 모순입니까? 하나님을 사랑한다고 하면서도 하나님이 진정 원하시는 것이 무엇인지 하나님의 마음을 알고자 하지 않는다는 것입니다. 자기가 원하는 방식대로 하나님을 사랑하고 있다는 것입니다. 오늘날도 이런 일이 반복적으로 일어나고 있습니다. 주일마다 드리는 많은 예배를 하나님이 과연 기뻐하실까요? 저는 100% 아니라고 봅니다. 결국은 이런 종교 의식을 통해서 자기 권위를 확보하게 되는 목회자들이 너무나 과도한 예배를 만들어 낸 것입니다. 만약 한국 교회가 드리고 있는 것처럼 일주일에 열 번 이 상 드리는 예배가 참 예배의 모습이라면 전 세계 모든 그리스도교는 잘못하고 있는 것 아닙니까? 전 세계 대부분의 교회는 종교 의식으로서의 예배는 일주일에 한 번만 드립니다.

정말인지는 모르겠지만 한 때 네덜란드 교회는 주중에 교회 문을 닫았다고 합니다. 그 이유가 교인들이 시간 날 때마다 교회를 나오는데 신앙의 진정한 승부는 세상에서 펼쳐져야 함을 강조하기 위해 이웃들과 잘 만나라고 주중에는 교회 문을 닫았다고 합니다. 한국 교회가 갱신되려면 주중에 교회 문을 닫아야 하는 것 아닌가요? 교인들은 시간 날 때마다 교회로 갑니다. 하지만 그 시간에 차라리 이웃들과 티타임을 하면서 좋은 이웃으로 살아가거나 동네 청소를 하면서 공익적인 활동을 하는 것이 더 좋지 않을까요? 기름 한 방울 나지 않는 나라에서 새벽마다 수십 킬로를 자동차를 몰고 가서 새벽예배 드리는 것에 대해서 문제가 많다고 생각합니다. 그것을 진정 하나님이 원하실까요? 자기 집에서 기상 후에 조용히 무릎 꿇고 하루를 기도로 시작하면 안 됩니까? 꼭 모여서 기도해야 합니까? 예수님은 골방에서 기도하라고 하셨는데 교인들은 모여서 기도하려고 합니다. 예수님은 중언부언하지 말라고 하셨는데 교인들은 긴 시간 기도하는 것을 아주 자랑스러워합니다. 예수님의 가르침과 반대입니다. 예수님이 가르쳐 주신 기도가 주기도문입니다. 주기도문의 특징은 크게 두 가지인데 공동체 기도라는 것과 기도문이 아주 짧다는 것입니다. 주기도문은 엄청 짧습니다. 당시 유대인들이 하나님께 올려드렸던 18기도문이라는 것이 있는데 18개 단락으로 구성된 기도문입니다. 이 기도문을 다 하려면 상당한 시간이 걸립니다. 그런데 주기도문은 엄청 짧습니다. 한국 교회는 기도의 질이 아닌 기도의 양으로 승부하고 있습니다.

여담이지만 새벽기도를 하는 목사님들이 가장 힘들어 하는 분들이 누구인지 아십니까? 끝까지 집에 가지 않고 예배당에 남아서 기도하시는 분들입니다. 그분들이 계속 기도하고 있으면 목사님들이 먼저 나갈 수가 없습니다. 누가 더 오래 버티는지 기도 배틀이 시작됩니다. 어떤 목사님이 기도를 마무리하고 먼저 나갔다고 하면 교회에 소문이 납니다. "우리 목사님은 너무 기도를 안 하셔." 그런 소리를 듣지 않으려면 목사님들은 끝가지 남아 있어야 합니다. 아니 이게 도대체 뭐하는 것입니까? 기도는 하나님과 대화인데 오늘 우리의 기도는 다른 사람들의 시선을 생각해야 하는 종교 행위로 전락해 버렸습니다. 예수님이 말씀하신 것처럼 제발 골방에서 기도하십시오. 집에 혼자 있을 때는 기도 안 하시는 분들이 왜 교회에 와서는 기도를 열심히 하려고 하는지 이해할 수가 없습니다. 도대체 누가 들으라고 기도하는 것입니까? 다른 사람들의 시선을 고려하지 않고 내 영혼의 모든 것을 토해내고자 한다면 골방에서 기도하는 훈련을 해야 합니다. 하나님과 은밀하고 진실한 만남을 가져야 하지 않겠습니까?

호세아 당시 이스라엘 백성들은 하나님이 진정 원하시는 것에는 관심이 없었습니다. "이것을 하나님이 좋아 하실 거야"라고 생각한 자기 방식으로 하나님을 사랑했습니다. 참 사랑이라고 하는 것은 사랑하는 자 중심으로 자기를 바꾸는 것입니다. 내가 정말 하나님을 사랑한다고 한다면 하나님이 진정으로 무엇을 원하시는가에 대해 관심을 가질 수밖에 없습니다. 저는 그런 의미에서 그리스도인들이 시간 날 때마다 예배드리고 찬양하는 것보다 말씀을 배우는 것이 중요하다고 봅니다. 왜 그렇습니까? 말씀을 통해서 진정 하나님이 원하시는 바가 무엇인가를 알아야 하지 않겠습니까? 하나님이 진정 원하시는 것에는 너무도 무관심하면서 종교 의식에만 열심을 내는 것이 하나님과 무슨 상관이 있습니까?

개인적으로 몇몇 교회들이 갱신 운동을 할 때 성경도 가르치고 수련회에서 설교한 적도 있었습니다. 그런데 제 마음에 갱신 운동이 성공하기 어렵겠다고 생각했습니다. 왜 그렇게 생각했냐면 너무도 패턴이 똑같습니다. 어떤 문제로 개혁과 갱신의 길에 들어섰는데 갱신 운동을 하는 것을 보면 이전의 종교 생활과 너무도 똑같습니다. 매일 모여서 하는 것이 예배와 기도회입니다. 사실 모든 문제는 하나님의 뜻이 무엇인지를 몰라서 일어난 일인데 말씀을 배우는 데는 관심이 없습니다. 개혁하고 갱신하겠다고 하면서 매일 모여서 하는 것이 이전의 종교 생활의 반복입니다. 거기서 개혁과 갱신이 되겠습니까? 똑같은 사람들이 모여서 무슨 개혁과 갱신이 되겠습니까? 저는 개혁과 갱신의 길에 들어선 사람들이 하나님의 말씀에 제대로 주목했다면 더 이상 그곳에 남아 있지 않는다고 봅니다. 과거의 종교 의식에 대해 문제의식을 가지게 된다고 봅니다. 그런데 대부분은 문제를 일으킨 그 사람만 잘못되었지 자신들이 그동안 했던 신앙생활은 문제가 없다는 것으로 이해하고 계속해서 그 신앙의 삶을 이어가는 것을 보게 됩니다.

진정으로 하나님이 원하시는 것이 무엇인지에 대해서는 관심이 없습니다. 이에 대해서 호세아는 4장 6절에 "내 백성이 지식이 없으므로 망한다"고 했습니다. 요한일서 5장 3절에는 "하나님을 사랑하는 것은 하나님의 말씀에 대한 순종"이라고 말씀합니다. 하나님을 사랑한다는 것은 하나님의 말씀을 사랑하는 것이고 그 말씀에 온전히 순종하는 것입니다. 찬양 집회에서 볼 수 있는 몇 시간씩 손을 높이 들고 하나님과 하나된 것 같은 감정에 사로잡히는 것이 하나님을 사랑하는 것이 아닙니다. 진정으로 하나님을 사랑하는 것은 하나님의 말씀에 순종하는 삶으로 나타나야 합니다. 이것을 말해주는 것이 요한일서 5장 3절입니다.

하나님을 사랑하는 것은 이것이니 우리가 그의 계명들을 지키는 것이라 그의 계명들은 무거운 것이 아니로다.

호세아에서 가장 잘 알려진 구절이 호세아 6장 1~3절입니다. 이 본문은 신학자들 사이에도 논쟁이 많은 본문이기도 합니다. 특히 1~3절의 말을 누가 한 것인지에 대해 학자들 사이에도 많은 논쟁이 있었습니다. 말하는 주체가 누구인가에 대해 크게 세 가지 주장이 있습니다. 먼저 1~3절을 보겠습니다.

오라 우리가 여호와께로 돌아가자 여호와께서 우리를 찢으셨으나 도로 낫게 하실 것이요 우리를 치셨으나 싸매어 주실 것임이라 여호와께서 이틀 후에 우리를 살리시며 셋째 날에 우리를 일으키시리니 우리가 그의 앞에서 살리라 그러므로 우리가 여호와를 알자 힘써 여호와를 알자 그의 나타나심은 새벽 빛 같이 어김없나니 비와 같이, 땅을 적시는 늦은 비와 같이 우리에게 임하시리라 하니라.

너무도 감동적이고 멋진 말씀입니다. 이제 죄악 된 삶을 버리고 하나님께 돌아가자는 것입니다. 하나님께 돌아가면 하나님이 우리를 살려주신다는 것입니다. 하지만 3절까지만 읽으시면 안 되고 그 다음이 중요합니다. 4절 이하를 보면 이스라엘 백성들의 삶은 하나도 바뀌지 않았습니다. "에브라임아." 에브라임은 북이스라엘을 가리키는 표현입니다. 왜 북이스라엘을 에브라임으로 불렀을까요? 에브라임이 북이스라엘을 구성하는 열 지파 가운데 가장 대표적인 지파였기 때문입니다. 남쪽은 유다 지파, 북쪽은 에브라임 지파가 대표 지파였습니다. 그래서 예언서를 보면 북이스라엘을 '에브라임', '야곱의 집'으로 표현했습니다. 둘 다 북이스라엘을 가리키는 동의어입니다. "에브라임아 내가 네게 어떻게 하랴 유다야 내가 네게 어떻게 하랴 너희의 인애가 아침 구름이나 쉬 없어지는 이슬 같도다." 이 말이 무슨 말입니까? 이스라엘이 결단은 했지만 그 결단을 지켜내지 못했다는 것입니다. "이제부터 하나님의 백성답게 살아야지"라고 마음은 먹었는데 그 마음을 지켜내지 못한 것입니다. 삶이 바뀌지 않은 것입니다. 그런 맥락으로 1~3절을 읽어야 합니다.

1~3절의 화자가 누구일까에 대해서는 세 가지 입장이 있습니다. 첫째는 이스라엘 공동체, 둘째는 호세아, 셋째는 제사장으로 보는 것입니다. 먼저 이스라엘로 보면 이 회개는 형식적인 회개에 불과하고 진정성이 결여된 고백이 됩니다. 왜 그렇습니까? 4절 이하에서 보는 것

처럼 이들의 악행은 변하지 않았습니다. 멋들어진 고백과 결단은 했는데 삶이 바뀌지 않은 것입니다. 3절에 어떻게 말하고 있습니까? "힘써 여호와를 알자." 이렇게 결단은 했는데 힘써 여호와를 알고자 하지 않았습니다. 하나님의 뜻에 자신을 순복시키지 않았습니다. 한마디로 형식적인 입술의 회개는 했지만 삶은 변화되지 않는 이스라엘의 한계로 1~3절을 보는 것이 첫 번째 입장입니다. 둘째는 호세아가 한 말로 보는 것입니다. 그렇게 보면 호세아는 지금 이스라엘 백성들을 회개의 길로 초대하고 있는 것입니다. 그런데 이스라엘은 그 초대에 응답하지 않은 것이 됩니다. 이스라엘의 완악함을 보여주는 것으로 1~3절을 해석하는 것입니다. 셋째는 제사장의 주장으로 보는 것입니다. 이렇게 보면 회개하고자 하는 마음이 전혀 없는 사람을 대상으로 선포하고 있는 겉만 화려하고 지극히 수사적인 기도문으로 해석이 됩니다. 오늘날 많은 교회에서 주일 예배에서 참회의 기도라는 것을 하지 않습니까. 참회의 기도가 어느 순간 한국 교회 예배에 등장했습니다. 참회의 기도를 한 후 마지막에 목사님들이 사죄의 선언을 해주기도 합니다. 저는 이런 모습이 호세아 6장 1~3절의 제사장과 같은 모습이라고 봅니다. 한 주간 지었던 죄를 1~2분의 참회 기도와 목회자의 사죄 선언을 통해 용서받을 수 있다는 생각은 도대체 성경 어디에서 끄집어낸 것입니까? 이것이 성경이 말하는 참 회개의 모습이 맞는 것일까요?

저는 교제하는 목사님들에게 참회의 기도에 대한 문제 제기를 많이 합니다. 사실 참회는 교회 오기 전에 해야 하는 것 아닌가요? 토요일 저녁 한 주간의 삶을 돌아보면서 내가 용서를 구해야 할 사람, 미안함을 표해야 할 사람에게 용서를 구하고 필요한 배상과 보상을 하는 것이 진정한 회개입니다. 그런 청산 이후에 공동체가 한 마음으로 하나님 앞으로 나가야 합니다. 그런데 한국 교회는 그 죄 된 삶을 들고 오라고 말합니다. 예수님이 마태복음에서 어떻게 말씀하셨습니까? 너희가 하나님께 예물을 드리다가도 누구에게 원망 들을 만한 일이 생각나거든 예물 드리는 것을 중단하고 그 사람에게 가서 먼저 용서를 구하고 그 다음에 하나님께 나아와 예물을 드리라고 말씀합니다. 여전히 나의 잘못 때문에 아파하는 누군가가 있고 나의 잘못 때문에 울부짖는 사람이 있는데 그 사람을 내버려 두고 하나님 앞에 나와서 "하나님 잘못 했습니다"라고 말하는 것이 회개입니까? 결코 그렇지 않습니다. 더욱 황당한 것은 몇 분간의 참회 기도를 한 다음에 목회자들이 사죄의 선언을 해준다는 것입니다. 이것은 정말 잘못된 것입니다. 목사님들이 성경을 제대로 알고 있다면 교인들에게 이렇게 가르쳐야 합니다. "주일에 공동체가 한마음으로 하나님께 예배드리기 전 토요일 저녁에 한 주간의 삶을 돌아보시면서 용서를 구해야 될 사람에게는 용서를 구하고 배상과 보상을 해야 되는 사람에게는 배상과 보상을 하고 주일에 교회로 오셔야 합니다. 그래야 우리가 드리는 예배가 하나님께 기쁨이 됩니다." 이렇게 말하는 것이 성경적인 가르침입니다.

죄를 청산하지 않고 교회에 와서 짧은 시간에 참회의 기도를 하고 목회자들이 사죄의 선언을 하면 정말 모든 죄가 용서함을 받는 것입니까? 그것은 목사들이 하는 사죄의 선언이지 하나님이 하시는 사죄의 선언이 아닙니다. 그것은 회개가 아닙니다. 호세아 6장 1~3절의 말씀을 제사장의 말로 보면 오늘날 목사들이 하는 사죄의 선언과 똑같습니다. 백성들의 삶은 하나도 바뀌지 않았는데 하나님께 나아와서 예배만 드리면 "당신들은 이제 모든 죄에 대해 용서를 받았습니다"라고 말하는 것과 똑같습니다. 중요한 것은 이스라엘의 문제는 기도의 부재가 아니었습니다. 이스라엘의 문제는 기도의 내용과 합일된 삶의 부재였습니다. 기도를 많이 한다는 것 자체는 그 자체만으로는 전혀 의미가 없습니다. 하나님의 음성에 귀를 기울이고 하나님의 마음을 닮아가는 것이 기도의 핵심입니다.

호세아 6장 6절입니다.

나는 인애를 원하고 제사를 원하지 아니하며 번제보다 하나님을 아는 것을 원하노라.

일제강점기 때 김교신이라는 분이 계셨습니다. 이분은 목회자는 아니었지만 웬만한 목사보다 100배 나은 신앙인이었습니다. 김교신은 신앙의 동지들과 일요일마다 모여서 독자적인 예배를 드렸는데 예배 시간만 2시간 정도 되었다고 합니다. 순서는 찬송가 한 곡 부르고 기도하고 나머지 시간은 성경을 공부했습니다. 저는 이것이 진정한 예배라고 생각합니다. 오늘날 한국 교회는 너무 목사들의 설교에 중독되어 있습니다. 설교 중독을 조심하셔야 합니다. 설교는 성경 말씀에 대한 목사들의 해석입니다. 시간 날 때마다 설교를 경청하기보다는 말씀 자체를 보시는 것이 좋습니다. 그것이 진정한 예배입니다. 그런데 교인들이 성경은 읽지 않고 목사들의 설교만을 듣는 분들이 많은데 이것은 아주 위험합니다. 이것을 설교 중독이라고 합니다. 설교는 설교하는 목사님의 해석입니다. 그 해석이 맞는지 틀린지를 분별하려면 원본인 성경을 읽어야 합니다. 6절에서 말하는 '하나님을 아는 것'은 헤브라이즘에서 말하는 아는 것입니다. 헤브라이즘에서 말하는 '안다'는 것은 하나 되는 것입니다. 인지적인 이해가 아닙니다. 하나님과 하나 되는 것, 하나님과 동행하는 것, 하나님의 말씀을 살아내는 것이 진정 하나님을 아는 자의 모습입니다.

마지막으로 호세아 13장 11절입니다.

내가 분노하므로 네게 왕을 주고 진노하므로 폐하였노라.

호세아는 이스라엘의 왕정 제도가 하나님의 뜻에 어긋난 일이라는 것을 최초로 선포한 예언자입니다. 이스라엘이 출애굽 한 이후에 하나님께서 이스라엘에게 기대하셨던 체제는 제사장 나라입니다. 제사장이 몸소 모든 사람들의 모범이 되는 제사장 나라를 하나님께서 기대하셨습니다. 이것을 어떻게 말할 수 있습니까? 거룩의 위계질서 사회라고 할 수 있습니다. 가장 상층부에 있는 사람들이 하나님의 백성다운 진실함이 무엇인지, 정직함이 무엇인지, 거룩함이 무엇인지를 살아내는 것입니다. 그것을 밑에 있는 사람들이 보고 배우고 모방하는 것입니다. 이것이 바로 거룩의 위계질서 사회의 모습입니다. 갈렙이라는 사람이 있습니다. 갈렙은 가나안 정복 전쟁 당시 85세의 노인이었지만 누구나 두려워하는 아낙 자손과 싸우겠다고 하면서 "저 산지를 내게 주소서"라고 했습니다. 하나님께서 가나안 땅을 주실 것이라는 것을 믿는 자가 용기 있게 믿음의 행위를 한 것입니다. 여호수아는 땅 분배의 책임자였지만 다른 사람들이 원하는 땅을 먼저 분배한 다음 마지막에 딤낫 세라라는 가파른 경사지를 차지했습니다. 이것이 바로 하나님이 원하시는 거룩의 위계질서, 제사장 나라의 모습입니다. 그런데 사무엘 시대 이스라엘 백성들의 강력한 요청으로 인해 왕정이 세워지게 됩니다. 왕은 구약 시대 하나님의 기름 부음 받은 인물 가운데 하나였습니다. 어떤 사람들이 기름 부음을 받았습니까? 왕, 제사장, 예언자들입니다. 기름 부음을 받는다는 것은 하나님의 사람으로 선택되었다는 것입니다. 왕은 하나님의 마음으로 백성들을 잘 돌보고 지키라고 선택된 사람입니다. 그런데 호세아 당시 북이스라엘은 이 왕들로 인해 공동체가 멸망의 길로 치닫고 있었습니다. 그것을 예리하게 비판한 사람이 호세아였습니다. 그래서 13장 11절에 하나님께서 분노함으로 왕을 주었고 진노함으로 왕을 폐하였다고 말씀하고 있습니다. 이스라엘이 왕을 구한 행위 자체가 얼마나 하나님께 큰 죄를 범한 것인가를 원색적으로 비판하고 있는 것입니다.

사실 그렇지 않은 목사님들이 많이 계시지만 일부 중대형교회를 보면 너무도 제왕적인 목회자들이 많습니다. 부귀영화를 누리고 권력을 향유하고자 목사가 된 것 아니지 않습니까? 하나님의 마음으로 교인들을 잘 돌보고 교인들에게 필요한 말씀의 꼴을 잘 먹이라고 무엇보다 신앙인답게 살아가는 것이 무엇인지를 몸소 보여주는 모범이 되라고 하나님께서 교회마다 목사를 세운 것 아닙니까? 그런데 목사라는 타이틀을 이용해서 제왕적인 부귀영화와 권력을 향유하는 분들이 너무도 많습니다. 한국 교회가 새로워지려면 제왕적인 담임목사 제도에 대한 개혁, 그리고 나이 드신 남성들과 사회적인 성공을 이룬 분들로 구성되어 있는 당회에 대한 개혁이 필요합니다. 청년들과 여성들, 모든 세대의 의견을 담아낼 수 있는 운영위원회 체제로 가는 것이 바람직합니다.

　지금의 당회 구조로는 교인들 전체의 의견을 대변하기가 어렵습니다. 담임목사가 성적인 문제를 일으키고 재정적인 스캔들을 일으켰을 때 장로들로 구성된 당회에서는 이것을 심각한 문제로 생각하지 않는 경우들이 있습니다. '그럴 수도 있지'라고 생각합니다. 만약 한국 교회 당회가 젊은 여성들을 중심으로 구성되어 있다면 목회자의 성 문제에 대해 이렇게 관대한 판결이 나올 수 있을까요? 청년들과 가난한 성도들이 교회의 주요 의결 기구에 참여하고 있다면 목회자의 재정 횡령 문제에 대해 지금처럼 관대한 판결이 나올 수 있을까요? 저는 많은 변화가 있었을 것이라고 봅니다. 그런데 현재의 당회 구조에서는 당회원들 대부분이 사회적으로 어느 정도 성공한 남성 위주로 구성되어 있다 보니까 자기들이 받는 월급만큼 담임목사도 사례를 받아야 한다고 생각합니다. 그래서 목사들의 억대 연봉이 탄생한 것 아닙니까? 저는 지금과 같이 나이 드신 남성, 사회적으로 성공한 분들로 구성된 당회에서 교회의 중요한 결정을 독점하는 것은 아주 위험하다고 봅니다. 다양한 세대의 남성과 여성, 장애인과 비장애인들의 의견을 담아낼 수 있는 회의 구성체가 필요합니다. 그렇게 구조를 바꾸지 않으면 교회가 새로워질 것을 기대하는 것은 어렵다고 봅니다. 제왕적인 담임목사 제도에 대해서도 개혁이 필요합니다. 왕정에 대해서 가장 비판적인 메시지를 선포한 예언자가 호세아임을 기억하시면 좋겠습니다. 질문 받겠습니다.

Q 목사님께서 영적 기백과 용기를 말씀하시면서 교회가 건강하지 못하다면 떠나는 용기가 필요하다고 말씀하셨습니다. 맞는 말씀이지만 그렇다면 문제가 많은 교회는 개혁을 하거나 건강한 교회로 변화될 기회를 상실하는 것 아닙니까. 또 하나 중요한 것은 문제는 목사나 장로와 같은 교회 지도자들이 저지르는데 저는 오히려 성숙한 신앙인이라면 그 교회를 떠나지 않고 교회와 교인들을 위해서, 교회 안에 있는 다음 세대를 위해서 개혁하고자 하는 기백과 용기가 요구되어진다고 봅니다. 떠나는 것보다 그 교회에 그런 용기 있는 신앙인들이 남아서 지속적인 개혁 운동을 펼쳐가는 것이 하나님이 더 기뻐하시는 일 아닐까요?

A 장로님의 말씀이 원론적으로는 맞습니다. 그런데 세계 교회사를 보면 문제 있는 집단이 스스로 개혁에 성공한 사례는 거의 찾아볼 수 없습니다. 왜 초대교회가 유대교에서 나오게 되었습니까? 왜 루터와 칼빈과 츠빙글리 같은 개혁자들이 가톨릭에서 나오게 되었습니까? 한 교회에서 문제가 벌어졌을 때 그것을 개혁하려고 하는 사람들은 항상 소수입니다. 대다수의 교인들은 지금 이대로의 신앙생활을 유지하는 것을 더욱 좋아합니다. 교회가 변화되어야 할 필요성을 느끼지 못합니다. 개혁 운동을 하는 것에 대해 교회를 시끄럽게 하는 행위라고 생각하며 부정적인 반응을 드러냅니다. 왜 예수님께서 "새 포도주는 새 부대에"라고 말씀하셨겠습니까? 문제의식을 느끼는 사람은 언제나 소수이고 대다수의 사람들은 자신이 지금 하고 있는 신앙생활이 방해 받지 않기만을 원합니다. 그래서 실제 개 교회에서 할 수 있는 개혁 운동은 거의 없습니다.

제가 20살 때 모 교회를 나왔습니다. 왜 나오게 되었냐면 저를 포함해서 청년부에 뜻 있는 몇몇 사람들이 교회를 개혁하기 위해서 공동의회에서 발언을 했습니다. 그때 담임목사님이 청년부를 해체시켜버렸습니다. 그 이후에 제가 얼마나 많은 사건을 경험하게 되었을지 상상해 보십시오. 왜 성경에 "새 포도주는 새 부대에"라는 말씀이 있을까요? 새 포도주가 헌 부대에 있을 수는 없을까요? 실제 무엇인가 변화를 주고자 한다면 막상 할 수 있는 것이 거의 없다는 것을 경험하게 됩니다. 무엇보다도 교회 공동체에 변화를 원하는 사람보다 지금 이대로가 좋은 사람들이 항상 더 많습니다. 그래서 실제 어떤 변화를 갈망하게 되면 현상 유지를 원하는 교인들과 충동할 수밖에 없습니다. 이것이 얼마나 안타까운 일입니까? 매일 싸우는 일에 에너지를 쓰는 것이 바람직한가요? 그래서 저는 문제와 싸우는데 에너지를 쓰기 보다는 내가 꿈꾸고 소망하는 교회 공동체를 세우는 일에 에너지를 집중하기로 마음을 먹었습니다. 제가 문제 있는 교회를 떠나라는 말은 가나안 교인이 되라는 것이 아닙니다. 저는 가나안 교인들은 하나님에 대한 참 믿음이 없다고 보는 사람입니다. 왜 그러냐면 우리가 하나님에 대한 참된 믿음을 갖고 있다면 절대 홀로 신앙생활을 할 수는 없습니다. 진정한 믿음을 가진 사람들은 신앙의 공동체를 열망할 수밖에 없습니다. 제가 '떠나라'고 하는 것은 교회다운 교회를 세우기 위해 헌신하는 자들과 긍정적인 힘을 모으라는 것입니다. 가나안 교인이 되라는 것이 결코 아닙니다. 실제 개 교회를 개혁하려고 하다 보면 할 수 있는 것이 많지 않다는 것을 많이 느끼실 것입니다. 교회사 이천 년의 역사에서 내부적으로 개혁이 성공한 사례는 거의 없습니다. 성공한 사례를 알고 계시다면 저에게 꼭 알려주시기를 부탁드립니다.

Q 다니엘 10장에 보면 티그리스 강변에서 환상을 보는 이야기가 나오는데 그 장면에서 페르시아 천사장이 등장합니다. 이 페르시아 천사장은 누구를 말하는가요?

A 이것은 그 당시 사람들이 가지고 있었던 인식을 드러내는 표현입니다. 당시 사람들은 나라마다 그 나라를 지켜주는 군대 장관인 천사가 있다고 생각했습니다. 다니엘 10장의 기술은 당시 사람들의 인식에 근거한 기술입니다. 혹시 개인마다 수호천사가 있다는 이야기를 들어보신 적 있으신가요? 그것과 비슷한 맥락에서 이해하시면 됩니다. 다니엘은 2024년 한국 교인들이 읽으라고 기록된 본문이 아닙니다. 다니엘이 기록될 당시 일차적인 독자들이 있는 것입니다. 그들이 이 글을 읽고 이해하려면 당연히 그 당시 사람들의 세계관에 기초해서 다니엘이 쓰일 수밖에 없었습니다. 그들은 다니엘 10장을 읽으면서 어떠한 혼란도 없었을 것입니다. 그런데 오늘날 우리는 전혀 다른 세계관 속에서 살다 보니 이런 내용들을 이해하는 것이 쉽지 않습니다. 민족마다 그 민족을 지켜주는 천사장이 있다는 생각이 이해되지 않을 것입니다. 그러나 그 당시 일차적인 독자들에게는 이런 인식이 너무도 자연스러운 것이었습니다.

Q 파국 종말론과 평화 종말론이 있다고 하셨는데 그렇다면 어떤 것이 전체적인 맥락에서 맞는 것인가요?

A 전체적인 맥락에서 무엇이 더 맞는 주장인가 판단하기보다는 신앙 공동체가 처한 상황에 따라 다른 것입니다. 묵시 문학이라고 하

는 것은 평화로운 시기에 등장하는 것이 아닙니다. 묵시 문학은 불의한 권력에 의해서 신앙인들이 고난과 핍박을 받고 있을 때 소수의 신앙인들이 자기 신앙을 목숨 걸고 지켜내면서 하나님의 전적인 도우심 외에는 그 어떤 것도 기대할 수 없을 때 등장합니다. 이런 묵시 문학적인 탄생 배경 속에서는 대부분 파국 종말론이 등장합니다. 그러나 평화 종말론이라는 것은 말씀을 제대로 가르치고 말씀에 제대로 순종하는 것을 통해서 하나님 나라를 이 땅 가운데 세우자는 것입니다. 오늘날 이슬람 국가에 있는 그리스도교 신앙인들이나 공산주의 치하에 있는 그리스도교 신앙인들에게는 파국 종말론이 정답이라는 생각이 듭니다. 한국 교회도 구한말이나 일제강점기, 한국 전쟁 때는 파국 종말론을 강조하는 것이 옳았다고 봅니다. 그런데 지금 상황에서는 파국 종말론보다는 평화 종말론에 대한 강조를 많이 해야 한다고 생각합니다. 하나님께서 대한민국에 이렇게 많은 믿음의 사람들을 세워주신 상황에서 우리에게 기대하는 바가 무엇일까요? 오늘날 우리가 직무유기하는 것은 무엇인가에 대한 성찰이 필요하다고 봅니다. 지금은 한국 교회가 옛날처럼 요한계시록 중심의 교육보다는 평화 종말론에 대한 강조를 더 많이 하는 것이 상황적으로 옳다고 생각합니다. 성경에 등장하는 평화 종말론과 파국 종말론은 신앙의 공동체가 처해 있는 상황에 따라 모두 정답입니다. 다만 오늘날 한국 교회가 좀 더 강조해야 할 것은 평화 종말론이 아닐까 생각합니다.

요엘, 아모스

말 씀 과 함 께 | 예 언 서 강 의

요엘, 아모스

요엘은 히브리어 성경에는 4장으로 되어 있는데 대부분 번역본 성경에는 3장으로 되어 있습니다. 한글 성경에도 3장으로 되어 있습니다. 한글 성경에 2장 28~32절이 히브리어 성경에는 3장입니다. 그리고 한글 성경 3장이 히브리어 성경에는 4장으로 되어 있습니다. 요엘의 주제 구절은 2장 13절입니다.

너희는 옷을 찢지 말고 마음을 찢고 너희 하나님 여호와께로 돌아올지어다 그는 은혜로우시며 자비로우시며 노하기를 더디하시며 인애가 크시사 뜻을 돌이켜 재앙을 내리지 아니하시나니.

회개를 촉구하는 가운데 옷을 찢지 말고 마음을 찢을 것을 권면합니다. 옷을 찢는다는 것은 무슨 의미입니까? 형식적인 회개는 이제 그만하라는 것입니다. 형식적인 회개를 넘어 실제적인 회개를 요청하고 있습니다. 원래 회개라는 것은 '뉘우치고 돌이킨다'는 뜻입니다. 그런데 너무나 많은 신앙인들이 입술의 고백을 회개로 착각하고 있습니다. 그래서 회개한다고 하면서도 돌이킴이 없습니다. 뉘우침만 있을 뿐입니다. 심지어 사람들이 집단적으로 모여서 '우리 회개하자'고 행사를 개최합니다. 행사 후에는 어떤 착각을 합니까? 우리는 회개했다고 생각합니다. 이런 행동을 뭐라고 할 수 있습니까? 옷을 찢는다고 할 수 있습니다. 그런데 하나님은 이제 옷은 좀 그만 찢고 마음을 찢어라, 즉 실제적인 삶의 변화를 추동하는 회개를 요청하고 계십니다.

요엘 1장 15절입니다.

슬프다 그 날이여 여호와의 날이 가까웠나니 곧 멸망 같이 전능자에게로부터 이르리로다.

구약의 예언서에서 '여호와의 날'을 강조하는 본문을 만나게 되는데 그 가운데 하나가 요엘입니다. 구약에서 이스라엘 백성들이 생각했던 여호와의 날은 오늘날 신약 시대 주의 재림에 대한 생각과 비슷합니다. 현재 하나님의 백성들은 고난과 핍박 가운데 있습니다. 그 이유가 무엇입니까? 하나님께서 전능의 오른팔을 움츠리고 계시기 때문입니다. 그래서 현실에서는 하나님이 부재한 것처럼 보입니다. 이런 상황에서 하나님의 백성들인 이스라엘은 이방으로부터 괴롭힘을 당합니다. 그리고 무엇을 기대합니까? 언젠가 하나님께서 지금 움츠리고 계신 전능의 오른팔을 활짝 펼치시게 되는 날을 소망합니다. 그

날이 오면 그동안 이스라엘을 괴롭혔던 이방은 하나님의 심판을 받게 될 것이고 이스라엘은 하나님의 구원을 누리게 될 것이라고 생각했습니다. 그날을 무엇이라 불렀습니까? 여호와의 날이라고 불렀습니다. 여호와의 날은 어떤 날입니까? 하나님께서 당신의 능력을 전면적으로 드러내시는 날입니다. 하나님의 능력이 전면적으로 드러나는 날, 하나님이 이 땅 역사 가운데 자신을 온전히 드러내시는 날, 하나님의 백성들인 이스라엘은 구원을 받고 이방의 모든 백성들은 하나님의 심판을 받는 날입니다.

그런데 예언자들은 사람들의 기대와 소망을 뒤집어 버립니다. 현재 이스라엘이 하나님을 떠나 있기 때문에 여호와의 날에 이스라엘도 하나님의 심판을 받게 될 것이라고 경고합니다. 여호와의 날이 구원의 날이 아니라 재앙의 날이 될 것이라고 이야기한 사람들이 예언자입니다. 이 말이 당시 이스라엘 백성들에게 어떻게 들렸을지 생각해 보십시오. 대부분은 여호와의 날이 임하게 되면 자신들은 100% 구원받을 것이라고 확신했습니다. 오늘날 한국 교회 교인들이 주의 재림을 기대하는 것과 똑같습니다. 교회를 다니거나 등록을 하거나 세례를 받게 되면 예수님이 재림하시는 날 모두 구원받을 것이라고 생각하고 있지 않습니까? 그런데 예언자들은 백성들의 기대를 뒤집어 버립니다. 너희가 하나님의 언약 백성이지만 너희가 하나님과의 언약을 저버리고 하나님의 백성다운 삶을 살지 못했기 때문에 하나님께서 역사에 전면적으로 등장하시는 순간, 하나님을 떠나 있던 너희도 심판을 받을 수밖에 없다고 소리 높여 외쳤습니다. 당시 이스라엘 백성들에게 예언자의 이런 메시지는 너무나 기분이 나쁜 듣고 싶지 않은 메시지, 짜증나는 메시지, 무엇보다 말도 안 되는 메시지였을 것입니다. 그런데 이런 여호와의 날에 대한 강조가 예언서 안에 많이 나옵니다. 그만큼 당시 백성들에게 충격적으로 다가온 것입니다.

여호와의 날이나 하나님께서 우리와 함께하신다는 임마누엘은 백성들의 상태에 따라서 구원과 위로가 되기도 하고 심판이 되기도 합니다. 임마누엘이 항상 우리에게 은혜가 되는 것은 아닙니다. 우리가 죄의 지배 가운데 있을 때 하나님이 우리와 함께하시게 되면 하나님의 심판을 받게 됩니다. 하나님의 돌격을 받게 됩니다. 여호와의 날과 임마누엘이 진정으로 우리에게 기쁨이 되려면 우리 스스로가 하나님의 백성다움을 온전히 지켜내는 것이 중요합니다. 요엘 2장 28~29절의 말씀은 오순절 성령 강림 사건 때 사도 베드로가 초대 교인들이 받았던 성령의 임재를 설명하면서 인용한 말씀입니다. 한국 교회는 베드로를 '무식한 어부'라는 식으로 말하는데 사도행전 앞부분을 보면 베드로는 구약에 있는 말씀을 척척 인용하는 성경 박사입니다. 무엇보다 특정 직업군 앞에 '무식한'과 같은 수식어를 사용하는 것은 정말 무례한 표현입니다. 베드로는 어떤 사건이 일어나게 되면 그 사건을 구약에 있는 말씀을 가지고 적재적소에 설명했습니다. 오순절 성령 강림 사건에서는 요엘 말씀으로 설명하고, 가룟 유다의 배반과 관련해서는 시편 말씀으로 설명합니다. 베드로는 사건마다 이 사건이 어떤 의미가 있는지에 대해 구약의 말씀으로 설명해 낼 만큼 성경 박사였습니다. 오순절 성령 강림 사건 때도 사람들은 초대 교인들이 술에 취했다고 조롱했지만 베드로는 요엘 2장의 말씀을 인용하면서 사건의 의미를 설명했습니다. 요엘 2장 28~29절입니다.

그 후에 내가 내 영을 만민에게 부어 주리니 너희 자녀들이 장래 일을 말할 것이며 너희 늙은이는 꿈을 꾸며 너희 젊은이는 이상을 볼 것이며 그 때에 내가 또 내 영을 남종과 여종에게 부어 줄 것이며.

29절 말씀은 너무나 충격적입니다. 당시에 종이라고 하는 존재는 사람 취급을 받지 못했던 존재들입니다. 그런데 하나님의 영이 남종과 여종에게도 임합니다. 하나님을 사랑하는 만민에게 성령을 부어주실 것이라는 것이 요엘 2장 예언의 핵심입니다. 이 말씀이 성취된 것이 언제입니까? 오순절 성령 강림 사건입니다. 만민에게 주의 성령이 임하는 것을 신학적으로 '영의 민주화'라고 합니다. 영의 민주화를 통해 성령을 소수가 독점하던 시대가 끝나게 됩니다. 그리스도의 몸 된 교회 안에서 사제들만 성령을 독점하는 것이 아니라 그리스도의 몸 된 교회를 이루는 모든 지체들이 성령과 만남을 가지게 되고 성령과 소통하게 된 것입니다. 이것을 다른 말로 하면 만인 사제라고 할 수 있습니다. 만인 사제가 구현되기 위해서는 교회를 이루고 있는 신앙인 한 사람 한 사람이 말씀으로 충만해야 하고 성령으로 충만해야 합니다. 그리고 서로에게 임한 성령의 역사에 대해서 감격할 수 있어야 합니다. 그런데 안타깝게도 한국 교회에서는 여전히 목사들만 성령과 소통하고 목사들만 하나님의 뜻을 알고 있는 것처럼 생각하며 너무나 많은 성도들이 목사에게 의존하는 모습을 드러내고 있습니다. 이 얼마나 안타깝고 어리석은 일입니까? 오순절 성령 강림 사건을 통해 요엘 2장의 말씀이 온전히 성취되었습니다.

마틴 루터의 종교 개혁 운동 이후에 개신교가 강조한 것이 영의 민주화, 즉 만인 사제입니다. 목사들만 하나님과 소통하는 것이 아니고 목사들을 통해서만 하나님의 말씀을 들을 수 있는 것이 아닙니다. 하나님의 백성 된 한 사람 한 사람이 하나님의 말씀과의 만남을 통해서 성령이 말씀하시는 바를 경청할 수 있어야 하고 성령과 소통할 수 있어야 합니다. 그래서 각자에게 임하는 성령의 역사에 대해서 서로가 그것을 목격하면서 감격하며 나눌 수 있어야 합니다. 그런데 오늘날 개신교인들 중에도 너무나 지나칠 정도로 목사 의존적인 신앙인들이 있습니다. 이것을 아셔야 합니다. 목사들 중에도 하나님의 영이 없는 목사들이 있고 성도들 중에도 하나님의 영으로 충만한 성도들이 있습니다. 그런데 하나님의 영은 없고 세속의 욕망과 가치로 가득한 목사에게 모든 것을 의존하는 것이 얼마나 어리석은 일입니까? 요엘 2장의 말씀이 오순절에 성취됨을 통해 이제는 특정한 사람만이 하나님과 소통하는 시대는 끝났습니다. 그런데 여전히 사제를 통해서 하나님과의 만남이 가능하다고 주장하는 곳이 가톨릭이고 이것을 반대하는 곳이 개신교입니다. 그래서 진지하게 고민해야 합니다. 오늘날 개신교의 정체성을 만인 사제라고 말하지만 오늘날 개신교가 얼마나 목사 의존적인지 아셔야 합니다. 실제 교회 안에서 만인 사제가 얼마나 구현되고 있는지 생각해 보시면 좋겠습니다.

요엘 3장 10절을 보면 이사야 2장과 미가 4장과는 다른 말씀이 나옵니다. 이사야 2장과 미가 4장에는 "칼을 쳐서 보습을 만들고 창을 쳐서 낫을 만들라"는 말씀이 나옵니다. 이것을 무엇이라고 했습니까? 평화 종말론이라고 했습니다. 사람들이 하나님의 말씀을 배운 결과 실제적으로 삶이 변화된 것입니다. 어떻게 변화되었습니까? 지금까지 사람을 찌르고 죽이는 것에 사용했던 칼과 창을 이제는 땀 흘려 일하는 농기구로 바꿔낸 것입니다. 남의 것을 빼앗아 살아가는 삶을 청산하고 스스로 노동하여 자신의 생계를 책임지는 것입니다. 이것이 이사야 2장과 미가 4장에 나오는 "칼을 쳐서 보습을 창을 쳐서 낫을"이라는 말의 의미입니다. 그런데 요엘 3장 10절을 보면 이 말씀이 뒤집어져 있습니다. 뭐라고 되어 있습니까? "너희는 보습을 쳐서 칼을 만들지어다 낫을 쳐서 창을 만들지어다." 완전히 반대입니다. 이 말씀이 무슨 뜻인지를 잘 보셔야 합니다. 이 말씀은 열국의 군사들로 하여금 보습을 쳐서 칼을 만들고 낫을 쳐서 창을 만들어 하나님의 심판에 맞서 보라는 경고의 말씀입니다. 요엘 3장은 하나님께서 여러 민족을 심판하신다는 내용입니다. 그 하나님의 심판에서 너희가 피할 자신이 있다면 보습을 쳐서 칼을 만들고 낫을 쳐서 창을 만들어서 하나님의 군대와 맞서 보라는 것입니다. 따라서 이 말씀은 실제 이런 전쟁을 준비하라는 것이 아니라 아무리 하나님께 맞서고자 해도 소용이 없다는 것입니다. 전쟁을 해도 이길 가능성이 전혀 없다는 것입니다. 그래서 자연스레 전쟁을 포기하게 만드는 선언이 바로 요엘 3장 10절입니다.

너희는 보습을 쳐서 칼을 만들지어다 낫을 쳐서 창을 만들지어다 약한 자도 이르기를 나는 강하다 할지어다.

다음으로 아모스를 보겠습니다. 아모스는 자신의 이름으로 예언서를 쓴 최초의 문서 예언자입니다. 아모스 이전 예언자를 문서 이전 예언자로 아모스부터는 문서 예언자로 부릅니다. 아모스 때부터 자신의 이름을 내걸고 예언서를 기술하기 시작한 것입니다. 아모스 이전의 예언자 가운데 가장 유명한 예언자가 누구입니까? 엘리야와 엘리사입니다. 엘리야나 엘리사는 자신의 이름으로 예언서를 남기지 않았습니다. 그런데 아모스부터 자신의 이름으로 예언서를 남긴 예언자들이 등장합니다. 아모스, 호세아, 이사야, 미가, 나훔, 하박국, 스바냐, 예레미야, 에스겔 등 많은 예언자들이 자신의 이름으로 예언서를 남겼습니다. 그렇다면 왜 아모스 때부터 자신의 이름으로 예언서를 남기게 되었을까요? 아모스는 주전 760년경 사역했던 예언자입니다. 성서학자들은 다윗과 솔로몬 시대 이후 고대 히브리어가 탄생했을 것이라고 보고 있습니다. 이때가 주전 10세기 말입니다. 그런데 히브리어가 등장한 시기에는 소수의 사람들만 문자를 알았을 것이라고 봅니다. 그러다가 주전 8세기가 되면서 고대 히브리어가 많은 사람들에게 알려지게 됩니다. 이사야 8장 1절을 보겠습니다.

여호와께서 내게 이르시되 너는 큰 서판을 가지고 그 위에 통용 문자로 마헬살랄하스바스라 쓰라.

여기 '통용 문자'라는 표현이 나옵니다. 이사야는 아모스보다 한 세대 이후의 인물입니다. 이사야 때 히브리어가 통용 문자가 된 것입니다. 이사야 때는 히브리어가 이스라엘 공동체 안에서 통용 문자가 되었고 아모스는 그 히브리어로 예언서를 기술한 최초의 예언자입니다. 그래서 아모스를 기점으로 히브리어로 예언서를 기술한 사람들이 많이 등장하게 되었고 우리는 이들을 문서 예언자로 부릅니다.

아모스 4장 5절입니다.

누룩 넣은 것을 불살라 수은제로 드리며 낙헌제를 소리내어 선포하려무나 이스라엘 자손들아 이것이 너희가 기뻐하는 바니라 주 여호와의 말씀이니라.

여기서 '너희가 기뻐하는 바'라는 구절이 중요합니다. 이스라엘 백성들은 하나님을 위해 이 모든 것을 하고 있다고 주장하는데 하나님께서는 아모스를 통해 뭐라고 말씀하십니까? 지금 이스라엘이 행하고 있는 것은 이스라엘 백성들이 기뻐하는 바라는 것입니다. 하나님과는 아무런 상관이 없다는 것입니다. 아모스 5장 21~24절입니다.

내가 너희 절기들을 미워하여 멸시하며 너희 성회들을 기뻐하지 아니하나니 너희가 내게 번제나 소제를 드릴지라도 내가 받지 아니할 것이요 너희의 살진 희생의 화목제도 내가 돌아보지 아니하리라 네 노랫소리를 내 앞에서 그칠지어다 네 비파 소리도 내가 듣지 아니하리라 오직 정의를 물 같이, 공의를 마르지 않는 강 같이 흐르게 할지어다.

여기도 보시면 하나님이 진정 원하시는 것은 24절에 나옵니다. 하나님은 이스라엘 공동체 안에서 정의가 물 같이 공의가 마르지 않는 강 같이 흐르기를 원하셨습니다. 그런데 이스라엘 백성들은 무엇에 집중하고 있습니까? 21절을 보면 "너희 절기"라고 말씀합니다. 유월절이나 오순절이나 초막절은 하나님이 지키라고 명하신 절기입니다. 그런데 지금 이스라엘이 지키고 있는 그 모든 절기는 하나님과 아무런 상관이 없는 너희 절기가 되어 버렸습니다. 이스라엘 백성들이 좋아하는 너희 성회가 되어 버렸습니다. 하나님과는 아무런 상관이 없는 것입니다. 이런 말씀들이 당시 이스라엘 백성들에게 얼마나 충격이었을까를 생각해 보십시오. 이것은 마치 오늘 우리에게 이런 이야기와 똑같은 것입니다. "너희가 매일 드리는 새벽기도회나 저녁기도회가 나하고 무슨 상관이냐, 그것은 너희가 좋아서 하는 너희의 모임일 뿐이다. 너희의 화려한 성가대나 오케스트라 연주가 나와 무슨 상관이 있느냐, 그것은 너희들이 원해서 하는 너희의 노래 소리일 뿐이다." 이런 이야기를 듣게 된다면 얼마나 충격이 크겠습니까? 우리는 우리가 하는 모든 것들이 하나님을 위한 것이고 하나님이 기뻐하시는 일이라고 생각하는데 하나님은 예언자를 통해서 그것은 너희들이 원하는 것이라고 말씀하십니다. 하나님이 진정으로 원하시는 것에는 관심이 없고 자신들이 원하는 것을 하나님이 원하신다고 생각하며 열심을 다했던 것입니다. 이런 모습이 오늘 한국 교회와 너무도 닮아 있지 않습니까?

구약의 예언서를 읽을 때마다 한국 교회와 너무 오버랩이 되어 깜짝 놀라게 됩니다. 이스라엘과 한국 교회의 공통점 가운데 하나는 과도한 종교 의식을 행한다는 것입니다. 하나님께서 각 시대마다 예언자를 보내셔서 이스라엘 백성들을 책망하시는데 너무나 놀라운 것은 단 한 번도 이런 책망을 하시지 않으셨다는 것입니다. 너희가 요즘 예배를 잘 드리지 않는다, 기도를 열심히 하지 않는다, 찬양 소리가 너무 작다는 것으로 하나님께서 이스라엘을 책망하신 적이 단 한 번도 없습니다. 더 놀라운 것은 하나님께서 예언자를 보내셔서 이스라엘을 책망하실 때 그들은 너무나 자주 예배를 드렸습니다. 찬양도 화려했고 기도도 뜨거웠습니다. 오늘날 한국 교회와 똑같습니다. 한국 교회에서 나름 신앙생활을 열심히 한다는 분들은 일주일에 열 번 이상 예배를 드립니다. 성가대, 찬양단, 오케스트라는 얼마나 화려하고 멋집니까? 그런데 정말 우리가 드리는 모든 종교적 열심을 하나님께서 기쁘게 열납 하실까요? 제가 볼 때 많은 경우에는 우리의 종교적 열심을 하나님께서 받지 않으신다고 생각합니다. 그 이유가 무엇입니까? 찬양과 기도와 예배는 뜨거운데 일상의 삶에서 하나님과 동행 부재, 하나님에 대한 순종 부재 때문입니다. 일상의 삶에서는 맘몬을 숭배하고 권력을 숭배하고 욕망을 숭배하면서 구별된 시공간 안에서만 하나님을 경배한다고 할 때 하나님께서 그 예배를 기쁘게 열납 하시겠습니까? 세속의 가치와 문화에 동화된 사람들의 예배를 기쁘게 받으시겠습니까? 예언서를 통해서 알 수 있는 것처럼 하나님께서는 그들의 예배를 바라보시며 탄식하실 것입니다. 그런데 예배드리는 사람은 무슨 착각에 빠져 있습니까? 우리가 드리는 이 예배로 일주일 동안 범했던 모든 잘못과 죄악들을 하나님께서 용서해주실 것이라고 착각합니다.

성경 어디에도 예배 한번 잘 드린다고 해서 하나님께 순종하지 못하는 우리의 삶이 용서받는다는 말씀은 없습니다. 그런 사고는 일반 종교에서 주장하는 내용이지 우리가 믿는 하나님과는 아무런 상관이 없는 주장입니다. 그래서 하나님은 아모스를 통해 뭐라고 말씀하고 계신 것입니까? "그것은 너희 절기이고 너희 성회다"라고 하셨습니다. 내가 진정으로 원하는 것은 이것인데 너희가 그것에는 전혀 관심이 없다고 책망하고 계신 것입니다. 하나님이 원하시는 바는 공평과 정의가 흘러넘치는 공동체를 건설하는 것입니다. 하나님께서 이스라엘을 선택하신 목적이 바로 그것입니다. 즉 미쉬파트와 체데크를 행하는데 있습니다. 이것이 땅 신학에서 말했던 임대료입니다. 그래서 예언자들은 사람들을 불러 모아서 그들이 하나님께 불순종하고 있음을 깨닫게 하고 다른 사람에게 가하는 해악을 직시하게 한 것입니다. 예언자가 어떤 사람입니까? 현실을 정직하게 직시함으로써 사람들을 올바른 길로 인도하는 돕는 배필이 바로 예언자입니다.

아모스 1장 3절부터 2장 3절까지를 보면 이방 나라들에 대한 심판 선언이 열거되어 있습니다. 여기서 우리의 눈길을 끄는 구절이 있는데 하나님께서 이방 나라를 심판하실 때 한 번도 하나님을 믿지 않았다는 것으로 인해 이방 나라를 정죄하지 않으신다는 것입니다. 오늘날 우리의 생각과 너무나 다른 것입니다. 우리가 생각할 때는 에돔이나 모압이나 암몬과 같은 이방 나라들의 가장 큰 죄가 하나님을 믿지 않은 것이라고 생각하기 쉽습니다. 그런데 예언서를 살펴보면 예언자들을 통해 하나님께서 이방 나라에 대한 심판의 말씀을 선포하실 때 한 번도 하나님을 믿지 않았다는 이유로 이방 나라를 정죄하거나 심판을 경고하지 않았다는 것입니다. 이방은 무엇 때문에 하나님의 심판을 받습니까? 전쟁에서 잔인함, 영토 확장을 할 때 사용한 과도한 폭력으로 인해 하나님의 심판을 받습니다. 이것을 잘 보셔야 합니다.

저는 하나님의 심판의 가장 중요한 특징이 공의로움이라고 생각합니다. 여기서 공의롭다는 말은 하나님의 심판을 받는 대상이 하나님의 판결을 인정할 수밖에 없는 것입니다. 수긍할 수밖에 없는 판결인 것입니다. 하나님이 어떤 판결을 내리실 때 그 판결을 수긍할 수밖에 없는 너무나 공의로운 판결이 하나님의 심판의 첫 번째 특징입니다. 그런데 생각해 보십시오. 하나님에 대해서 듣지도 못하고 믿을 수 있는 기회조차 갖지 못한 사람들에게 "왜 당신들은 하나님을 믿지 않았어요, 당신들은 하나님을 믿지 않았으니 지옥입니다"라고 말한다면 그 사람들이 이 심판을 공의로운 판결이라고 생각하겠습니까? 너무나 많은 신앙인들이 이순신 장군이나 세종대왕이 참 좋은 사람이기는 하지만 지옥에 갔다고 생각합니다. 그 이유가 무엇인지 물어보면 대부분 예수님을 믿지 않았기 때문이라고 말합니다. 이순신 장군이나 세종대왕이 하나님과 예수님을 믿지 않은 것 때문에 지옥에 가야 한다는 판결을 받는다면 이순신 장군과 세종대왕이 그 판결을 공의로운 판결이라고 인정하고 수긍할 수 있겠습니까? 저는 수긍할 수 없다고 봅니다. 이와 마찬가지입니다. 구약에 나오는 많은 이방 백성들은 하나님을 믿을 수 있는 기회조차 갖지 못한 사람들입니다. 이스라엘이 이방 백성들에게 전도하지 않았습니다. 이스라엘은 배타적 선민사상에 빠져서 하나님을 독점하고자 했습니다. 그래서 하나님에 대해 이방 나라 사람들에게 전도조차 하지 않았습니다. 그런데 어떻게 이방 백성들이 하나님을 믿을 수 있단 말입니까? 어떻게 그들에게 하나님을 믿지 않았으니 지옥에 가야 한다고 말할 수 있겠습니까? 진정으로 그런 판결이 내려진다면 그들은 너무나 억울하지 않겠습니까? 이것을 잘 보셔야 합니다.

최소한 구약에서는 이방 백성들이 하나님의 심판을 받을 때 하나님을 믿었느냐 믿지 않았느냐를 가지고 심판 받지 않았습니다. 이방 백성들은 무엇으로 심판을 받았습니까? 일반 은총의 잣대로 심판을 받았습니다. 하나님은 이 땅에 발 딛고 살아가는 모든 사람들에게 일반 은총을 선물로 주셨습니다. 그 일반 은총의 대표적인 것이 이성과 양심입니다. 하나님께서는 신앙인이나 비신앙인이나 이 땅에 있는 모든 사람들에게 이성과 양심을 선물로 주셨습니다. 그 이성과 양심을 통해 이 땅에서 아름다운 사회를 만들고 멋진 삶을 살아가기를 기대하신 것입니다. 그런데 이성과 양심에 반하는 삶을 살게 될 때 하나님께서 그들을 책망하셨습니다. 정리하면 구약에서 하나님께서 이방 백성들을 심판하실 때 단 한 번도 하나님을 믿지 않았다는 이유로 그들을 심판하지 않으셨습니다. 그 이유는 하나님의 심판의 가장 중요한 특징이 공의로움이기 때문입니다. 판결을 받는 사람 누구나 인정하고 수긍할 수밖에 없는 공의로운 판결을 우리 하나님은 시행하셨습니다. 이것이 하나님의 심판의 첫 번째 특징입니다. 그런데 공의로움만으로 하나님께서 우리를 심판하시게 되면 우리 중에 그 누가 하나님의 마음에 흡족한 사람이 있겠습니까? 공의로운 판결만 존재한다면 우리 중에 하나님의 구원을 받을 자가 많지 않을 것입니다. 그래서 기억해야 하는 것이 하나님의 심판의 두 번째 특징입니다. 그것은 자비로움입니다. 하나님은 우리의 작은 순종은 크게 보시고 우리의 큰 불순종은 작게 보십니다. 자비로움의 눈으로 우리를 바라보십니다. 그 자비로움으로 인해 우리는 하나님의 구원을 받을 수 있는 것입니다. 이방에 대한 심판이 일반 은총의 맥락에서 시행되고 있다는 것을 꼭 기억하셔야 합니다.

　이방 백성들이 자신들의 영토를 확장하기 위해서 이웃 나라에 너무나 가혹한 폭력을 행사했습니다. 잔인한 일을 저질렀습니다. 이로 인해 하나님의 심판이 그들에게 임한다는 경고를 듣게 됩니다. 이방 백성들이 하나님의 심판을 받게 된다는 이야기를 들으면서 남유다나 북이스라엘 백성들은 너무나 기뻐했습니다. 그동안 이스라엘을 괴롭혔던 이방 백성들이 하나님의 심판을 받게 되었으니 얼마나 좋았겠습니까? 그런데 이것이 이스라엘이 마냥 기뻐할 수 있는 일이었을까요? 하나님께서 이방 백성들을 심판하시겠다는 이유가 무엇입니까? 그들의 잔악함과 폭력성 때문입니다. 그것으로 인해 이방 백성들은 하나님의 심판을 받게 됩니다. 그런데 하나님의 백성이라고 주장하고 있는 이스라엘과 유다의 삶은 하나님의 심판을 받는 이방의 삶과 무엇이 다른가요? 사실 이방에 대한 심판 예언을 기술한 목적은 이스라엘 스스로 자신들을 돌아보도록 하는 것입니다. 오늘날로 말하면 비신앙인들이 이것 때문에 심판을 받고 있다고 말하는 것과 똑같습니다. 그런데 자세히 들여다보면 비신앙인이 심판 받는 삶의 내용을 신앙인들도 그대로 살고 있는 경우들이 많습니다. 그러면 신앙인들 입장에서 얼마나 불안하겠습니까? 처음에는 이방이 심판 받는다는 것으로 인해 마냥 좋아했는데 알고 보니까 이방의 삶과 이스라엘의 삶이 별반 차이가 없는 것입니다. 그러면 이방이 그것 때문에 심판을 받았다면 이스라엘도 그것 때문에 심판을 받을 수밖에 없는 것입니다. 이방에 대한 심판 예언은 이스라엘의 삶을 스스로 돌아보고 성찰하도록 하는 것이 목적임을 기억하셔야 합니다.

아모스가 활동했던 시기는 여로보암 2세 때입니다. 여로보암 2세는 북이스라엘의 마지막 전성기를 이끌었던 왕입니다. 성경에 나오는 이스라엘 왕은 총 42명인데 그 가운데 6명의 왕이 통치하던 시기에 정치, 경제, 군사적으로 막강한 전성기를 구가했습니다. 어떤 왕이었습니까? 주전 10세기 다윗과 솔로몬, 주전 9세기 오므리와 아합, 주전 8세기 북이스라엘 여로보암 2세와 남유다 웃시야입니다. 이 6명의 왕이 통치하던 때 이스라엘은 가장 강력했습니다. 여로보암 2세 때 이스라엘은 최고의 전성기를 구가했지만 그 실상을 들여다보면 사회적인 불의와 도덕적인 타락이 만연했습니다. 그래서 하나님께서 이런 말씀을 하셨습니다. "나 주가 선언한다. 너희들이 지은 서너 가지 죄로 인하여 내가 너희를 용서하지 않겠다." 여기에 서너 가지는 '세 가지 그리고 네 가지'로 해석합니다. 세 가지와 네 가지를 합하면 일곱 가지입니다. 중요한 것은 3, 4, 7은 모두 완전수입니다. '서너 가지'라고 할 때 3과 4도 완전수이고, 3과 4를 더한 7도 완전수입니다. 결국 '너무나 많은 죄악으로'라는 말입니다.

앞에서도 말했지만 이방 나라들에 대한 심판 선언은 주로 전쟁의 잔인함과 영토 확장 등 제국의 본성에 대한 질타입니다. 그런데 이스라엘이 하나님의 심판을 받는 핵심적인 죄악은 무엇입니까? 대부분 사회적 불의입니다. 사회 안에서 발생하는 정의롭지 못한 모습으로 인해 이스라엘은 하나님의 심판을 받게 됩니다. 한마디로 하나님의 백성이라고 하는 정체성을 갖고 있는 이스라엘이 이방 백성들과 전혀 구별되지 않는 삶을 살았던 것입니다. 1~2장의 심판 선언의 본문은 이렇게 진행이 됩니다. 처음에는 이방 백성들의 죄를 질타하시면서 그들에게 심판을 경고합니다. 이때 이방이 하나님의 심판을 받는다는 이야기를 듣고 이스라엘은 기뻐 환호합니다. 왜 이스라엘이 환호합니까? 이방은 심판을 받고 자기들은 구원을 받을 것이라고 생각했기 때문입니다. 그런데 자세히 들여다보면 이방이 심판 받는 그 삶의 내용을 이스라엘도 그대로 따라하고 있습니다. 그것 때문에 남유다와 북이스라엘도 하나님의 심판을 피할 길이 없다는 것이 아모스 1~2장이 말하는 핵심 내용입니다. 이스라엘은 하나님의 백성이 되겠다고 고백했지만 하나님의 백성다운 삶을 전혀 살아내지 못했던 것입니다. 하나님의 백성으로서의 삶을 거부했습니다. 그 결과 이방의 삶과 이스라엘의 삶은 그 어떤 차이도 존재하지 않았습니다. 그래서 이스라엘도 하나님의 심판을 받을 수밖에 없었던 것입니다. 이것을 말하기 위해서 주변 민족들의 죄를 먼저 열거한 것입니다.

그렇다면 오늘 우리의 삶은 어떻습니까? 오늘날 대한민국 사회는 욕망이 지배하는 사회입니다. 맘몬이 지배하는 사회입니다. 모든 사람이 크고 거대하고 화려한 것을 추종하고 있습니다. 하나님의 백성들의 모임이라고 하는 교회도 이러한 풍조와 가치로부터 자유롭지 못합니다. 너무나 많은 사람들이 큰 교회, 거대한 교회, 화려한 교회를 선호하고 추종합니다. 저는 그런 의미에서 대형교회에 참여하는 사람들은 많은 경우에 이 땅의 세속적 가치에 지배 받고 있다고 생각합니다. 그것을 부인할 수 있습니까? 그래서 우리가 교회 안에 들어와 있는 세속의 가치와 정신들을 잘 분별하는 것이 중요합니다. 에베소서 1장 23절에 보면 교회를 어떻게 규정하고 있습니까? 교회는 그리스도의 몸이라고 말합니다. 교회가 그리스도의 몸이라는 말이 무슨 의미입니까? 예수님께서 오늘날 대한민국 사회에 계시다면 예수님이 선포하고자 하는 말씀을 누가 선포해야 합니까? 교회가 선포해야 합니다. 예수님께서 이 땅 가운데서 행하시고자 하는 바를 누가 살아내야 합니까? 교회가 살아내야 합니다. 그것이 바로 교회가 그리스도의 몸이라는 말의 의미입니다. 그런데 너무나 안타깝게도 오늘날 교회는 고백은 있고 주장은 있는데 구체적인 삶이 없습니다. 주장은 있는데 삶이 없으면 그것은 거짓말입니다. 고백이 얼마나 멋진가가 중요한 것이 아니라 고백에 걸맞은 삶이 중요합니다. 삶이 없으면 모든 고백은 거짓말이라는 것을 알아야 합니다. 교회는 예수님이 여전히 살아계시고 성령이 역사하고 계심을 증거 해야 할 책임이 있습니다. 요한일서 2장 16절이 말하는 것처럼 오늘날 세상을 지배하는 것이 무엇입니까? 육신의 정욕, 안목의 정욕, 이생의 자랑입니다. 이런 세상 정신으로부터 해방된 곳이 교회가 되어야 합니다. 그런데 오늘날 교회에도 육신의 정욕과 안목의 정욕과 이생의 자랑이 판치고 있습니다. 이것을 과감하게 내어 쫓는 것이 우리 시대 종교 개혁 운동이라고 생각합니다.

아모스 2장 4~5절입니다.

여호와께서 이와 같이 말씀하시되 유다의 서너 가지 죄로 말미암아 내가 그 벌을 돌이키지 아니하리니 이는 그들이 여호와의 율법을 멸시하며 그 율례를 지키지 아니하고 그의 조상들이 따라가던 거짓 것에 미혹되었음이라 내가 유다에 불을 보내리니 예루살렘의 궁궐들을 사르리라.

이방은 일반 은총에 근거하여 하나님의 심판을 받았고 유다는 하나님께서 주신 율법들과 규례들을 얼마나 잘 지켰는가에 따라서 심판을 받습니다. 말씀드린 것처럼 하나님의 심판의 가장 중요한 특징은 공의로움입니다. 심판을 받는 자들이 수긍할 수밖에 없는 공의로운 심판이 하나님의 심판의 특징입니다. 이순신 장군이나 세종대왕이 예수 안 믿었으니까 지옥이라고 하는 것은 너무나 단순한 주장입니다. 그것은 구약 성경을 알지 못하는 사람들의 주장입니다. 예수를 믿을 수 있는 기회도 없었던 사람들에게 당신들은 예수 안 믿었으니까 지옥이라고 한다면 그 사람들이 하나님의 판결을 수긍할 수 있겠습니까? 당사자들은 너무나 억울할 것입니다. 오늘날 한국 교회가 구원의 잣대로 내세우는 것이 하나 밖에 없습니다. 예수를 믿었느냐 믿지 않았느냐는 하나의 잣대만으로 모든 사람들을 판결하게 되면 예수 믿을 수 있는 기회가 없었던 사람들, 인지 능력이 발달하지 않았는데 죽임 당한 어린 아이들, 정신적인 장애를 가지고 있는 사람들은 어떻게 구원받을 수 있다는 말입니까? 저는 정신 지체 장애인이라든가 치매 환자들 같은 경우에는 하나님의 판결의 잣대가 다를 것이라고 봅니다. 그들에게 정상적인 인지 능력을 가지고 있는 비장애인 어른의 잣대를 들이댈 수 있겠습니까?

한○○ 목사님께서 말년에 치매로 하나님까지 거부했다는 이야기를 하셨다고 들었습니다. 그렇다면 목사님이 인생의 마지막에 하나님을 버리신 것입니까? 어떻게 치매 환자에게 똑같은 잣대를 들이댈 수 있습니까? 오늘날 우리가 예수 믿으면 구원이라고 하는 것은 예수를 믿을 수 있는 가능성이 있는 사람에게 적용할 수 있는 주장입니다. 예수가 누구인지 인지할 수 있고 예수를 따를 수 있는 의지도 있는 사람에게 적용될 수 있는 잣대입니다. 그것이 전혀 되지 않는 사람들에게 너는 예수 안 믿었으니까 지옥이라고 하는 것은 사실 폭력에 가깝습니다. 성경이 그렇게 말하지 않습니다. 구약성경과 신약성경을 읽어 보십시오. 로마서 2장에도 나옵니다. "율법 있는 사람은 율법에 근거하여 심판을 받고 율법이 없는 자들은 양심으로 심판을 받는다"고 기록되어 있습니다. 이런 말씀들을 자세히 살펴봐야 합니다. 목회자들은 성경은 안 읽고 자신이 가진 교리만 강조하는 경향이 있습니다. 그런 목사들로부터 신앙교육을 받은 분들도 교리적인 내용 몇 개를 가지고 사람들을 판단합니다. 무엇보다 성경을 자세히 읽어야 합니다. 구약에서 이방인들이 하나님께 심판을 받을 때 단 한 번도 하나님을 믿지 않았다는 이유로 심판 받는 것이 나오지 않습니다. 왜 그럴까요? 그들은 하나님을 믿을 수 있는 기회가 없었기 때문입니다. 저는 그런 의미에서 하나님의 심판의 가장 중요한 특징은 공의로움이라고 생각합니다. 하나님의 판결을 받는 모든 사람들이 수긍할 수밖에 없는 공의로움이 하나님의 심판의 가장 중요한 특징이라고 봅니다. 그러나 공의로움으로만 심판받게 되면 우리 가운데 누가 구원을 받을 수 있겠습니까? 그래서 두 번째 특징이 중요합니다. 바로 자비로움입니다. 아모스에도 나오지만 하나님을 알지 못했던 이방 백성들은 일반 은총의 맥락에서 하나님의 심판을 받는 것이고 하나님을 알았던 이스라엘 백성들은 하나님의 말씀에 대한 순종 여부로 심판을 받습니다. 서로에 대한 심판의 잣대가 다름을 주목해야 합니다.

아모스 3장 15절입니다.

겨울 궁과 여름 궁을 치리니 상아 궁들이 파괴되며 큰 궁들이 무너지리라 여호와의 말씀이니라.

여기에서 '상아 궁'이라는 것은 상아로 여러 곳을 장식한 궁을 말합니다. 상아로 만든 궁이 아니라 상아로 곳곳을 장식한 궁입니다. 고고학자들에 따르면 주전 10세기까지 가나안의 가옥들은 비슷한 크기의 규모였는데 주전 8세기경에 더 크고 잘 지은 가옥들과 다닥다닥 붙은 작은 규모의 집들이 다른 지역에서 발견된다고 합니다. 부유한 사람들이 사는 거주지와 가난한 사람들이 사는 거주지가 구분된 것입니다. 이러한 빈부의 양극화는 언제부터 시작되었습니까? 솔로몬의 통치 때부터입니다. 솔로몬의 강제 노역 이후에 이스라엘 공동체 안에 부익부 빈익빈이 심화되기 시작했습니다. 이스라엘이 가나안 땅에 들어가서 살게 되었을 때 모든 가문은 자기 땅을 분배 받았습니다. 모든 가문들이 자기 땅에서 농사를 지으며 자급자족의 삶을 영위할 수 있었습니다. 그런데 솔로몬이 백성들을 강제 노역에 오랫동안 동원함으로 인해 제때 농사를 짓지 못하는 사람들이 생겨났습니다. 농사를 망친 사람들은 먹고 살기 위해서 누군가에게 돈을 빌릴 수밖에 없었는데 이때 돈을 빌리는 상황에서 자신의 땅을 담보로 내걸게 됩니다. 그런데 다음 해에도 강제 노역에 시달리게 되면서 결국 담보로 내걸었던 땅을 빼앗기게 됩니다. 이후에는 먹고 살기 위해서 자기 몸을 담보로 돈을 또 빌리게 됩니다. 그런데 또 강제 노역에 시달리다 보면 이번에는 담보로 내걸었던 몸이 종으로 팔려가게 됩니다. 그래서 이스라엘 공동체 안에 있는 모든 사람이 처음에는 자유인이었는데 시간이 지날수록 이스라엘 공동체 안에 종들이 등장하게 된 것입니다. 그리고 처음에는 모두가 자기 땅을 가지고 있었는데 시간이 지날수록 땅을 상실한 자들이 생겨나게 됩니다. 반대로 어떤 사람들은 과도하게 많은 토지를 소유하는 대지주가 됩니다. 주전 10세기 다윗과 솔로몬 시대만 하더라도 이스라엘 공동체 안에 집들의 크기가 비슷했는데 9~8세기로 넘어가게 되면 빈부의 양극화가 심화되기 시작했습니다. 그 단초가 솔로몬의 강제 노역 동원임을 기억해야 합니다.

솔로몬은 이스라엘 역사에 등장한 42명의 왕들 가운데 가장 최악의 왕이었습니다. 왜 솔로몬이 최악의 왕입니까? 이방의 공주들과 결혼하면서 이방의 우상들을 합법적으로 도입했습니다. 예루살렘에 이방 신전을 건축한 사람이 누구입니까? 솔로몬입니다. 이방 신전에 나가서 이방 신에게 예배드린 사람이 누구입니까? 솔로몬입니다. 성경이 말하는 우상 숭배의 핵심은 겸하여 섬김입니다. 하나님을 믿으면서 다른 무엇을 하나님처럼 섬기는 것이 우상 숭배입니다. 그 겸하여 섬김의 대표적 인물이 누구입니까? 솔로몬입니다. 42명의 이스라엘 왕들 가운데 이스라엘 공동체 정신을 근본부터 망가뜨린 왕이 솔로몬입니다. 열왕기상 4장부터 11장까지가 솔로몬에 대한 비판 본문입니다. 특별히 11장은 솔로몬의 종교적 일탈과 하나님의 경고를 듣지 않음에 대해 기록하고 있습니다.

아모스 4장 4절입니다.

너희는 벧엘에 가서 범죄하며 길갈에 가서 죄를 더하며 아침마다 너희 희생을, 삼일마다 너희 십일조를 드리며.

여기에 나오는 벧엘과 길갈은 당시 종교적 명당입니다. 아모스 5장 5절을 보겠습니다.

벧엘을 찾지 말며 길갈로 들어가지 말며 브엘세바로도 나아가지 말
라 길갈은 반드시 사로잡히겠고 벧엘은 비참하게 될 것임이라 하셨
나니.

여기에는 벧엘과 길갈 외에 브엘세바가 추가됩니다. 당시 이스라엘
백성들이 가장 좋아했던 예배 장소입니다. 그런데 하나님께서는 그곳
으로 가지 말라고 하십니다. 이 말씀을 당시 사람들이 제대로 이해하
고 수긍할 수 있었겠습니까? 이 말씀은 오늘날로 말하면 이런 것과 똑
같습니다. "○○○ 교회 좀 가지 말고 ○○ 교회 좀 가지 말고 ○○○ 기
도원 좀 가지 말라"는 것입니다. 앞에 언급된 교회나 기도원에 가서 예
배드리고 은혜를 받고 있다고 생각하는 사람들의 입장에서 이 말씀이
얼마나 황당한 주장이겠습니까? 그런데 하나님께서는 아모스를 통해
종교적 명당으로 이름난 그곳에 가서 예배드리려고 하지 말고 "여호
와를 찾으라"(5:6)고 말씀합니다. 이 말씀을 당시 사람들은 도무지 이
해할 수 없었을 것입니다. 왜 이해할 수 없냐면 당시 사람들에게 여호
와를 찾는 행위가 무엇이었겠습니까? 5절에 나오는 것처럼 벧엘에 가
서 예배드리고 길갈에 가서 예배드리고 브엘세바에 가서 예배드리는
것을 당시 사람들은 여호와를 찾는 것으로 이해했을 것입니다. 그런데
하나님이 아모스를 통해서 뭐라고 말씀하십니까? "제발 그런 곳에 가
서 예배드리지 말고 여호와를 찾으라"는 것입니다. 이게 무슨 말입니
까? 종교 의식에만 최선을 다하고 삶의 변화를 거부하는 사람들에게
진정으로 하나님이 원하시는 삶을 살아내라는 것입니다. 진정으로 하
나님이 원하시는 예배를 드려달라는 것입니다. 너무나 많은 사람들이
벧엘이나 길갈이나 브엘세바에 가서 예배드리지만 여전히 자기 인생

의 주인은 자기 자신입니다. 하나님을 자기 인생의 주인으로 삼지 않았습니다. 그 결과 하나님이 원하시는 삶을 살아내고자 하는 의지도 없었고 일상의 순종도 없었습니다. 그래서 아모스를 통해서 하나님께서는 "너희는 여호와를 찾으라"고 말씀하고 계신 것입니다.

5장 5절에서 말하고 있는 것처럼 공의와 정의를 무시하는 삶, 불의한 삶을 살아가면서 드리는 예배는 하나님과의 만남이 전혀 없는 헛된 종교 의식임을 기억하셔야 합니다. 저는 신학대학을 다녔고 대학원도 신학대학원을 다녔습니다. 신학교는 거의 매일 채플을 드립니다. 저는 오랜 시간 대학과 대학원을 다녔지만 채플에 기쁜 마음으로 참여한 적이 거의 없습니다. 왜냐하면 신학교에서 드리는 채플에 하나님이 함께하지 않으신다는 확신이 들었기 때문입니다. 이것은 하나님이 받으시는 예배가 아니라는 확신이 들었습니다. 저는 한국 교회가 드리는 모든 예배가 그렇다고 생각하지는 않습니다. 어떤 신앙의 공동체이냐에 따라서 예배의 열납 여부는 다를 것입니다. 중요한 것은 정직한 자, 진실한 자, 거룩한 자의 예배를 하나님께서 기뻐 열납 하신다는 것입니다. 오늘날 한국 교회가 드리는 예배 가운데 과연 몇 %의 예배가 하나님께 열납 될까요? 예배의 열납 여부의 핵심은 하나님의 백성들이 드리는 예배를 우리 하나님은 기뻐하신다는 것입니다. 일상의 삶에서 하나님의 백성답게 정직하게 진실하게 거룩하게 하나님을 인생의 주인 삼아 하나님의 말씀에 존재를 다해 순종하고자 하는 사람들이 모여서 드리는 예배가 하나님께 기쁨이 될 것입니다.

그러나 하나님에 대한 경외가 없는 사람들, 일상에서 순종이 없는 사람들, 세속 가치를 추종하며 살아가는 사람들이 수만 명이 모이면 뭐합니까? 화려한 성가대와 오케스트라가 있으면 뭐합니까? 유창한 목사의 설교가 있으면 뭐합니까? 그 예배가 하나님께 열납 되겠습니까? 성경에 근거해서 말씀드리면 천만의 말씀입니다. 고대 근동의 무수하게 많은 신과 하나님의 중요한 차이가 뭐라고 했습니까? 고대 근동의 모든 신은 사람들이 들고 오는 제물을 주목했다면 우리 하나님은 사람들이 들고 오는 제물보다 그 제물을 들고 오기까지 헌제자의 삶을 더욱 주목하시는 분이십니다. 자본과 탐욕이 왕 노릇하는 세상에서 세속의 가치에 지배받고 세속의 문화에 동화되어 살아가면서 특정한 시공간에서만 하나님의 백성인 듯 행동하는 그런 예배를 우리 하나님이 기뻐하시겠습니까? 그런 의미에서 벧엘, 길갈, 브엘세바에 가는 것을 하나님을 찾으러 가는 것으로 착각하면 안 됩니다. 일상의 삶에서 하나님만을 인생의 주인으로 삼고 그분이 원하시는 것에 존재를 거는 순종이 없다면 우리는 여전히 하나님을 찾고 있는 것이 아닙니다. 종교 의식에 대한 열심 이전에 일상의 삶에서의 순종을 우리 하나님이 더욱 기뻐하신다는 것을 기억하셔야 합니다.

아모스 5장 13절은 매우 난해합니다.

그러므로 이런 때에 지혜자가 잠잠하나니 이는 악한 때임이니라.

본문은 두 가지 의미로 해석할 수 있습니다. 첫째는 지혜자들이 악한 때에 침묵을 지킨 것을 비난하는 조롱 신탁일 수 있습니다. 악한 때일수록 지혜자들이 용기 있게 죄인들을 질타할 수 있어야 하는데 도리어 악한 때에 지혜자들이 잠잠했던 것입니다. 그래서 지혜자들을 책망하는 조롱의 말씀으로 이해하는 것입니다. 10절과 연결해 보면 '악한 때일수록 더 소리를 높여야 하지 않는가'라고 문제를 제기할 수 있는 것입니다. 둘째는 '악한 때'를 '재앙의 때'로 해석하는 것입니다. 그리고 "지혜자가 잠잠하다"라고 할 때 여기 지혜자를 간교한 자로 해석하는 것입니다. 창세기 3장 1절에 대한 설명이 기억나십니까? "하나님이 지으신 들짐승 중에 뱀이 가장 간교하더라"고 되어 있는데 이 번역은 창세기 1~2장에서 피조물들을 창조하고 난 후에 "보시기에 좋았더라"고 한 말씀과 충돌이 일어납니다. 여기 '좋았다'에 사용된 히브리어 '토브'는 윤리 도덕적 선함과 미학적인 아름다움을 모두 포함하는 말입니다.

창세기 1~2장에는 하나님이 모든 것을 창조하시고 나서 보시기에 좋았다고 했는데 갑자기 3장 1절에 들짐승이 다 간교하고 그 가운데 뱀이 가장 간교하다고 말하고 있으니 너무도 큰 모순이 아닙니까? 그래서 3장 1절의 '간교하다'는 '지혜롭다'로 번역하는 것이 좋다고 말씀드렸습니다. 왜냐하면 히브리어 성경을 헬라어로 번역한 성경이 70 인경인데 70인경에는 '아룸'이라는 단어를 '프로니모스'라는 헬라어로 번역했습니다. 프로니모스가 어디에 나옵니까? 마태복음 10장에서 예수님이 제자들을 전도자로 파송하실 때 "너희는 비둘기같이 순결하고 뱀처럼 지혜로워라"고 할 때 지혜롭다에 사용된 단어가 프로니모스입니다. 히브리어 '아룸'은 지혜롭다, 간교하다는 의미를 가지고 있습니다. 아모스 5장 13절에 '지혜자'라는 말은 '간교한 자'로 바꿀 수 있습니다. 또한 '간교한 자'는 대부분 강한 자이기 때문에 이렇게 번역이 가능합니다. "그러므로 이제는 강한 자가 잠잠해지나니 이는 심판의 때임이니라." 하나님께서 심판을 행하시는 때에 그동안 불의한 일에 힘을 썼던 강한 자가 잠잠해질 수밖에 없다는 말씀으로 13절을 해석할 수 있습니다.

아모스 7장 10~17절은 참 예언자 아모스와 거짓 예언자 아마샤의 대결 이야기입니다. 아마샤는 10절에 보면 벧엘의 제사장입니다. 북이스라엘의 초대 왕이었던 여로보암은 벧엘과 단에 금송아지 우상을 세웠습니다. 그 금송아지 우상이 있던 벧엘의 제사장이 아마샤입니다. 아마샤는 국가가 고용한 고위 성직자입니다. 아마샤는 13절에서 이렇게 말합니다. "다시는 벧엘에서 예언하지 말라 이는 왕의 성소요 나라의 궁궐임이니라." 아마샤는 벧엘을 뭐라고 말하고 있습니까? 왕의 성소라고 말합니다. 원래 벧엘은 하나님의 집이라는 뜻입니다. 그런데 국가가 고용한 고위 성직자인 아마샤에게는 벧엘은 하나님의 집이 아닌 왕의 성소입니다. 그런데 왕의 성소인 벧엘에서 아모스가 왕을 비난하는 이야기를 하는 행위에 대해 하지 말라고 경고하고 있는 것입니다. 아마샤는 예언자라는 타이틀은 가지고 있었지만 하나님과 아무런 상관이 없는 자였습니다. 국가에 고용되어 왕이 원하는 메시지를 선포하는 전형적인 거짓 예언자가 아마샤였던 것입니다.

아모스 9장 7절은 구약 시대 이스라엘 백성들이 들었던 가장 충격적인 말씀이 아닌가 싶습니다.

여호와의 말씀이니라 이스라엘 자손들아 너희는 내게 구스 족속 같지 아니하냐 내가 이스라엘을 애굽 땅에서, 블레셋 사람을 갑돌에서, 아람 사람을 기르에서 올라오게 하지 아니하였느냐.

여기 "올라오게 하지 아니하였느냐"는 말은 '올라오게 했다'는 것입니다. '올라오게 했다'는 말은 영어로 save로 구원했다는 말입니다. 9장 7절의 말씀은 하나님께서 "이스라엘을 애굽 땅에서 블레셋 사람을 갑돌에서 아람 사람을 기르에서 구원했다"는 말입니다. 이 말씀이 이스라엘 백성들에게 얼마나 충격이었을까를 생각해 보십시오. 하나님께서 이스라엘을 애굽 땅에서 구원하신 출애굽 사건을 우리들이 잘 알고 있습니다. 그런데 하나님께서 이스라엘만 애굽 땅에서 구원하신 것이 아니라 블레셋도 갑돌로부터 구원하시고 아람도 기르로부터 구원하셨다는 것입니다. 이것이 이스라엘 백성들에게 얼마나 충격적이고 황당한 이야기였겠습니까? 블레셋 사람이나 아람 사람들이 압제 가운데 있을 때 그들은 자신들이 믿는 신에게 자신들을 구원해 달라고 간절히 기도했을 것입니다. 그런데 정작 그들을 구원해주신 분은 하나님이십니다. 그런데 블레셋과 아람은 구원 받은 다음에 누가 자기들을 구원했을 것이라고 고백하며 감사를 표하겠습니까? 자기들이 섬겼던 신이 구원해 주었을 것이라고 생각하고 그 신에게 감사와 영광을 돌렸을 것입니다. 그러면 블레셋과 아람 사람들이 자기들이 섬겼던 신에 대한 신앙심이 더욱 뜨거워지고 강화되지 않겠습니까? 구원은 하나님이 해주셨는데 그 결과로 우상에 대한 신앙심이 강화된 것이니 세상에서 쓰는 표현대로 하면 하나님이 굉장히 손해 보는 장사를 하신 것 아닙니까?

우리는 가끔 인간적으로 이런 생각을 할 때가 많습니다. 하나님께서 이 땅에 있는 예수 잘 믿는 사람들은 승승장구하게 해주시고 예수 믿지 않는 사람들은 계속 실패하고 추락하게 만들어서 어느 날 그들이 "진짜 하나님이 살아계신 것 같아, 하나님을 믿어야만 인생이 잘 풀릴 것 같아"라고 생각하며 그들 모두가 어느 날 하나님께 무릎 꿇고 돌아오기를 바라는 것입니다. 그런데 하나님은 그렇게 하지 않으십니다. 우리가 생각하는 것과 전혀 다른 일을 행하시기도 하십니다. 그 가운데 하나가 바로 아모스 9장 7절에 나오는 사건입니다. 블레셋과 아람 사람들은 원래 자기들이 섬기는 신이 있었습니다. 그들이 구원을 받았을 때 분명히 그들은 자기들이 섬기던 신이 자기들을 구원해 주었을 것이라고 생각하면서 그 신들에 대한 예배와 헌신이 더욱 뜨거워졌을 것입니다. 그렇게 될 것을 다 알고 계심에도 불구하고 하나님은 블레셋과 아람을 구원해 주셨습니다. 왜 이렇게 하나님은 손해 보는 장사를 하고 계신 것일까요? 하나님의 백성 이스라엘을 괴롭히던 블레셋과 아람은 멸망하도록 내버려 둬야 하는 것 아닙니까? 우리는 그런 생각을 많이 하지만 하나님은 그렇게 하지 않으십니다. 그 이유가 무엇입니까? 블레셋과 아람 사람들도 하나님의 형상대로 지음 받은 하나님의 것이기 때문입니다. 이것이 바로 세계 만민이 하나님과 맺고 있는 본질적인 관계입니다.

우리들이 생각할 때 저 사람들이 하나님과 무슨 상관이 있을까 생각되는 사람이 있을 수 있습니다. 예를 들면 불국사에 있는 스님들이나 인도에 있는 힌두교인들은 하나님과 아무런 상관이 없다고 생각하기 쉽습니다. 그러나 그렇지 않습니다. 우리는 그들을 누가 창조하셨다고 고백합니까? 하나님입니다. 그들에게 무엇이 있다고 고백합니까? 하나님의 형상이 있다고 고백합니다. 이 땅에 하나님과 무관하게 태어난 존재가 있습니까? 하나님의 형상이 없는 사람이 있습니까? 그리스도교 신앙은 이 땅에 존재하는 생명 가운데 하나님이 창조하지 않은 것은 없다고 주장합니다. 하나님의 것 아닌 존재는 없습니다. 그들이 인지하지 못할 뿐이지 이 땅에 있는 모든 생명은 하나님과 본질적인 관계를 맺고 있는 것입니다. 무슨 관계입니까? 창조자와 피조물이라는 본질적 관계를 맺고 있습니다. 그래서 하나님은 당신의 형상대로 지음 받은 사람들이 신음하고 고통 받고 있을 때 그들을 구원해 주시는 것입니다. 비록 그들이 하나님을 알지도 못하고 하나님을 믿지도 않지만 그들을 도우시는 것입니다. 이분이 바로 우리가 믿고 있는 하나님입니다.

그런데 이런 하나님의 모습을 보면서 어떤 신앙인들은 기분이 불쾌해지기도 합니다. 사실 하나님의 백성이라고 고백은 하면서도 하나님의 마음을 닮지 못한 신앙인들이 너무도 많습니다. 구원은 나만 받아야 하고 하나님은 나의 하나님이어야만 한다는 생각을 가진 고약한 그리스도인들이 정말 많습니다. 그런데 지금으로부터 2800년 전에 아모스가 배타적 선민사상을 붙잡고 있는 이스라엘에게 이 말을 했을 때 이해할 수 있었겠습니까? 제가 볼 때 아모스의 말을 이해하는 사람은 거의 없었을 것입니다. 아모스의 말을 들으면서 "저건 이단의 주장이야"라고 말했을지도 모릅니다. 그때나 지금이나 이런 주장은 사람들의 고정관념을 깨는 것이기 때문에 언제나 환영받지 못합니다. 그러나 분명히 아셔야 합니다. 이 땅에 있는 모든 생명은 그들이 인지하지 못하고 또한 인정하지 않는다 하더라도 하나님과 창조자와 피조물이라는 본질적인 관계를 맺고 있습니다. 그렇다면 신앙인인 우리는 어떻습니까? 우리는 하나님과의 본질적 관계뿐만 아니라 또한 하나님과 언약적 관계도 맺고 있습니다. 신앙인은 하나님만을 내 인생의 주인으로 모시겠다고 언약을 맺은 자입니다. 비그리스도인은 하나님과 본질적 관계는 있지만 언약적 관계 안으로 들어오지는 않았습니다. 그럼에도 그들도 하나님과 무관한 존재가 아님을 기억하셔야 합니다.

오바댜, 요나, 미가

말씀과함께 | 예언서강의

오바댜, 요나, 미가

오바댜는 구약에 나와 있는 유일하게 한 장짜리 본문으로 에돔에 대한 심판을 예언하고 있습니다. 환란의 때를 틈타서 형제 나라인 유다를 노략했던 에돔에 대한 심판 예언이 오바댜의 주요 내용입니다. 에돔은 바벨론이 남유다를 공격할 때 바벨론 군대의 길잡이 역할을 했습니다. 형제 나라인 남유다가 멸망할 때 이방 군대의 길잡이 역할을 하고 남유다가 멸망하는 과정에서 노략질에 직접 참여하기도 했습니다. 그로 인해 에돔은 하나님의 심판을 받게 됩니다. 오바댜 1장 10절입니다.

네가 네 형제 야곱에게 행한 포학으로 말미암아 부끄러움을 당하고 영원히 멸절되리라.

형제에게 행한 포학에 대해서 하나님의 심판이 선포되고 있습니다. 형제의 고난에 수수방관한 죄 또는 형제의 고난을 즐기면서 억압하는 죄에 대한 질타가 계속해서 등장합니다. 오늘날 대한민국 사회는 어떤 가요? 누군가 이런 이야기를 합니다. 대한민국 사회가 무한 경쟁 사회이다 보니까 다른 사람이 쓰러지는 것에 대해 마음 아파하고 애통하기 보다는 경쟁자 하나가 사라지게 된 것에 대해서 안도감을 느끼는 자신을 보고 탄식하게 되었다고 합니다. 이것이 사실이라면 정상이 아닙니다. 정말 잘못된 것 아닙니까? 그런 의미에서 오늘 한국 사회는 오바댜의 말씀을 깊이 새겨들어야 합니다. 세계에서 유일한 분단국가인 대한민국에 살면서 우리의 형제 국가인 북한에 대해서 우리가 어떤 입장을 견지해야 할 것인가를 성찰하도록 하는 본문이 오바댜입니다. 만약 오바댜에 나오는 말씀처럼 대한민국에 사는 신앙인들에게 북한의 형제자매들이 배고픔과 고통 가운데 있을 때 너희는 무엇을 했느냐고 묻는다면 우리가 하나님 앞에서 어떤 이야기를 할 수 있겠습니까?

오바댜의 말씀은 우리의 현실과 매우 밀접한 연관이 있는 말씀입니다. 남북이 분단된 이후 체제 경쟁에서 승리하기 위해서 상대방을 악마시하고 타도의 대상으로 규정하고 대했던 적이 얼마나 많았습니까? 지금도 형제인 북한을 벼랑 끝으로 몰아붙이고 있지는 않습니까? 그리스도교 신앙을 가진 사람들이 이런 행보에 더욱 앞장서고 있다는 것이 참 서글픈 일입니다. 창세기는 족보 이야기를 통하여 지금 갈등하고 있는 민족들이 아담이라는 한 사람을 통해 나오게 된 형제임을 강조합니다. 이것이 성경에 족보가 기술된 중요한 이유입니다. 그런 의미에서 내가 하나님 앞에 어떻게 살아가는가 하는 것도 굉장히 중요하지만 형제에 대해서 어떤 자세와 태도로 사느냐 하는 것도 하나님이 주목하시는 중요한 모습임을 기억하시면 좋겠습니다.

다음으로 요나를 보겠습니다. 요나는 매우 특이한 예언서입니다. 먼저 이스라엘 백성들의 배타적 선민사상을 비판하는 예언서가 요나입니다. 일반적으로 예언자들이 사회 경제적인 죄악들을 많이 질타하는데 반해 요나는 이스라엘 백성들이 가지고 있던 배타적인 선민사상을 질타하고 있습니다. 이스라엘이 하나님으로부터 선민으로 부름 받은 것은 맞습니다. 하나님이 이스라엘을 선민으로 부르실 때 하나님은 이스라엘만 선택하고 사랑하기 위해 부르신 것이 아닙니다. 만민을 위한 선민으로 이스라엘이 부름 받았습니다. 그런데 이스라엘은 어떤 착각을 했습니까? 자신들은 하나님의 구원과 은혜를 받는 백성들이고 나머지 백성들은 하나님의 심판과 저주의 대상이라고 착각했습니다. 이것을 배타적 선민사상이라고 합니다. 이 배타적 선민사상을 비판하는 예언서가 바로 요나입니다. 요나의 또 하나의 특징은 다른 예언서와 달리 예언자의 메시지가 아니라 예언자 자신에게 초점을 맞추고 있다는 것입니다. 이것이 매우 특이한 점입니다. 대부분의 예언서를 보면 예언자가 선포하는 말씀이 중요하게 부각됩니다. 그런데 요나서에는 예언자 요나가 선포하는 말씀은 거의 등장하지 않습니다. 요나서는 요나라는 인물이 보여주는 태도와 반응이 아주 중요합니다. 즉 예언자의 메시지가 아니라 예언자에게 초점을 맞춘 본문인 것입니다. 예언자 요나의 삶의 태도가 하나님께서 그의 백성에게 주시고자 하는 메시지의 핵심임을 알 수 있습니다.

그런데 이스라엘 공동체의 배타적 선민사상을 비판하는 이야기에서 주인공을 요나로 설정한 이유가 무엇일까요? 요나는 허구의 인물이 아닙니다. 열왕기하 14장 25절입니다.

이스라엘의 하나님 여호와께서 그의 종 가드헤벨 아밋대의 아들 선지자 요나를 통하여 하신 말씀과 같이 여로보암이 이스라엘 영토를 회복하되 하맛 어귀에서부터 아라바 바다까지 하였으니.

여기에 나오는 것처럼 요나는 여로보암 2세 때 활동했던 예언자입니다. 요나가 무엇을 예언했습니까? 북이스라엘의 영토 확장을 예언했습니다. 그리고 그 예언이 성취가 됩니다. 예언을 했는데 그 예언이 성취가 되었다면 그는 참 예언자로 인정을 받게 됩니다. 북이스라엘 공동체 안에서 참 예언자로 존경과 사랑을 받은 인물이 요나입니다. 여로보암 2세가 어떤 왕입니까? 그는 북이스라엘의 마지막 전성기를 이끈 왕이었지만 신앙적인 면에서는 존경할 만한 모습이 전혀 없는 왕입니다. 그는 야웨 신앙 대신 이방의 우상 숭배에 몰두했던 왕이었습니다. 그래서 여로보암 2세 때 많은 예언자들이 여로보암 2세와 북이스라엘의 죄악을 책망하며 야웨 신앙으로 돌아올 것을 권고했습니다. 대표적인 예언자가 아모스와 호세아입니다. 아모스와 호세아는 여로보암 2세 때 북이스라엘의 빈부의 양극화, 즉 힘 있는 자들이 가난한 자들을 억압하고 착취하는 것에 대해 하나님의 심판을 경고했습니다. 그런데 요나는 이런 상황에서 무엇을 예언했습니까? 북이스라엘의 영토가 확장될 것을 예언했습니다. 그 예언이 성취됨으로 인해 북이스라엘이 가장 사랑했던 국민 예언자가 된 것입니다. 요나는 북이스라엘의 국민 예언자였습니다. 요나가 북이스라엘 백성들로부터 사랑 받은 국민 예언자가 된 이유는 그가 선포한 메시지가 북이스라엘 백 성들의 심기를 건드리지 않았기 때문입니다. 북이스라엘 백성들이 너 무나 기뻐할 만한 메시지를 선포했고 또 그것이 성취가 되었습니다. 북이스라엘의 입장에서 요나가 얼마나 사랑스러웠겠습니까? 모든 국 민들로부터 사랑 받고 존경 받는 예언자가 되었습니다. 반대로 동시대 예언자인 아모스와 호세아는 북이스라엘의 배교와 사회악으로 인한 하나님의 심판을 선포했습니다.

요나서를 보면 요나가 니느웨 백성들에게 심판을 경고했는데 니느 웨 백성들이 회개하고 그들의 회개로 인해 하나님의 심판이 유보됩니 다. 하나님의 심판이 유보되는 것을 보면서 요나는 하나님께 화를 내 고 분노를 표합니다. 이것이 요나 4장에 나옵니다. 요나가 보인 이런 모습은 마태복음 20장에서 주인의 자비에 대해서 분개하는 품꾼과 아 주 비슷합니다. 마태복음 20장에서 품꾼은 주인의 무한 자비하심에 대해서 분노를 표합니다. 이런 모습을 또 어디에서 볼 수 있습니까? 누 가복음 15장에 나오는 큰 아들에게서도 볼 수 있습니다. 탕자인 동생 이 집으로 돌아왔을 때 아버지는 따끔하게 혼을 내고 집안에 한 발짝 도 들어오지 못하도록 막으셔야 하는데도 아버지는 도리어 돌아온 둘 째 아들을 위해 잔치를 베풀고 귀한 옷을 입힙니다. 그러한 모습을 보 고 첫째 아들은 너무나 짜증이 나고 화가 치밀어 올랐습니다. 아버지 의 무한 자비하심에 상처를 입은 것입니다. 성경을 보면 하나님은 우 리가 상상하는 것보다 훨씬 더 자비로우십니다. 그래서 오랜 세월 동 안 하나님과 신실하게 관계를 맺어 왔던 사람들이 마지막 때에 하나님의 무한 자비하심 때문에 화를 냅니다. 어떻게 보면 이 땅에서부터 신앙인들이 마음의 준비를 하셔야 되는 것이 있습니다. 하나님 나라에 들어갔을 때 저 사람은 당연히 없겠지 하고 생각했던 사람이 거기에 있을 수 있을 확률이 아주 높습니다. 왜냐하면 하나님의 무한 자비하심 때문입니다. 신앙인들은 자신에게는 하나님의 자비하심이, 다른 사람에게는 하나님의 공의로움이 임하기를 바라는데 우리 하나님은 그렇게 하지 않으십니다. 우리에게 대하시는 자비하심을 다른 사람에게도 그대로 시행하십니다. 그래서 이 땅에서부터 "저 사람도 하나님 나라에 올지 몰라"라고 미리 예상해야 합니다.

몇 년 전 ○○교회에서 강의를 마치고 안수 집사 부부와 함께 식사하는데 부인 권사께서 자기 남편은 신앙심이 없는데 이런 사람도 천국에 갈 수 있느냐고 물으셨습니다. 그래서 제가 "남편 집사님도 천국에 가지 않을까요"라고 대답했더니 부인께서 "남편이 그곳에 있으면 그곳은 지옥 아니에요"라고 하시더라고요. 남편이 없으면 천국이고 남편이 있으면 지옥이라는 그 말이 지금도 생각납니다. 다시 한 번 말씀드리지만 미리 마음의 준비를 해야 합니다. 우리가 생각할 때 "저 사람이 그곳에 있으면 나는 천국에 안 갈래"하고 생각했던 사람이 한 명씩 천국에 있을 수 있습니다. 반대도 마찬가지입니다. 어떤 사람에게는 나라는 존재가 그런 대상일 수 있다는 것을 기억하셔야 합니다. 어떻게 보면 하나님의 무한 자비하심 때문에 우리 모두가 구원 받게 되는 것입니다.

○○○교회 갱신 교인들이 ○○○ 목사도 천국에 가는지를 자주 물

었습니다. "아마도 갈 수 있지 않을까요"라고 대답했더니 ○○○ 목사가 그곳에 있으면 천국에 가고 싶지 않다고 하시더라고요. 그래서 그런 생각은 너무 바보 같은 생각이라고 말씀드렸습니다. ○○○ 목사가 거기에 있다고 해서 그 귀한 천국을 포기한단 말입니까? 너무 어리석은 선택입니다. 하나님의 무한 자비하심 때문에 나 자신도 구원을 받을 수 있는 것입니다. '나'라는 존재가 ○○○ 목사에 비해서 어떤 면에서는 더 나을지 모르지만 삶의 총체적인 면에서는 내가 ○○○ 목사보다 더 낫다고 어떻게 자신할 수 있습니까? 하나님의 공의로운 판단 앞에서도 우리가 그렇게 자신만만할 수 있는 존재인가요?

동성애를 반대하는 집회에 많은 그리스도인들이 동참합니다. 목청껏 동성애자들을 향해 '회개하라'고 외칩니다. 그런 모습을 볼 때마다 이 땅에 많고 많은 죄 가운데 왜 하필 동성애에 대해서만 이토록 목청을 높이는가에 대해 생각해 보게 됩니다. 그 이유는 간단합니다. 그리스도인들이 자신 있게 정죄할 수 있는 유일한 죄가 동성애이기 때문입니다. 동성애라는 죄는 자신들이 지금까지 한 번도 지어보지 않은 죄이고 앞으로 죽을 때까지 짓지 않을 죄입니다. 그래서 동성애를 정죄하는 자리에서는 자신만만함이 있습니다. 그러면 동성애가 인간이 저지를 수 있는 죄 중에 최고의 죄입니까? 이기심과 탐욕, 정직하지 못함, 진실하지 못함, 정의롭지 못함 등 얼마나 많은 죄악들이 있습니까? 그런데 왜 그런 죄에 대해서는 목청껏 회개를 촉구하지 못합니까? 자기 스스로가 그 죄의 당사자이기 때문입니다. 신앙인들이 세상을 향해 정직하라고 외치면 세상이 뭐라고 답할까요? "너나 잘 하세요"라고 할 것입니다. 오늘날 한국 교회에서 개혁적 목회자라는 이미지를 얻기에 가장 좋은 것이 목회 세습 반대입니다. 그런데 저는 목회 세습보다 더 심각한 목회적 죄악들이 많다고 생각합니다. 목회 세습을 반대하는 것도 나름은 의미가 있기에 그런 운동을 하시는 분들을 마음속으로 지지하고 응원합니다. 그런데 재미있는 것이 목회 세습을 반대하는 현장에 열심히 참여하시는 분들은 아들이 없는 경우가 많습니다. 자신이 목회 세습할 가능성이 거의 없는 목사일수록 목회 세습에 대해 더욱 단호한 행동을 취한다는 것입니다. 그것보다 더 심각한 문제에 대해서는 자신도 해당되기에 다른 문제를 들추어내는 것은 결코 쉽지 않은 것입니다. 선한 일을 하는 듯 보이는 그 순간에도 악함이 언제든지 발동될 수 있음을 기억하셔야 합니다.

제가 드리고 싶은 말씀은 하나님의 무한 자비하심 때문에 나 자신도 구원 받는 것인데 다른 사람에게 하나님의 무한 자비하심이 임하는 것에 대해서는 너무나 싫어한다는 것입니다. 나에게 임한 무한 자비하심은 은혜라고 생각하면서 다른 사람에게는 오직 하나님의 공의의 잣대만 작용하기를 바라는 못된 심보가 있습니다. 저는 이것이 한국 교회가 만든 괴물이라고 생각합니다. 그렇게 오랜 세월 신앙생활을 했음에도 불구하고 하나님의 무한 자비하심을 닮지를 못했습니다. 나에게서 구원의 번호표가 끝나기를 바라는 못된 마음은 도대체 어디에서 생겨난 것인가요? 저는 하나님을 믿지 않았다 하더라도 전쟁 중에 죽임 당한 사람들이 구원 받기를 바라고 장애로 고생했던 분들도 구원받기를 바랍니다. 저는 정말 간절한 마음으로 그렇게 기도드립니다. 그리고 아들 셋 키우는 엄마들은 무조건 구원해주시기를 기도합니다. 아들 셋 키운 엄마들은 이 땅에서 이미 지옥을 경험했기 때문에 하나님의 특별하신 위로가 필요합니다. 물론 제 기도대로 된다는 보장은 없지만 그렇게 기도드립니다. 우리가 기억해야 할 것은 하나님은 우리가 생각하는 것보다 훨씬 더 자비로우신 분입니다. 그 자비로 인해 우리도 구원을 받는 것입니다. 그 하나님의 자비로우심이 나에게 임하는 것에 대해서는 너무나 감사를 표합니다. 그런데 다른 사람에게 임하는 것은 용납하기 어려워합니다. 오랜 세월 하나님을 믿는다고 하면서도 하나님의 무한 자비하심을 닮지 못한 것입니다. 신앙은 하나님의 무한 자비하심을 기뻐할 만큼 그 마음의 폭을 넓혀 가는 과정이라고 생각합니다. 제가 볼 때 이것을 우리가 뛰어 넘지 못하면 배타적 선민사상에 빠졌던 이스라엘의 실패를 재현하게 될 가능성이 높습니다. 배타적 선민사상의 모델로 나오는 인물이 바로 요나입니다.

요나 1장 5절입니다.

사공들이 두려워하여 각각 자기의 신을 부르고 또 배를 가볍게 하려고 그 가운데 물건들을 바다에 던지니라 그러나 요나는 배 밑층에 내려가서 누워 깊이 잠이 든지라.

요나 때문에 엄청난 폭풍이 일어나고 있는데 정작 이 폭풍을 일으킨 장본인 요나는 배 밑에 내려가서 편안하게 잠을 자고 있습니다. 자신으로 인해 발생한 문제임에도 불구하고 공동체나 민족의 고난에 대해 너무나 둔감합니다. 저는 오늘 한국 교회의 불순종으로 인해 이 땅에 많은 문제가 발생하고 있다고 봅니다. 그런데 교회는 자신들의 잘못을 전혀 인식하지 못합니다. 자신들의 죄악으로 말미암아 이 땅은 점점 황폐해지고 있는데도 마치 아무 일 없다는 듯 행복한 얼굴로 예배당에 모여서 '내게 강 같은 평화'를 부르고 있습니다. 요나의 불순종 때문에 거대한 폭풍이 일어나 너무나 많은 사람들이 폭풍의 위협으로부터 살아남기 위해 발버둥 치고 있는데 정작 문제를 일으킨 요나는 아무것도 모르는 사람처럼 배 밑에 내려가서 너무도 편안하게 잠을 자고 있는 모습과 너무도 많이 닮아 있지 않습니까?

요나 1장 13절입니다.

그러나 그 사람들이 힘써 노를 저어 배를 육지로 돌리고자 하다가 바다가 그들을 향하여 점점 더 흉용하므로 능히 못한지라.

요나에는 우리의 기대와는 전혀 다른 두 가지 양상이 나옵니다. 하나는 하나님의 말씀에 철저하게 순종할 것 같은 예언자 요나는 하나님께 불순종하고 하나님께 저항할 것 같은 니느웨 사람들은 하나님의 말씀을 듣고 즉각적인 회개를 합니다. 우리의 일반적인 기대와는 반대의 모습입니다. 다른 하나는 하나님의 백성으로 하나님의 자비하심을 닮아 뭇 생명에 대한 측은함이 가득할 것 같은 요나는 뭇 생명의 죽음에 대해 무심한 반면 이방 선원들은 공동체를 위기로 몰아넣은 요나 한 사람을 끝까지 살려내기 위해 최선을 다하는 모습입니다. 이것도 우리가 기대하고 생각했던 모습과는 반대의 모습입니다. 요나는 이스라엘의 배타적 선민사상을 비판하는 예언서이고 주인공 요나는 이스라엘을 대표하는 인물입니다. 요나 안에는 하나님을 믿는다고 말하는 신앙인보다 그렇지 않은 불신자들이 더 나은 존재임을 폭로하는 두 가지 내용이 나옵니다. 하나님께 철저하게 순종할 것 같은 요나는 끊임없이 하나님의 지시를 거부하고 다른 길로 도망치려고 하고 하나님 앞에서 절대로 회개하지 않을 것 같은 니느웨 사람들은 예언자의 경고를 듣고 사람뿐만 아니라 짐승까지도 즉각적으로 회개하는 모습을 보여줍니다. 누구보다 뭇 생명을 살리기 위해 최선을 다할 것 같은 하나님의 사람은 사람들이 죽는 것에 대해 별 관심이 없습니다. 니느웨 백성들이 회개함으로 하나님의 극적인 구원을 받게 된 것에 대해 그다지 기뻐하지 않습니다. 그런데 이방 선원들은 요나 때문에 이 모든 일이 벌어졌다는 것을 알고도 요나를 바다에 쉽게 던지지 못합니다. 생명을 살리고자 마지막까지 애를 씁니다. 하나님을 믿지 않는 사람들이 하나님을 믿는 사람보다 더 나은 모습을 요나는 계속적으로 보여주고 있습니다.

요나 4장 1절을 보면 니느웨 사람들이 회개하고 하나님의 구원을 받게 되었을 때 요나가 매우 싫어하며 화를 냅니다. 요나에는 배타적 선민사상, 특권 의식, 국수주의자로서의 선교사 모델이 나타납니다. 이방인의 구원에 대해서 너무나 무관심하고 이방인을 구원하시는 하나님에 대해서는 불만을 쏟아냅니다. 그렇다면 요나는 니느웨에 왜 간 것일까요? 그는 니느웨의 심판을 선언하러 간 것입니다. 그리고 어떻게 하나님의 심판이 임하는가에 대해 자신의 눈으로 목격하고 싶었습니다. 그것이 요나의 관심사입니다. 그런데 자신도 예상하지 못했던 니느웨 사람들의 집단 회개가 있었고 그 회개의 결과 하나님께서 니느웨 사람들을 용서해 주셨습니다. 이때부터 요나는 하나님에 대해 화를 냅니다. 이처럼 하나님의 은혜를 독점하고자 하는 자에게는 하나님의 자비하심이 실족거리가 되는 것입니다. 요나 4장 2절입니다.

여호와께 기도하여 이르되 여호와여 내가 고국에 있을 때에 이러하겠다고 말씀하지 아니하였나이까 그러므로 내가 빨리 다시스로 도망하였사오니 주께서는 은혜로우시며 자비로우시며 노하기를 더디하시며 인애가 크시사 뜻을 돌이켜 재앙을 내리지 아니하시는 하나님이신 줄을 내가 알았음이니이다.

이것이 바로 예언의 본질입니다. 예언과 묵시의 가장 중요한 차이는 예언은 청중의 반응 여하에 따라 얼마든지 변경 가능한 메시지라는 것입니다. 이 예언의 본질을 요나는 너무도 잘 알고 있었습니다. 요나는 하나님께서 니느웨로 가서 심판을 경고하라고 하실 때 니느웨 사람들을 심판하고 싶어 하지 않으시는 하나님의 마음을 읽은 것입니다. 니느웨 사람들을 심판하길 원하신다면 예언자를 보내실 이유가 없는 것입니다. 하나님이 작정하신 시간 계획표에 따라 시간을 카운트하고 디데이(D-day)에 심판을 시행하면 되는 것입니다. 하나님께서는 요나에게 "니느웨로 가서 니느웨 사람들에게 심판을 경고하라"고 말씀하셨습니다. 이때 요나는 무엇을 알아차린 것입니까? 니느웨 사람들을 심판하고 싶지 않으시는 하나님의 마음을 간파한 것입니다. 요나는 니느웨 사람들이 구원 받는 것을 원하지 않았습니다. 그래서 니느웨로 가서 심판을 경고하지 않았던 것입니다. 만에 하나 니느웨 사람들이 심판의 경고를 듣고서 돌이키면 어떻게 합니까? 그래서 하나님이 그들을 용서해 주시면 어떻게 합니까? 그래서 요나는 니느웨로 가고 싶지 않았습니다. 어떻게 보면 요나는 예언의 본질을 정확하게 알고 있던 예언자라고 할 수 있습니다.

마지막으로 미가를 보겠습니다. 호세아부터 말라기까지 12권이 한 권의 책으로 이것을 소예언서라고 부르는데 그 가운데 있는 본문이 미가입니다. 한 권의 책이 있다고 할 때 가장 가운데 있는 것이 그 책이 말하고자 하는 핵심으로 간주됩니다. 호세아부터 말라기까지 12권 가운데 가장 중요한 본문이 미가임을 알 수 있습니다. 미가는 모레셋이라는 시골 지역의 장로로 지방의 관점에서 당대를 해석했습니다. 미가에서 가장 중요한 말씀은 1장 5절입니다.

이는 다 야곱의 허물로 말미암음이요 이스라엘 족속의 죄로 말미암음이라 야곱의 허물이 무엇이냐 사마리아가 아니냐 유다의 산당이 무엇이냐 예루살렘이 아니냐.

여기 '산당'이라는 단어에 각주가 있습니다. 각주를 보면 "다른 역본에는 죄"라고 되어 있습니다. 유다의 죄가 바로 예루살렘이라는 것입니다. 이 말이 무슨 뜻입니까? 예루살렘이 죄악의 본부라는 것입니다. 이것은 당시 남유다 백성들이 가지고 있던 인식과 너무나 다른 것입니다. 당시 남유다 백성들은 남유다 땅 가운데 어디를 가장 거룩한 곳이라고 생각했을까요? 당연히 예루살렘입니다. 예루살렘은 어떤 곳입니까? 거룩한 도시입니다. 그런데 미가는 예루살렘을 죄악의 본부라고 말하고 있습니다. 이 말이 당시 사람들에게 들리기나 했을까요? 한국 교회에 많은 문제가 있다는 것을 알고 있다고 하더라도 어떤 사람이 "오늘날 대한민국에서 죄악의 본부가 교회입니다"라고 말한다면 교인들은 굉장히 기분 나빠할 것입니다. 비록 한국 교회에 많은 문제가 있다는 것을 알고는 있지만 교회가 대한민국 사회를 망가뜨리는 죄악의 주범, 죄악의 본부라는 말은 너무도 지나친 비약입니다. 그런데 미가가 그런 이야기를 한 것입니다. 그것도 남유다 백성들에게 한 것이니 미가가 당시 사람들에게 얼마나 미움을 받았겠습니까. 그 당시 예루살렘을 죄악의 본부라고 생각한 사람은 아무도 없었습니다. 예루살렘은 거룩의 대명사이고 하나님이 계신 곳으로 평생에 한 번은 꼭 가보고 싶은 곳이 아니었겠습니까. 누가 예루살렘을 죄악의 본부라고 생각했겠습니까. 그런데 미가는 예루살렘이 죄악의 본부라는 것을 알았습니다. 이것을 인식론적 특권이라고 말합니다. 미가는 지방의 장로로 지방의 관점으로 예루살렘을 바라보았습니다. 예루살렘이 온갖 부정과 부패와 죄악이 창조되고 운영되는 곳이라는 것을 미가는 깨달았습니다. 마치 누구와 같습니까? 예레미야와 비슷합니다. 예레미야는 아나돗이라는 지방 성소의 제사장이었습니다. 예레미야는 무엇을 보았습니까? 예루살렘 성전이 하나님에 대한 경외가 전혀 없는 강도의 소굴이라는 것을 간파했습니다. 미가 시대 가장 큰 문제가 무엇이었을까요? 미가 3장 5절에 그 해답이 있습니다.

내 백성을 유혹하는 선지자들은 이에 물 것이 있으면 평강을 외치나 그 입에 무엇을 채워 주지 아니하는 자에게는 전쟁을 준비하는도다 이런 선지자에 대하여 여호와께서 이르시되.

이 말이 무슨 뜻입니까? 소위 선지자라는 사람들이 자신들에게 무엇을 제공해주는 자에게는 샬롬을 외치며 그들이 듣고 싶은 메시지를 선포해 줍니다. 그런데 자신들이 원하는 대우를 해주지 않으면 비난과 저주를 퍼붓고 심판을 경고합니다. 미가 3장 11절입니다.

그들의 우두머리들은 뇌물을 위하여 재판하며 그들의 제사장은 삯을 위하여 교훈하며 그들의 선지자는 돈을 위하여 점을 치면서도 여호와를 의뢰하여 이르기를 여호와께서 우리 중에 계시지 아니하냐 재앙이 우리에게 임하지 아니하리라 하는도다.

가장 정의로워야 하는 우두머리는 뇌물을 통해 굽은 판결을 내리고 제사장들과 선지자들은 돈을 위해 사역하고 있습니다. 그들이 사역하는 가장 중요한 동기가 돈이었던 것입니다. 그렇게 되면 자연스럽게 자신들에게 많은 돈을 제공해주는 사람들의 편이 되어 목회할 수밖에 없습니다. 이것이 미가 당시 남유다의 가장 심각한 문제였습니다. 저는 교회 공동체가 목회자에게 생활에 필요한 재정적인 필요를 채워주는 것이 중요하다고 봅니다. 그런데 지나친 물질 제공은 예언자를 타락하게 만드는 주요 원인이 되기도 합니다.

2005년경 필리핀에서 일어났던 김○○ 선교사 사건을 아십니까? 언론에도 여러 차례 보도가 되었습니다. 마닐라 도심에서 우리로 말하면 국정원 직원과 경찰관이 총격전을 벌였습니다. 한쪽은 선교사를 잡으려고 하고 다른 한쪽은 보호하려고 한 것입니다. 총격전 중에 이분이 한국으로 도망쳤습니다. 필리핀 경찰이 왜 선교사를 잡으려고 했을까요? 이분이 미성년 여자 아이들을 성추행했기 때문입니다. 필리핀은 가톨릭 국가로 미성년 여학생을 성추행하면 최고 무기징역까지 받을 수 있다고 합니다. 그래서 한국으로 도망쳐 온 것입니다.

김○○ 선교사는 예장통합에서 파송한 선교사입니다. 그래서 교단에서 필리핀으로 진상 조사단을 보냈습니다. 조사단이 약 한 달간 조사하고 돌아왔는데 정말 놀라운 사실들을 발견하게 되었다고 합니다. 너무 부끄러워서 다 말씀드리지 못하고 한두 가지만 말씀드리겠습니다. 그동안 후원을 받았던 통장을 조사해 보니까 매월 약 2천만 원 정도 받았다고 합니다. 선교사를 파송한 교회가 경남의 ○○교회였는데 그 교회에서 매달 180만 원을 선교비로 보냈고 나머지 1820만원은 개미 후원이었습니다. 교인들이 1만원, 3만원, 5만원, 10만원을 후원하면서 우리 선교사님이 이 돈으로 어떻게 생활하실까 걱정하면서 후원했던 것입니다. 그런데 후원하는 사람들은 선교사가 한 달에 어느 정도를 후원받는지 모릅니다. 선교사님들 가운데 정직하게 재정 보고 하는 분들이 많지 않습니다. 후원자들은 대부분 자신이 보낸 작은 금액이 선교사님의 선교 사역에 보탬이 되었으면 하는 마음으로 보냈을 것입니다. 후원을 하면서도 더 많은 금액을 후원하지 못한 것에 대해 미안한 마음이 가득했을 것입니다. 그런데 매월 2천만 원 정도의 후원을 받은 것입니다. 이 금액이면 필리핀에서는 재벌처럼 살 수 있습니다. 후원금으로 일주일에 2~3번씩 골프 치러 다니고 섹스 숍을 다녔습니다. 처음에는 김○○ 선교사에 대해 조사를 하러 간 것인데 다른 선교사들이 진술을 하지 않는 것입니다. 나중에 보니 다른 선교사들도 여기에 동참했다는 것을 알게 되었습니다.

그 당시 여자 선교사님이 한분 계셨는데 이분이 모든 내용을 폭로했고 방송을 통해 알려졌습니다. 당시 시사 프로에서 이 사건을 다루면서 마지막에 필리핀 선교를 40년 넘게 하신 선교사 한 분이 이런 말씀을 하셨습니다. 모든 선교사들이 처음에 필리핀에 올 때는 순수한 마음과 선교에 대한 열정 하나를 가지고 오신다는 것입니다. 그런데 선교 후원금이 몰려오면서 선교사들이 정신을 차리지 못한다는 것입니다. 그 말이 지금도 기억에 남습니다. 저는 이런 문제가 반복되지 않기 위해서라도 선교사들이 지난달에 얼마를 후원 받았고 얼마를 지출했는지에 대한 정직한 재정 보고가 필요하다고 생각합니다. 후원을 요구하는 편지만 쓰지 말고 정직한 재정 보고가 있어야 합니다. 이것이 안 되면 정말 순수한 마음으로 선교하러 갔다가 밀려드는 돈의 유혹 앞에서 이전에 돈이 없어서 하지 못했던 많은 것들에 마음과 몸이 무너질 수 있습니다.

미가는 예루살렘 파괴를 최초로 예언한 예언자였습니다. 미가 3장 12절입니다.

이러므로 너희로 말미암아 시온은 갈아엎은 밭이 되고 예루살렘은 무더기가 되고 성전의 산은 수풀의 높은 곳이 되리라.

이때가 주전 8세기 말입니다. 주전 8세기 말에 미가는 당시 남유다 백성들이 붙잡고 있던 시온 신학, 성전 신학, 왕정 신학을 모두 부인했습니다. 당시 남유다 백성들에게 환영받기 어려운 길을 그는 걸었습니다. 미가 2장 6절입니다.

그들이 말하기를 너희는 예언하지 말라 이것은 예언할 것이 아니거늘 욕하는 말을 그치지 아니한다 하는도다.

이 말의 의미를 잘 보셔야 합니다. 미가가 무엇인가 예언하려고 하면 사람들은 미가에게 이렇게 말합니다. "야, 그만 좀 해, 그것은 예언할 주제가 아니지"라고 하는 것입니다. 이것은 예언할 것이 아니라는 말은 미가가 하는 말이 신앙의 영역 바깥에 있는 문제라는 것입니다. 오늘날로 말하면 목회자가 정치적 사안, 경제적 이슈에 대해서 말할 때 "왜 그것을 목사인 당신이 말하는 거예요"라고 문제 제기하는 것과 같습니다. 목사는 성경 이야기만 하고 교회 이야기만 해야 하는데 목사가 말할 수 있는 영역을 벗어났다고 훈계하는 것입니다. 불의한 권력자들이 죄악을 범하는데 담대할 수 있었던 이유가 바로 그들이 신앙의 영역을 너무나 협소하게 이해하고 있었기 때문입니다. 신앙의 영역이라고 하는 것을 지극히 성소 중심, 종교 의식 중심으로 제한시키는 것입니다. 이런 것이 삶과 분리된 신앙의 전형적인 모습입니다. 타락한 종교인일수록 종교 의식에 열심 있는 참여를 강조합니다. 하나님이 원하시는 신앙을 교회에서 예배드리고 열심히 기도하고 힘을 다해 전도하는 것으로 축소시켜 버립니다. 신앙의 영역을 지극히 종교 의식 중심으로, 교회 공간 중심으로 제한시켜 놓습니다. 그리고 그 외의 모든 일을 세속의 일로 규정합니다. 이것이 과연 올바른 주장입니까?

예수님이 제자들에게 무엇을 기도하라고 하셨습니까? "뜻이 하늘에서 이뤄진 것 같이 땅에서도 이루어지기를" 기도하라고 하셨습니다. 이 땅의 정치, 경제, 사회, 문화, 사법, 언론 모든 곳에서 하나님의 뜻이 온전히 이뤄지는 것을 소망하는 것이 그리스도교 신앙입니다. 교회에서만 하나님의 뜻이 이뤄져야 합니까? 그렇지 않습니다. 그런데 소위 타락한 종교인일수록 자기가 하고 있는 그것만이 신앙의 영역인 것처럼 강조합니다. 하나님은 교회에만 관심을 갖고 계시고 신앙인은 가급적 세상과 거리를 두어야 하는 것처럼 말합니다. 이것은 옳지 않습니다. 미가가 목숨을 걸고 아무리 예언해도 사람들이 미가의 말에 콧방귀를 꼈던 이유는 미가의 말을 신앙의 말이 아닌 것처럼 규정했기 때문입니다.

미가 3장 8절입니다.

오직 나는 여호와의 영으로 말미암아 능력과 정의와 용기로 충만해져서 야곱의 허물과 이스라엘의 죄를 그들에게 보이리라.

여호와의 영으로 말미암아 무엇이 충만해졌습니까? '능력', '정의', '용기'입니다. 정말 성령 충만한 사람은 능력의 사람이고 정의의 사람이고 용기의 사람입니다. 여기에 특별히 용기가 등장하고 있습니다. 예언자는 악인들의 죄를 담대히 밝히는 사람입니다. 죄인들을 책망하는 사람입니다. 그런데 악인들이 대부분 사회적 강자입니다. 그들의 죄를 책망하는 순간 쥐도 새도 모르게 보복당할 가능성이 아주 높습니다. 그래서 생존을 위해서 하나님이 주신 말씀을 담대하게 선포하기가 너무 어려운 것입니다. 이때 성령께서 예언자를 도와주십니다. 하나님의 영으로 인해 용기 충만해지도록 하십니다. 그래서 강자들을 향해 담대하게 그들의 죄를 책망할 수 있게 되는 것입니다.

마지막으로 미가 6장 6~8절입니다.

내가 무엇을 가지고 여호와 앞에 나아가며 높으신 하나님께 경배할까 내가 번제물로 일 년 된 송아지를 가지고 그 앞에 나아갈까 여호와께서 천천의 숫양이나 만만의 강물 같은 기름을 기뻐하실까 내 허물을 위하여 내 맏아들을, 내 영혼의 죄로 말미암아 내 몸의 열매를 드릴까 사람아 주께서 선한 것이 무엇임을 네게 보이셨나니 여호와께서 네게 구하시는 것은 오직 정의를 행하며 인자를 사랑하며 겸손하게 네 하나님과 함께 행하는 것이 아니냐.

여기 6절과 7절에 나오는 것들은 당시 사람들이 생각했던 가장 귀한 제물들입니다. 그런데 하나님이 진정으로 원하시는 것은 8절에 나옵니다. "사람아 주께서 선한 것이 무엇임을 네게 보이셨나니 여호와께서 네게 구하시는 것은 오직 정의를 행하며 인자를 사랑하며 겸손하게 네 하나님과 함께 행하는 것이 아니냐." 주전 8세기에 사역했던 네 명의 예언자들이 있습니다. 아모스, 호세아, 이사야, 미가입니다. 아모스는 주전 760년경, 호세아는 주전 750년경, 이사야는 주전 738년경, 미가는 주전 710년경에 사역했습니다. 사역한 순서대로 하면 아모스, 호세아, 이사야, 미가입니다. 미가는 주전 8세기 가장 마지막에 사역했던 예언자로 자기보다 앞서 사역했던 예언자들의 가장 중요한 메시지를 한 문장으로 압축했습니다. 아모스에서 가장 중요한 말씀이 아모스 5장 24절입니다.

오직 정의를 물 같이, 공의를 마르지 않는 강 같이 흐르게 할지어다.

이것이 아모스에서 가장 중요한 말씀입니다. 호세아에서 가장 중요한 말씀은 6장 6절입니다.

나는 인애를 원하고 제사를 원하지 아니하며 번제보다 하나님을 아는 것을 원하노라.

여기에 나오는 '인애'는 '헤세드'입니다. 즉 변함없는 사랑을 말합니다. 이사야에서 가장 중요한 말씀은 7장 9절입니다.

에브라임의 머리는 사마리아요 사마리아의 머리는 르말리야의 아들이니라 만일 너희가 굳게 믿지 아니하면 너희는 굳게 서지 못하리라 하시니라.

하나님의 손을 꼭 잡고 하나님과 신실하게 동행할 것을 요청하는 것이 핵심입니다. 자기보다 앞서 사역했던 주전 8세기 예언자들의 중요한 메시지를 미가는 한 곳에 모았습니다. "오직 정의를 행하며"는 아모스의 강조점이고, "인자를 사랑하며"는 호세아의 강조점이고, "겸손하게 네 하나님과 함께 행하는 것, 하나님과 신실하게 동행하는 것"은 이사야의 강조점입니다. 주전 8세기 예언자들이 강조했던 것을 하나씩 뽑아서 미가 6장 8절에 모아 놓은 것입니다. 질문 받겠습니다.

Q 하나님의 자비하심이 생각보다 크시다고 하셨는데 그 말씀을 들으면서 이런 질문이 생겼습니다. 그리스도인들도 죽을병에 걸려서 육체가 아프기도 하고 우울증에 걸리시는 분들도 있습니다. 이게 그리

간단한 문제는 아니지만 우울증 때문에 자살하는 사람은 지옥에 간다고 하잖아요. 생사화복의 주관자가 하나님이시고 주권이 하나님께 있는데 그 주권에 대한 도전으로 자살을 생각합니다. 그런데 자비하신 하나님이시라면 자살자에 대해서 냉혹한 판결을 내리시는 분이 맞습니까? 목사님의 의견은 어떤가요?

🅰 제가 알고 있는 의료인들은 우울증을 명백하게 병으로 진단하고 있습니다. 우울증은 일종의 질병입니다. 만약 어떤 사람이 우울증으로 자살했다고 가정해 봅시다. 자살을 했기 때문에 하나님의 주권에 반하는 행동으로 보고서 하나님께서 그를 정죄하실까요? 저는 그렇게 생각하지 않습니다. 그것은 하나님이 보실 때도 너무나 마음 아픈 일이고 하나님이 긍휼히 여기시는 일이지 그것을 하나님께서 정죄하실 것이라고 생각하지는 않습니다. 어떤 분에게 들었는데 우리나라 목사님들 가운데 공황장애로 고통 받는 분들이 생각보다 많다고 합니다. 목사님들이 교인들과의 관계 속에서 스트레스를 얼마나 많이 받으시겠습니까? 어떤 목사님은 저에게 그런 말씀을 하셨습니다. 자다가 갑자기 창문이 닫혀 있는 것을 보면 숨이 잘 안 쉬어지고 살기 위해서 문을 열고 뛰어내려야 할 것 같은 압박감을 느낀다는 것입니다. 저는 인지적으로는 동의가 안 되지만 충분히 그럴 수 있다고 생각합니다. 제가 볼 때 사람마다 우울증의 강도가 너무 다른 것 같습니다. 누군가가 우울증이나 공황장애로 인해 너무 괴로워하다가 비참한 선택을 했다고 할 때 저는 하나님께서 긍휼히 여기시며 눈물짓고 마음 아파하실 문제이지 그것을 정죄하지는 않으실 거라고 생각합니다. 최소한 제가 알고 있는 하나님은 그럴 하나님일 것 같습니다.

Q 공의로우신 하나님에 대해 말씀하시면서 하나님을 믿을 만한 기회가 없었던 사람들에 대해 말씀하셨는데 그것이 너무 확대되다 보면 종교다원주의를 무분별하게 수용하게 되는 것은 아닐까요?

A 제가 볼 때 가장 쓸데없는 주장이 종교다원주의입니다. 종교다원주의의 핵심은 산의 정상에 올라가는 길이 다양하고 정상에 올라가면 다 똑같다는 것입니다. 그럴 듯한 주장 아닙니까? 하지만 모든 종교를 그렇게 섭렵한 사람은 세상에 아무도 없습니다. 모든 종교가 산의 정상에 올라갈 수 있다는 것을 어떻게 알 수 있습니까? 저는 다양한 종교인들이 모여서 종교다원주의적인 이야기를 하는 것 자체가 굉장히 오만한 행위라고 봅니다. 저는 제가 믿고 있는 그리스도교 신앙에 대해서 자부심이 있습니다. 그러나 대부분 목사님들이 말씀하시는 "예수 믿으면 구원이고 예수 믿지 않으면 지옥이다"라는 규정에 대해서는 문제의식을 가지고 있습니다. 제가 성경을 공부한 결과 성경은 그렇게 단순한 하나의 잣대로만 판단하지 않는다는 것을 알게 되었습니다. 저는 우리가 알지 못하는 하나님의 다양한 구원의 방식이 있을 수 있다는 가능성을 열어 놓고 있습니다. 그것이 무엇인지 저도 다 알지는 못합니다. 그런데 하나의 잣대로만 하나님이 판결하지 않으신다는 것이 구약에도 나오고 로마서에도 나옵니다. 그것이 또한 하나님의 공의로운 성품과도 일치한다고 생각합니다.

선한 사람이라고 해서 구원받는다고 생각하지 않습니다. 왜냐하면 선과 악이라는 것도 사회에 따라 판단 기준이 다를 수 있기 때문입니다. 시대에 따라서 얼마든지 다를 수 있습니다. 예를 들면 양심에 따라 산다고 하는 것도 그 사람이 속해 있는 사회와 공동체에 따라 양심에 따른 행동이 달라질 수 있습니다. 식인종 사회에서는 사람을 잡아먹는 것이 죄가 아닙니다. 양심이라고 하는 것도 교육의 결과이고 전통과 문화의 결과입니다. 우리가 생각할 때 "이 사람은 너무 선한 사람이야"라고 판단할 때 그것은 오늘날의 잣대로 그렇게 판단한 것입니다. 그런데 오늘날의 잣대가 하나님 앞에서 잘못되었다면 어떻게 되겠습니까. 그런 의미에서 선한 사람이 구원 받을 수 있다고 함부로 말할 수는 없습니다. 누가 구원 받을 수 있다고 말하는 것은 누가 지옥에 간다고 규정하는 것만큼 쉽게 할 수 있는 말이 아닙니다. 제가 드리고 싶은 말씀은 하나님께서 사람들을 판단하실 때 하나의 잣대가 아니라 최소한 성경에는 두 가지 이상의 잣대가 등장한다는 것입니다. 그리고 하나님은 우리가 상상하는 것보다 훨씬 더 공의로우실 뿐만 아니라 자비로우신 분이라는 것입니다. 이것이 제가 구원과 관련해서 가지고 있는 나름대로의 결론입니다. 저는 세례를 받았다거나 교회를 다닌다고 해서 "당신은 구원 받았습니다"라고 말하는 것도 매우 위험한 주장이라고 생각합니다. 구원에 대한 판단은 하나님만이 하실 수 있는 영역입니다. 그 어떤 인간이 누군가의 구원에 대해 함부로 판단할 수 있다는 말입니까? 하나님의 구원이 임하기를 긍휼을 구하는 것 외에 우리들이 할 수 있는 것은 없다고 봅니다.

Q 어떤 종교적 행위와 구원을 연계시키면 안 된다는 주장에 대해서는 저도 동의합니다. 그런데 구약 시대에는 그럴 수 있지만 예수 그리스도의 죽음과 부활로 말미암아 그리스도로 말미암지 않고는 하나님께 갈 수 없고 구원받을 수 없다는 진리가 분명해진 신약 시대에는

이 사실을 더욱 단단하게 붙잡아야 하는 것 아닌가요?

A 먼저 그 말씀이 나오게 된 사도행전 4장의 배경을 이해하는 것이 중요합니다. 당시에는 예루살렘 성전 체제가 구원의 통로인 것처럼 생각했던 시대였습니다. 그런데 사도행전 4장에서 사도의 주장은 그것을 부정하는 선언입니다. 저도 질문하신 그 내용을 부정하는 것은 아닙니다. 그런데 이런 문제가 있을 수 있습니다. 오늘날 대한민국 사회에서 많은 사람들이 그리스도교가 어떤 종교인지는 알고 있습니다. 우리나라 어디를 가든지 가는 곳마다 예배당이 눈에 들어옵니다. 하나님께서 그리스도의 핏 값으로 이 땅에 교회를 세우실 때 하나님께서 교회에 기대하시는 것이 무엇일까요? 그 교회가 하나님을 모르는 사람들과 하나님 사이에 매개체가 되기를 원하시는 것입니다. 교회라는 디딤돌을 통해서 사람들이 하나님을 만나기를 기대하시는 것입니다. 그런데 문제는 현실 종교로 그리스도교는 때로는 하나님과의 만남을 가능하게 만드는 매개체나 디딤돌이 아니라 하나님을 만나지 못하게 만드는 장애물이 될 수 있다는 것입니다.

실제로 대한민국 사회에서 너무나 많은 상식적인 사람들이 현실의 그리스도교와 교회 때문에 하나님에 대해서 마음 문이 닫혀 버렸습니다. 하나님이 어떤 분인가를 알기도 전에 하나님을 믿고 싶은 마음 자체가 사라져 버린 것입니다. 저는 이것이 이 땅의 교회들의 엄청난 죄라고 생각합니다. 한번 생각해 보십시오. 이후에 최후 심판대에서 하나님께서 누군가에게 "왜 너는 교회를 다니지 않았느냐, 왜 너는 예수를 믿지 않았느냐"라고 하실 때 이 땅의 교회가 하나님이 어떤 분인가를 제대로 보여주지 못하고 이 땅의 그리스도인들이 하나님의 백성됨을 제대로 보여주지 못해서 그 사람이 교회를 다니지 않았고 예수를 믿지 않았다고 한다면 하나님이 그들에 대해서 어떤 판결을 내리실까요?

성경에 나오는 그 말씀이 제대로 적용되려면 최소한 이 땅의 교회가 하나님의 지상 대리자가 되어야 합니다. 하나님이 어떤 분인가를 온전히 드러낼 수 있는 공동체가 되어야 합니다. 그런데 그렇지 않은 교회가 너무도 많습니다. 저는 그런 의미에서 오늘 대한민국에 살고 있는 비신자들에게 하나님께서 너희는 교회를 안 다녔으니까 지옥이라고 판결하실 것이라고 생각하지는 않습니다. 하나님께서 그들 각자에게 어떤 판단을 내리실지 함부로 규정할 수는 없습니다. 그런데 분명한 것은 오늘 이 시대 교회가 사람들로 하여금 하나님께 가까이 나아가도록 만드는 디딤돌이 아니라 하나님을 오해하게 만드는 장애물의 역할을 하고 있다는 것입니다. 이것은 분명한 사실입니다. 오늘날 한국 교회가 아무리 많은 예배를 드린다고 해도 이 죄를 하나님 앞에서 씻을 길이 없습니다. 정말 이 땅의 교회는 대오각성을 해야 합니다. 우리가 드리는 예배에 만족할 것이 아니라 정말 우리 교회가 하나님 나라를 제대로 드러내고 증거하고 있는지를 성찰해야 합니다. 진지한 성찰과 회개를 통해 이 땅의 교회와 신앙인들이 하나님의 백성으로서 삶이 무엇인지를 제대로 증거할 수 있어야 합니다.

Q 예언자 아모스가 최초의 문서 예언자인데요, 엘리야나 엘리사는 제자 공동체를 만들었는데 아모스나 호세아가 엘리야 공동체의 후

예라고 볼 수 있는지요. 그리고 다른 예언자들도 자신의 공동체가 있었다고 봐야 하는지요?

A 네, 맞습니다. 예언자들 모두가 소수라고 하더라도 신앙의 공동체가 있었다고 봐야 합니다. 말씀하신 것처럼 호세아가 엘리야나 엘리사의 제자일 수도 있습니다. 소수이지만 예언자의 영적 기운을 공유하고 계승하며 전수해준 신앙의 공동체가 있었다고 봅니다. 다수는 아니지만 그런 사람들이 분명히 있었을 것입니다.

나훔, 하박국, 스바냐

말씀과함께 | 예언서강의

나훔, 하박국, 스바냐

나훔, 하박국, 스바냐, 예레미야, 에스겔은 유다 패망 직전에 사역했던 예언자들입니다. 그들이 언제 예언자로 사역했는지는 알 수 없지만 요시야 시대 사역하지 않았을까 추측합니다. 왜냐하면 나훔, 하박국, 스바냐에 나오는 내용들이 예레미야, 에스겔과 유사한 측면이 있기 때문입니다. 나훔은 산헤립 때부터 앗수르 제국의 수도였던 니느웨의 몰락에 대해 예언했습니다. 산헤립은 주전 701년 왕으로 등극했습니다. 고대 근동 최초의 제국은 앗수르였는데 주전 8세기 중반부터 앗수르가 제국이 됩니다. 이때 앗수르 왕은 디글랏빌레셋 3세였습니다. 앗수르 제국에서 가장 강력했던 왕은 북이스라엘을 멸망시킨 사르곤 2세였습니다. 사르곤 2세는 주전 705년에 사망합니다. 그리고 왕이 된 사람이 산헤립입니다. 산헤립은 주전 705년부터 통치했는데 이때부터 니느웨가 앗수르 제국의 수도가 됩니다. 니느웨는 처음부터 수도가 아니었고 주전 705년 산혜립이 왕으로 등극하면서 수도를 니느웨로 옮겼습니다. 나훔은 앗수르 수도인 니느웨의 몰락을 예언했습니다. 그동안 이스라엘을 괴롭혔던 니느웨가 멸망한다는 것은 이스라엘 입장에서는 너무나도 기쁜 소식이었습니다. 왜냐하면 니느웨의 몰락은 이스라엘의 해방을 의미하는 것이고 속박으로부터의 자유를 약속하는 것이기 때문입니다. 니느웨의 멸망에 대한 예언은 이스라엘을 위로하는 말씀입니다.

그런데 니느웨의 멸망에는 또 하나의 중요한 의미가 숨겨져 있습니다. 그것이 무엇일까요? 니느웨가 하나님의 심판을 받는 이유가 무엇입니까? 가장 중요한 이유는 자기보다 연약한 사람들에 대해 살상을 많이 한 죄 때문입니다. 연약한 자들에 대해 너무나 폭력적이었습니다. 이것 때문에 니느웨가 하나님의 심판을 받았습니다. 그런데 니느웨 사람들이 보여주었던 온갖 부정적인 모습들을 지금 누가 행하고 있습니까? 이스라엘이 행하고 있다는 것입니다. 그래서 나훔은 겉으로는 니느웨의 멸망을 말하는 본문이지만 니느웨의 멸망을 말하면서 또한 니느웨와 전혀 다르지 않은 삶을 살아가고 있는 이스라엘을 간접적으로 비판하고 있는 예언서라고 할 수 있습니다. 오늘날 신앙인들은 세상이 죄악으로 가득하고 자기 밖에 모르는 이기심으로 충만하고 욕망의 지배를 받고 있다고 한탄합니다. 하지만 오늘 교회 안에 있는 신앙인들이 세상과 어떤 차별성을 가지고 있는지를 돌아봐야 합니다. 이처럼 자기 성찰을 촉구하는 본문이 나훔입니다. 니느웨라는 성이 연약한 자들에 대해 폭력적이고 그들을 학살하고 그들의 것을 강탈한 죄로 인해 하나님의 심판을 받게 되는데 과연 하나님의 백성인 이스라엘이 니느웨 백성들과 다른 삶을 살아내고 있는지를 질문하고 있습니다.

레위기를 공부할 때 레위기의 가장 중요한 주제가 뭐라고 했습니까? 거룩입니다. 레위기가 말하는 거룩이 무슨 의미였습니까? 한 시대를 지배하고 있는 주류 가치와 주류 문화에 동화되지 않는 것입니다. 즉 구별된 삶을 살아가는 것입니다. 이것이 레위기가 말하는 거룩한 삶입니다. 오늘날 대부분의 신앙인들은 교회에 가서 열심히 예배드리고 찬양하고 기도하고 전도하지만 일상의 삶에서는 예수를 믿지 않는 사람들과 구별되는 삶이 거의 없습니다. 오늘날 대한민국 사회를 지배하고 있는 주류 문화와 주류 가치에 신앙인들도 예속되어 살아가는 경우들이 많습니다. 한마디로 거룩한 삶을 살아갈 용기도 없고 의지도 없는 것입니다. 원래 성경이 말하는 거룩한 삶은 시대의 주류 문화와 주류 가치에 동화되지 아니함, 구별됨, 다르게 살아감을 의미합니다. 그런 의미에서 나훔은 오늘날 신앙인들에게 예수를 믿지 않는 사람들과 어떤 차별화 된 삶을 살아가고 있는지, 거룩한 삶을 살아가고 있는지를 돌아보게 만드는 본문이라고 할 수 있습니다.

나훔 3장 1절에는 니느웨가 왜 하나님의 심판을 받을 수밖에 없는지를 설명하고 있습니다.

화 있을진저 피의 성이여 그 안에는 거짓이 가득하고 포악이 가득하고 탈취가 떠나지 아니하는도다.

니느웨가 하나님의 심판을 받을 수밖에 없는 이유는 니느웨가 무수한 약자들의 피로 쌓아 올린 성이기 때문입니다. 니느웨를 뭐라고 부르고 있습니까? '피의 성'으로 부르고 있습니다. 한마디로 생명 죽임의 도성이라는 것입니다. 니느웨는 생명 죽임의 도성입니다. 이런 니느웨와 다른 모습을 보여주어야 하는 곳이 어디입니까? 이스라엘입니다. 오늘날로 말하면 교회입니다. 교회는 생명 죽임의 세상에 맞서 생명 살림의 공동체가 되어야 합니다. 그런데 오늘 교회 안에 생명 살림은 존재하지 않고 피로 가득하고 거짓으로 가득하고 포학으로 가득하고 탈취로 가득하다면 교회가 니느웨가 되는 것입니다. 이런 교회는 하나님의 심판을 피할 길이 없습니다.

하박국은 하나님의 백성으로 하여금 위기의 순간에도 끝까지 하나님에 대한 신실함을 지킬 것을 요청하고 있습니다. 여기 신실함은 믿음과 동의어입니다. 갈라디아서 5장에서는 충성입니다. 성경에는 믿음과 동의어가 두 개 있는데 신실함과 충성입니다. 믿음은 마라톤과 같습니다. 내가 10년 전에 얼마나 뜨거웠는가는 전혀 중요하지 않습니다. 지금도 여전히 하나님 앞에서 뜨거운 신앙을 유지하고 있는가, 깨어 있는가 하는 것이 중요합니다. 믿음의 동의어는 신실함입니다. 그 신실함을 갈라디아서 5장에서 성령의 아홉 가지 열매 가운데 충성으로 말합니다. 하박국은 위기의 순간에도 끝까지 하나님에 대한 믿음, 하나님에 대한 충성, 하나님에 대한 신실함을 지킬 것을 요청하는 예언서입니다. 1장과 2장은 산문으로 되어 있고 3장은 운문으로 된 기도입니다. 하박국에서 가장 중요한 말씀이 2장 4절입니다.

보라 그의 마음은 교만하며 그 속에서 정직하지 못하나 의인은 그의 믿음으로 말미암아 살리라.

믿음은 히브리어로 '에무나' 입니다. '에무나' 는 하나님의 뜻을 알 수 없는 그 순간에도 하나님에 대한 신뢰를 포기하지 않는 것을 말합니다. 이처럼 성경이 말하는 믿음은 하나님의 뜻을 알 수 없는 그 순간에도 하나님을 신뢰하는 것입니다. 이것이 믿음입니다.

하박국은 욥과 비슷한 모습이 있습니다. 하박국과 욥 모두 의인의 고난 문제를 다루고 있습니다. 어떤 잘못을 범해서 고난과 고통에 처하게 된 것이 아니라 하나님 앞에 신실하게 살아왔는데 고난과 고통의 상황에 직면하게 된 것입니다. 그것 때문에 절규하고 그것 때문에 탄식하게 됩니다. 그리고 결국에는 욥기와 하박국 모두가 하나님의 의가 반드시 승리할 것이라는 사실을 말씀해주고 있습니다. 하박국서는 하박국의 두 번에 걸친 호소와 하나님의 응답으로 구성되어 있습니다. 하박국의 첫 번째 질문은 하나님께서 왜 이토록 악한 유다 백성들을 심판하지 않으시는가? 당시 하나님을 무시하는 악인들이 연약한 자들을 괴롭히고 있었습니다. 연약한 자들의 것을 갈취하고 있었습니다. 그런데 정의롭고 공의로운 하나님께서는 이러한 현상에 대해 수수방관하는 것처럼 보였습니다. 그래서 하박국은 왜 유다 사회 안에 만연한 악인들의 준동을 하나님께서 심판하지 아니하시는지를 질문했습니다. 여기에 대해 하나님은 뭐라고 하십니까? 바벨론 사람들을 통해서 유다 사회 안에 있는 악인들을 심판하시겠다고 합니다. 이것이 하나님의 첫 번째 응답입니다.

이 답변을 듣고 하박국의 두 번째 질문은 거룩하신 하나님께서 자신의 택한 백성을 심판하기 위해서 악한 도구인 바벨론을 사용하실 수 있는가에 대한 문제 제기입니다. 오늘날로 말하면 그리스도인들을 심판하기 위해서 무신론자와 불교 신자를 사용하실 수 있는가 하는 것입니다. 여기에 대해서 하나님께서 뭐라고 하십니까? 교만한 자들을 반드시 심판하시겠다고 말씀하십니다. 그 교만한 자 안에 누가 포함됩니까? 악한 유다 사람들과 바벨론 사람들이 포함됩니다. 바벨론 사람들이 하나님의 도구로 쓰임 받았다고 해서 바벨론 사람들이 하나님의 구원을 받는 것은 아니라는 것입니다. 하나님의 도구로 쓰임 받는다 하더라도 그들도 자신들의 죄로 인해 하나님의 심판을 받게 될 것을 말씀해 주셨습니다. 그리고 강조한 말씀이 '의인은 신실함으로 산다'는 것입니다. 하박국은 하나님께 두 가지 질문을 합니다. "하나님, 유대 사회를 엉망진창으로 만드는 악인들을 왜 수수방관 하십니까, 당신은 정의의 하나님이 아니십니까, 정의의 심판을 시행해 주십시오"라고 요청했을 때 하나님은 바벨론을 도구로 사용해서 유다 사회 안에 있는 악인들을 심판하시겠다고 응답하셨습니다. 이 답변을 듣고 나서 하박국은 다시 질문합니다. "하나님, 어떻게 택한 백성들을 심판하기 위해서 하나님을 믿지도 않는 바벨론을 도구로 사용하실 수 있단 말입니까." 이 질문에서 우리들이 오해해서는 안 되는 것이 하나님의 도구로 쓰임 받았다고 해서 하나님의 구원을 받는 것은 아니라는 것입니다. 이것을 오해하시면 안 됩니다.

예를 들면 예레미야 43장 10절에 느부갓네살을 하나님의 종이라고 했습니다. 이사야 44장 28절에는 고레스를 하나님의 목자라고 했고, 이사야 45장 1절에는 고레스를 하나님의 메시아라고 했습니다. 그러면 이런 질문이 가능합니다. 느부갓네살이나 고레스가 하나님께 쓰임 받았기 때문에 그들도 하나님의 구원을 받은 것인가요? 절대 그렇지 않습니다. 이사야 45장 4절에 보면 고레스는 하나님을 알지도 못했습니다. 열왕기하 5장 1절에 보면 나아만은 하나님을 전혀 알지 못했지만 하나님께 쓰임 받아 아람을 구원했습니다. 하나님께 쓰임 받는 것과 하나님의 구원을 받는 것은 별개의 문제임을 기억하셔야 합니다. 오늘날 소위 성령 운동을 한다고 하면서 윤리적으로 타락한 목사들이 있습니다. 많은 분들이 이런 질문을 합니다. "그 목사님이 이렇게 타락한 것을 보면 그분이 옛날에 했던 모든 사역도 다 악령의 역사 아닌가요?" 꼭 그렇게 볼 필요는 없습니다. 그분이 하나님께 쓰임 받았을 수 있습니다. 자신도 인지하지 못했지만 하나님의 도구로 쓰임 받을 수 있는 것입니다. 그런데 그분이 쓰임 받았다고 해서 하나님의 구원을 받는 것과 연결되는 것은 아닙니다. 이것은 별개의 문제입니다. 이것을 잘 보셔야 합니다. 너무나 많은 사람들이 하나님께 쓰임 받는 것 자체를 마치 하나님의 구원을 확보하는 것처럼 이해합니다. 하지만 전혀 그렇지 않습니다. 이것을 구별해서 생각하셔야 합니다.

하박국은 하나님께 끊임없이 질문하는 사람입니다. 오늘날 신앙인들에게도 이런 자세가 필요합니다. "모든 것이 다 하나님의 뜻이니 아멘으로 받아들이겠습니다"라는 태도는 좋은 신앙인의 자세가 아닙니다. 민수기 27장과 36장을 기억하십니까? 성경에는 아버지가 죽고 나면 아버지의 유산을 아들만 받을 수 있는데 슬로브핫이 죽었는데 그에게는 아들이 없고 딸만 다섯 명 있었습니다. 슬로브핫의 딸들이 모세에게 문제 제기를 합니다. "비록 아들은 없지만 딸들이 다섯 명이나 있는데 딸들이 아버지의 유산을 상속받아야 하는 것 아닙니까"라고 문제 제기를 했고 모세는 이것을 하나님 앞으로 가지고 가서 묻습니다. 그때 하나님께서 슬로브핫의 딸들의 문제 제기가 옳다고 하시고 새로운 상황에 걸맞게 새로운 말씀을 주셨습니다. 이것을 잘 보셔야 합니다. 하나님이 이렇게 말씀하셨으니까 내가 동의가 안 되고 이해가 안 된다 하더라도 하나님의 뜻을 받아들여야 한다는 것을 좋은 신앙이라고 생각하시면 안 됩니다. 때로는 내가 이해되지 않는 것에 대해서는 질문을 해야 합니다. 심지어 하나님께 따질 수도 있어야 합니다. 새로운 상황에서 제기된 문제에 대해 하나님께서는 더 좋은 말씀으로 우리에게 말씀해 주십니다. 어떻게 보면 오늘날 하나님에 대해서 따지고 싶은 것도 많고 질문하고 싶은 것도 많은데 기존 교회는 모든 질문을 봉쇄시켜 버립니다. 질문을 많이 하는 것을 믿음이 없는 것처럼 취급해 버립니다. 그리고 무조건 하나님께 순종하라고 말합니다. 그런데 여기서 하나님께 순종하라는 말은 대부분 교회 지도자들이 시키는 대로 무조건 따르라는 말과 동의어일 때가 많습니다. 하지만 절대 그렇지 않습니다. 사실은 교회 지도자들이 질문 받는 것을 부담스러워 하지만 하나님은 질문 받는 것을 절대로 부담스러워 하지 않으십니다. 우리 하나님은 언제든지 당신의 백성들과 대화하길 원하십니다. 그런 의미에서 자신이 이해되지 않는 것을 끝까지 하나님께 질문했던 하박국의 신앙의 자세를 우리가 본받아야 합니다.

하나님께 질문할 때 하나 기억해야 할 것은 우리가 하나님께 절규하면서 묻는 질문의 내용을 하나님께서도 동일하게 우리에게 물으신다는 것입니다. 우리는 하나님께 이런 질문을 많이 합니다. "하나님, 악인들이 득세하고 있는데 당신은 도대체 지금 무엇을 하고 계십니까?" 이런 질문을 하면서 모든 책임을 하나님께 떠넘기는 경우들이 많습니다. 그런데 하나님께서도 우리가 하나님께 묻는 질문의 내용을 동일하게 우리에게 던지고 있다는 것을 아셔야 합니다. "너희는 왜 이러한 왜곡된 현실을 그대로 방치하고 있느냐." 오래 전 '부흥'이라는 찬양이 처음 나왔을 때 많은 분들이 부흥을 부르면서 눈물을 흘리고 감동을 받았습니다. 그런데 저는 부흥을 부르면서 마음이 조금 불편했습니다. 부흥의 가사에 이런 내용이 있습니다. "이 땅의 황무함을 보소서" 하면서 하나님께 이 땅의 황무함을 고쳐 달라는 내용입니다. 찬양을 부르는 사람들이 "이 땅의 황무함을 보소서" 하면서 하나님께 이 땅의 황무함을 고쳐 달라고 부르짖을 때마다 저는 하나님의 애끓는 호소가 들리는 것 같았습니다. 찬양을 부르는 분들에게 하나님께서 이렇게 말씀하시는 것 같았습니다. "나는 매순간 대한민국 사회의 황무함을 보고 있다. 그런데 대한민국 사회의 황무함을 보고 있지 않는 것은 누구냐. 바로 너희들이 아니냐." 이 땅의 그리스도인들이 대한민국의 정치, 경제, 사회, 문화, 사법, 언론, 교회 등의 황무함에 대해서 별 관심이 없습니다. 이 땅의 황무함을 고쳐 내라고 하나님께서 우리를 세워 주셨는데 이 땅의 황무함을 고치고자 하는 마음이 별로 없습니다. 실제 이 땅의 황무함을 보지 않는 것은 우리인데 우리는 매일 하나님께 이 땅의 황무함을 봐달라고 하면서 이 땅의 황무함을 하나님께서 고쳐주시기만을 간청하고 있습니다. 하나님께 모든 책임을 떠넘기는 것입니다.

우리가 마땅히 감당해야 될 책임의 몫을 하나님께 떠넘기는 수단으로 찬양과 기도를 이용하는 경우가 얼마나 많습니까? 이것을 꼭 기억하셔야 합니다. 우리가 믿는 하나님은 전능하신 분이시지만 그의 백성들이 감당해야 될 몫을 반드시 남겨두십니다. 우리 하나님은 전능하시기 때문에 우리들이 팔짱만 끼고 앉아 있어도 되는 것이 아닙니다. 도리어 하나님의 능력을 무시하고 우리 힘으로만 하려고 할 때 하나님께서는 "너희는 가만히 있어라"고 하시는 것입니다. 유월절 이스라엘이 출애굽 구원을 할 때도 하나님께서 모든 것을 다 알아서 해주셨습니까? 그렇지 않습니다. 하나님께서 우리를 구원해주실 것을 믿는 사람들은 무엇을 했습니까? 어린 양을 잡아서 그 피를 좌우 인방과 문설주에 발랐고 하나님의 신호가 떨어지자마자 즉각적으로 출애굽 할 수 있는 모든 준비를 했습니다. 그리고 하나님이 가라는 사인을 보내실 때 용기 있게 걸음을 내딛어 출애굽 한 것입니다. 이처럼 우리 하나님은 전능하시지만 그의 백성들이 감당해야 될 몫을 항상 남겨두심을 기억하셔야 합니다.

하박국 2장 4절입니다.

의인은 그의 믿음으로 말미암아 살리라.

이 말씀은 신학자들 사이에서 논쟁이 많은 구절입니다. 그의 믿음으로 말미암아 의인이 산다고 할 때 여기에서 '그'가 누구인가는 두 가지 주장이 있습니다. 하나는 하나님입니다. 그렇게 되면 "의인은 하나님의 믿음으로 말미암아 산다"는 의미가 됩니다. 여기서 믿음은 신실함의 의미입니다. 즉 "의인은 하나님의 신실하심으로 말미암아 산다"는 것이 첫 번째 해석입니다. 다른 하나는 '그'를 의인으로 보는 것입니다. 그렇게 되면 "의인은 하나님에 대한 자신의 믿음으로 말미암아 산다"는 의미가 됩니다. 이것이 두 번째 해석입니다. 이 구절은 갈라디아서 2장 16절에서 종교 개혁자 루터가 말했던 이신칭의와도 연결됩니다. "믿음으로 말미암아 의롭다 함을 받는다"는 것이 이신칭의 아닙니까? 이것이 종교 개혁 운동의 핵심입니다. 하박국 2장 4절과 똑같은 것입니다. "의인은 그 믿음으로 말미암아 산다, 믿음으로 말미암아 의롭다 인정을 받는다"는 같은 주장입니다. 그런데 둘 다 어떤 문제가 있냐면 "의인은 그의 믿음으로 말미암아 산다"고 할 때 여기에서 '그'가 누구인가 하는 것입니다. 하나님일 수도 있고 의인일 수도 있습니다.

저는 둘 중의 어느 하나가 아니라 두 가지를 다 받아들이는 것이 타당한 해석이라고 봅니다. 이 말이 무슨 말이냐면 의인은 하나님의 신실하심으로 말미암아 사는 것입니다. 구원의 주도권이 누구에게 있습니까? 하나님에게 있습니다. 우리가 아무리 하나님을 열심히 믿는다 하더라도 하나님이 우리를 구원하시고자 하지 않으신다면 우리는 구원 받을 수 없습니다. 우리의 믿음 때문에 구원받는 것이 아니라 우리를 구원하고자 하시는 하나님의 마음, 하나님의 자비하심 때문에 우리가 구원을 받는 것입니다. 우리는 계속 넘어지지만 넘어지는 자를 새롭게 일으켜 세우시고자 하는 하나님의 신실하심 때문에, 자비하심 때문에 우리가 구원받는 것입니다. 구원의 주도권이 누구에게 있습니까? 하나님께 있습니다. 하나님의 자비하심, 하나님의 긍휼하심, 하나님의 오래 참으심, 하나님의 신실하심 때문에 우리가 구원받을 수 있는 것입니다.

그런데 하나님이 오래 참으시고 긍휼히 여기시고 자비하시다 하더라도 결국은 누가 구원을 받는 것입니까? 하나님의 자비하심에 아멘으로 응답한 사람, 하나님의 구원을 받기 위해서 하나님을 꼭 붙잡는 사람들이 구원받습니다. 의인은 믿음으로 말미암아 산다고 할 때 여기서 믿음은 누구의 믿음입니까? 첫째는 하나님의 신실하심입니다. 그런데 하나님의 신실하심만 있으면 구원 받을 수 있는 것이 아닙니다. 둘째는 하나님의 신실하심에 감사하면서 그 은혜를 꼭 붙잡는 의인의 믿음이 필요합니다. 이 두 가지가 결합될 때 구원이 완성되는 것입니다. 그런 의미에서 하박국 2장 4절에 의인은 그 믿음으로 말미암아 산다고 할 때 여기에서 그가 누구인가에 대해 저는 하나님도 되고 의인도 된다고 봅니다. 구원의 주도권이 누구에게 있습니까? 하나님께 있습니다. 하나님의 신실하심이 훨씬 중요합니다. 그것을 감사함으로 붙잡는 자가 구원 받는 것입니다. 의인은 하나님의 신실하심을 신뢰함으로 살게 되는 것입니다.

하박국 3장 17~19절에는 우리가 잘 알고 있는 찬양의 내용이 나옵니다.

비록 무화과나무가 무성하지 못하며 포도나무에 열매가 없으며 감람나무에 소출이 없으며 밭에 먹을 것이 없으며 우리에 양이 없으며 외양간에 소가 없을지라도 나는 여호와로 말미암아 즐거워하며 나의 구원의 하나님으로 말미암아 기뻐하리로다 주 여호와는 나의 힘이시라 나의 발을 사슴과 같게 하사 나를 나의 높은 곳으로 다니게 하시리로다.

17절은 있어야 될 곳에 그 어떤 것도 존재하지 않는 상황, 즉 전적인 부재 상황입니다. 그런데 18절에서 하박국은 갑자기 여호와로 말미암아 즐거워하겠다고 말합니다. 하나님으로 말미암아 기뻐하겠다는 것입니다. 하박국은 모든 것이 사라진 그 순간에도 여전히 살아계시는 하나님을 주목하고 있습니다. 하나님이 어떤 분이십니까? 없는 것에서 있는 것을 창조해 내시는 분이십니다. 죽음에서 생명을 창조해 내시는 분이십니다. 지금 우리 눈에 아무것도 존재하지 않습니다. 어떤 열매도 존재하지 않습니다. 그러나 없는 것에서 있는 것을 만들어 내시고 죽은 자들을 다시 살리시는 하나님이 살아계심을 하박국은 목도합니다. 그 하나님 때문에 없는 것에서 있는 것이 생겨나고 죽음에서 생명이 만들어질 수 있음을 하박국은 찬양하고 있는 것입니다. 완전한 파멸 상황에도 불구하고 창조자요 구원자요 위로자요 심판자 되신 하나님의 살아계심을 확신하면서 하박국은 불의한 현실 가운데서도 소망의 노래를 부를 수 있었던 것입니다. 이것이 누구와 똑같습니까? 욥과 똑같습니다. 하나님이 등장하기 이전까지 욥이 얼마나 절규합니까? 왜 절규했습니까? 욥이 전통적으로 가지고 있던 신학 사상은 신명기 신학, 즉 인과응보 신학입니다. 순종하는 자가 복을 받고 불순종하는 자가 하나님의 벌을 받는다는 것입니다.

그런데 욥은 동방에서 가장 큰 자로 하나님께 철저하게 순종한 사람입니다. 그런 욥이 모든 것을 상실하는 너무나 극단적인 심판 상황에 놓이게 되었습니다. 욥은 무엇 때문에 절규하게 된 것입니까? 이런 심판을 받기 위해서는 엄청난 죄를 범해야 되는데 자신은 그런 죄를 범하지 않았습니다. 한마디로 하나님의 세계 통치에 고장이 난 것입니다. 하나님이 살아계시다면 도저히 일어날 수 없는 일이 일어나게 된 것입니다. 하나님의 부재 때문에 욥은 절규하게 되었습니다. 하나님의 세계 통치가 고장 났다, 하나님이 우리를 떠나셨다는 하나님의 부재 때문에 욥은 절규한 것입니다. 그런데 욥기 38장에 하나님께서 욥을 찾아와 주십니다. 욥은 그때 하나님이 여전히 살아계심을 목격하게 됩니다. 그 하나님의 존재 자체가 욥에게는 기쁨이 된 것이고 모든 것을 역전시킬 수 있는 소망의 근거가 되었습니다. 그런 의미에서 욥기와 하박국 3장 17~19절은 너무도 유사합니다.

스바냐에서 가장 중요한 구절을 말한다면 '여호와의 날'입니다.

주 여호와 앞에서 잠잠할지어다 이는 여호와의 날이 가까웠음으로 여호와께서 희생을 준비하고 그가 청할 자들을 구별하셨음이니라 (1:7).

14절에도 "여호와의 큰 날이 가깝도다 가깝고도 빠르도다"라는 말씀이 나옵니다. 1장 7절과 14절에 '여호와의 날'이라는 단어가 반복됩니다. 여호와의 날은 이스라엘 백성들이 소망했던 재림 신앙 같은 것입니다. 지금의 세상은 악인들이 득세하고 의인들이 고난 받고 있는 것처럼 보입니다. 이유가 무엇입니까? 하나님이 전능의 오른팔을 움츠리고 계시기 때문입니다. 당신의 얼굴을 숨기고 계시기 때문입니다.

이것 때문에 지금 악인들이 득세하고 있습니다. 그런데 이스라엘은 무엇을 소망했습니까? 언젠가 하나님께서 전능의 오른팔을 펴주실 것을 기대했습니다. 하나님께서 전능의 오른팔을 펼치게 되는 그날에 이땅의 악인들은 하나님의 심판을 받게 되고 의인들은 하나님의 구원을 받을 것을 기대한 것입니다. 하나님께서 당신의 전능의 오른팔을 펼치시는 날, 하나님이 역사에 전면적으로 등장하시는 날, 이날을 이스라엘은 여호와의 날이라고 생각했습니다. 이스라엘은 여호와의 날에 의인은 구원을 받고 악인은 심판을 받는다고 생각하면서 의인을 이스라엘로, 악인을 이방 백성으로 이해했습니다. 오늘날 교인들이 가지고 있는 재림 신앙과도 비슷합니다. 예수님이 재림하시게 되면 이 땅에 있는 그리스도인들은 구원을 받고 교회를 다니지 않는 사람들은 심판을 받는다고 생각하고 있지 않습니까? 이스라엘도 그렇게 생각한 것입니다. 여호와의 날에 의인들은 구원을 받고 악인들은 심판을 받는다고 할 때 누가 의인입니까? 하나님의 언약 백성인 이스라엘이 의인입니다. 그러면 누가 악인입니까? 이방인을 악인이라고 생각했습니다. 그런데 하나님께서 예언자들을 보내셔서 무엇을 경고하셨습니까? 여호와의 날이 곧 임할 것인데 그날 입으로만 하나님을 믿는 사람들, 머리로만 하나님을 믿는 사람들, 종교 의식으로만 하나님을 예배하는 사람들은 하나님의 심판을 받게 될 것을 경고하셨습니다.

이런 말씀을 읽으면 오늘 우리가 이 모양 이 꼴로 종교 생활을 하면 안 되겠다는 결단이 생기지 않습니까? 너무 두렵지 않습니까? 그렇게 교회 가서 충성하고 헌신을 많이 하면 뭐합니까? 그렇게 선교 단체에서 헌신하고 충성하면 뭐합니까? 일상의 삶에서 거룩한 삶이 없고 구별된 삶이 없는데 정말 예수님이 재림하시는 그날에 우리는 구원받을 수 있을까요? 이런 두려움과 떨림이 우리에게 필요합니다. 극단적으로 말하면 한국 교회는 구원 세일즈 업을 하고 있습니다. 직업적인 목사들의 거짓말에 속으면 안 됩니다. 교회 등록하고 세례 받으면 구원받을 수 있는 것처럼 말하는 직업적 목회자들의 말에 절대로 속으면 안 됩니다. 나중에 구원받지 못하고 나서 그 목사들에게 손해배상 청구할 수 있을까요? 하나님이 우리에게 이미 성경 말씀을 통해 알려주고 계십니다. 제발 성경 말씀을 좀 읽어 보십시오. 이렇게 살아도 우리가 구원받을 수 있습니까? 이스라엘 백성들은 구원과 관련하여 자신만만함이 있었습니다. 그런데 하나님께서는 지속적으로 예언자들을 보내셔서 여호와의 날이 곧 임할 것인데 그 날이 너희에게는 구원의 날이 아니라 재앙의 날과 심판의 날이 될 것이라고 경고하셨습니다.

스바냐는 언제 사역한 예언자였을까요? 나훔, 하박국, 스바냐를 요시야 시대에 사역한 예언자로 봅니다. 요시야는 주전 621년 종교 개혁을 단행합니다. 그리고 609년 므깃도에서 이집트 왕 느고와의 싸움에서 전사합니다. 주전 609년 요시야가 죽은 다음에 남유다는 급속하게 몰락의 길을 걷게 됩니다. 요시야 이후 네 명의 왕이 등장합니다. 여호아하스, 여호야김, 여호야긴, 시드기야입니다. 이 네 명의 왕은 풍당풍당입니다. 요시야가 죽은 다음에 여호아하스는 3개월을 통치했습니다. 그리고 애굽으로 끌려갔습니다. 다음에 여호야김은 11년을 통치한 후 자연사했고 그의 아들이었던 여호야긴은 3개월을 통치한 후 바벨론으로 끌려갔습니다. 그리고 남유다 마지막 왕이었던 시드기야는 11년을 통치하고 바벨론으로 끌려갔습니다. 요시야가 죽은 다음 남유다가 급격히 몰락하게 되는데 네 명의 왕은 통치 기간이 3개월, 11년, 3개월, 11년입니다. 그리고 네 명의 왕 가운데 세 명이 이방으로 끌려갔습니다. 요시야가 주전 621년에 종교 개혁 운동을 단행했는데 문제는 요시야의 종교 개혁에 대해 백성들이 환영하지 않았다는 것입니다. 그 이유가 무엇입니까? 예레미야 44장 17절을 보면 남유다 백성들이 이렇게 말합니다. "요시야의 종교 개혁 이전에는 우리가 잘 살았고 풍요로웠는데 요시야가 종교 개혁을 단행한 다음부터는 살기가 어렵게 되었다"고 불평하는 장면이 나옵니다. 이것을 잘 보셔야 합니다. 이스라엘은 모두가 하나님의 언약 백성이고 이스라엘의 모든 왕들은 하나님을 믿었던 사람들인데 왜 이스라엘은 오랜 세월 동안 하나님과 이방의 우상들을 겸하여 섬겼을까요? 왜 이스라엘은 하나님만을 믿지 못했을까요? 왜 히스기야와 요시야만 종교 개혁 운동을 했을까요? 가장 중요한 이유는 경제적 문제 때문입니다.

이방의 우상을 타파하게 되면 이방 나라와 외교 관계가 단절됩니다. 이방 나라와 외교 관계가 단절되면 그 나라와 경제 교류 협력 관계가 중단됩니다. 경제 교류 협력 관계가 중단되면 이스라엘은 경제적으로 위축됩니다. 먹고 살기가 어려워지게 되는 것입니다. 먹고 살기가 어려워지게 되면 결국 누구에게 이 모든 책임을 떠넘기게 됩니까? 왕입니다. 그래서 결국 왕들이 백성들의 지지를 받으면서 오래 통치하기 위해서라도 이방과 손을 맞잡아야 되는 것입니다. 이방과 손을 맞잡는 상황에서 이방 사람들을 위해서 무엇을 하게 됩니까? 그들이 섬기는 이방 신을 예루살렘에서도 섬길 수 있도록 해야 하는 것입니다. 솔로몬이 만들었던 이방 신전들을 대부분 왕들이 폐하지 못하고 이방 신전들을 방관하고 묵인했던 가장 중요한 이유가 바로 경제적 이유 때문입니다. 이것을 잘 보셔야 합니다. 왜 구약의 이스라엘은 하나님만을 믿지 못하고 오랜 세월 우상 숭배에 빠지게 되었을까요? 그들에게 가장 중요한 것은 잘 먹고 잘 사는 것이었습니다. 구약의 이스라엘 백성들은 조금 가난하게 살더라도 하나님만을 믿는 신앙이 아니라 우상을 섬기더라도 좀 더 부유하게 사는 삶을 추구했습니다. 이스라엘이 결국 하나님만을 믿는 신앙을 갖지 못한 가장 중요한 이유는 경제적 이유 때문입니다. 오늘날도 마찬가지입니다. 한국 교회가 타락하게 된 가장 중요한 이유는 세속적 욕망 때문입니다. 목사들이 목사 됨, 성도들이 성도 됨을 상실하게 되는 가장 중요한 이유가 무엇입니까? 결국은 좀 더 잘 살고 좀 더 부유해지고 좀 더 욕망 추구적인 삶을 살다 보면 결국 세상과 손을 맞잡게 되는 것입니다. 한 손으로는 하나님을 붙잡고 다른 한 손으로는 세속의 가치를 붙잡게 됩니다. 이런 면에서 한국 교회는 구약의 이스라엘과 너무도 닮았습니다.

이스라엘은 르호보암 왕 때 남유다와 북이스라엘로 분열되었습니다. 남유다와 북이스라엘은 분열 이후 네 번에 걸쳐 관계의 전환이 일어났습니다. 처음에는 남유다와 북이스라엘이 분열된 이후 전쟁을 벌였습니다. 전쟁의 결과 남유다가 북이스라엘에 종속되었습니다. 그러다가 북이스라엘의 예후, 남유다의 아달랴 정권 때 남유다와 북이스라엘은 단절하게 됩니다. 그리고 주전 722년에 북이스라엘이 먼저 멸망하게 되면서 자연스럽게 남유다로 통일되었습니다. 이처럼 남유다와 북이스라엘이 분열된 다음에 네 번에 걸쳐 관계의 질적 전환이 일어나게 되었습니다. 첫째는 남북 전쟁기인데 전쟁을 하면 할수록 남쪽이 북쪽에 상대가 되지 않았습니다. 그래서 둘째는 남쪽이 북쪽에 종속되었습니다. 이때가 북이스라엘 오므리 왕조 때였습니다. 그리고 셋째는 남북 단절기입니다. 예후라는 사람이 북이스라엘 오므리 왕조를 무너뜨렸습니다. 북이스라엘은 예후, 남유다는 오므리의 딸이었던 아달랴가 정권을 잡게 되면서 남북 관계는 단절기로 접어들게 되었습니다. 아달랴 입장에서 예후는 자기 집안의 원수였기 때문에 상종하고 싶지 않았을 것입니다. 그리고 넷째는 북이스라엘이 멸망한 다음 남유다와 북이스라엘 중에 유일하게 남유다 왕국만 살아남게 되면서 자연스럽게 통일을 하게 되었습니다. 처음에는 전쟁을 통한 충돌기, 둘째는 종속기, 셋째는 단절기, 넷째는 통일기라는 관계의 질적 전환이 있었다고 정리하시면 되겠습니다.

학개, 스가랴, 말라기

말씀과함께 | 예언서강의

학개, 스가랴, 말라기

학개와 스가랴는 포로기 이후 예언자입니다. 학개는 포로기 이후인 주전 538년부터 515년까지 성전 재건을 독려했습니다. 예언자 예레미야는 70년 바벨론 포로 생활을 예언했습니다. 신학자들 사이에는 예레미야가 말한 이 70년이 어디서부터 어디까지를 말하는 것인지에 대해 다양한 의견이 있습니다. 이 70년이 물리적인 시간을 말하는 것인지 아니면 상징적인 의미인지에 대해서도 의견이 나뉩니다. 이런 다양한 주장 가운데 하나는 이렇습니다. 주전 586년 예루살렘 성전이 무너집니다. 그리고 무너진 성전이 재건되었을 때가 주전 516년 또는 515년입니다. 성전이 무너졌다가 재건되기까지 기간이 정확히 70년이 걸렸습니다. 이것을 포로기 70년으로 해석하기도 합니다. 이스라엘 백성들은 당시 성전을 하나님의 세계 통치의 보좌라고 생각했습니다. 그런 의미에서 성전이 무너진 바벨론 포로기는 이스라엘 백성들에게는 하나님의 세계 통치가 중단되어 버린 것과 같은 의미를 가지고 있습니다. 하나님의 세계 통치의 보좌인 성전이 주전 586년에 무너졌다가 다시 재건되었을 때가 주전 516년 또는 515년입니다. 외형적인 성전이 존재하지 않았던 70년을 바벨론 포로기 70년으로 해석했습니다.

학개와 스가랴는 페르시아 왕 고레스 칙령 이후에 가나안 땅으로 귀환하여 성전 재건을 독려했습니다. 학개는 성전 재건과 관련해서 중요한 예언자입니다. 그들이 돌아온 시점은 주전 538년입니다. 그런데 성전이 재건된 시점은 주전 516년 또는 515년입니다. 여기서 질문이 있습니다. 당시 바벨론 포로지에서 가나안 땅으로 귀환한 자들이 돌아오자마자 성전 재건에 착수했을 것 같은데 왜 이렇게 성전이 재건되기까지 오랜 시간이 걸렸을까요? 성전 재건이 지지부진했던 이유가 무엇일까요? 여기에는 세 가지 이유가 있습니다. 첫째는 강력한 지도력의 부재입니다. 귀환 이후 성전을 재건하기 위해서는 강력한 구심점이 필요했는데 강력한 지도력이 없었습니다. 둘째는 사마리아 사람을 중심으로 한 토착 세력의 방해가 있었습니다. 포로지에서 돌아온 자들이 성전을 재건하려고 할 때 사마리아 사람들이 "우리도 성전 재건에 동참하겠다"고 제안했는데 이를 귀환 세력이 거부했습니다. 이때부터 사마리아 사람들이 성전 재건을 방해하기 시작했습니다. 사마리아 사람들의 방해로 오랜 기간 성전 재건이 중단되었습니다. 이렇게 된 이유도 넓게 보면 강력한 지도력이 없었기 때문입니다. 강력한 지도력이 있었다면 사마리아 사람들의 방해가 있더라도 맞서 싸워 이겨냈을 것인데 강력한 지도력이 없으니까 사마리아 사람들과 갈등 상황이 장기

화되었던 것입니다. 셋째는 귀환 포로들의 열의가 부족했습니다. 귀환한 직후에는 신앙적 열의가 불타올랐는데 시간이 지나면서 그 열의가 식었고 개인적인 삶을 위해 챙겨야 할 것들이 많아지면서 성전 재건이 우선순위에서 밀려나게 되었습니다. 성전 재건이 지지부진한 이유는 크게 세 가지로 첫째는 강력한 지도력의 부재, 둘째는 토착 세력의 방해, 셋째는 귀환 포로들의 열의 부족 때문이었습니다.

학개 1장 5절을 보겠습니다.

그러므로 이제 만군의 여호와가 이같이 말하노니 너희는 너희의 행위를 살필지니라.

학개는 백성들에게 너희의 행위를 살펴보라고 말합니다. 여기 행위를 살펴보라는 것은 영적인 해이함을 스스로 돌아보라는 것입니다. 정직하게 성찰하라는 것입니다. 무엇보다 현재의 상태에서 돌이켜 신앙을 삶의 중심에 두라는 권고입니다. 자신의 행위를 살피는 것은 오늘 우리에게도 너무나 필요합니다. 스스로를 하나님의 백성이라고 고백은 하는데 정말 내 삶 가운데 하나님께 온전히 순종하는 모습은 무엇이 있는지, 내가 하나님을 믿는다고 말은 하면서 정말 내가 온 존재를 다해 하나님을 믿고 있는지에 대해 매순간 스스로에게 질문하는 것이 필요합니다.

실존주의 철학의 아버지인 키에르케고르는 덴마크 출신으로 당시 덴마크는 루터교를 국교로 채택했습니다. 루터교가 국교이다 보니 당시 사람들의 신앙생활은 너무나도 형식화되어 있었습니다. 목사들은 매달 국가로부터 월급을 받았습니다. 교인이 10명이건 100명이건 1,000명이건 월급이 똑같다 보니 목사들은 종교적 열심을 내려고 하지 않았습니다. 국민들도 루터교가 국교이다 보니까 원하지 않아도 교회를 가야만 했습니다. 신앙인들은 많았지만 너무나 형식적인 종교 생활을 했습니다. 이런 현상을 키에르케고르는 개탄했습니다. 그는 약혼녀가 있었지만 파혼하고 평생을 독신으로 살았습니다. 키에르케고르가 그렇게 했던 이유는 자신의 사명을 타락한 덴마크 교회와 싸우는 것으로 생각했기 때문입니다. 타락한 덴마크 교회와 싸우다 보면 박해를 받게 될 것인데 그 박해의 고통을 사랑하는 여인에게 짊어지게 하고 싶지 않았던 것입니다. 그래서 너무나 사랑했고 약혼까지 했지만 키에르케고르는 자신의 사명을 완수하기 위해 그 여인과 결혼하지 않았고 평생을 그 여인을 그리워하며 독신으로 살았습니다. 그런 키에르케고르가 이런 말을 남겼습니다. "많은 사람들이 그리스도인이 된다는 것이 무엇을 의미하는지도 모른 채 그리스도인이 되고 있다."

키에르케고르의 말은 오늘 우리에게도 너무나 유효하지 않을까요? 너무나 많은 사람들이 그리스도인이 된다는 것이 무엇을 의미하는지도 모른 채 그리스도인이 되고 있습니다. 대부분의 신앙인들은 그리스도인이 되는 것을 어떤 것으로 생각합니까? 일요일에 교회 가서 예배드리는 것, 가끔씩 교회 가서 봉사하는 것 정도를 그리스도인의 삶이라고 생각합니다. 그리스도인이 되는 것이 그 정도입니까? 그렇지 않습니다. 그리스도인이 된다는 것은 하나님만을 내 인생의 주인으로 모시는 것입니다. 그분이 가라고 하면 가는 것이고 그분이 멈추라고 하면 멈추는 것입니다. 그리스도인이 된다는 것은 하나님께 내 인생을 거는 것입니다. 그런데 이 정도의 엄숙함을 가지고 신앙의 길을 걸어가는 사람들이 거의 없습니다.

저는 개인적으로 거주하는 지역과 출석하는 교회가 위치한 지역이 다른 것에 대해 안타까운 마음이 있습니다. 살고 있는 지역은 A인데 교회는 한 시간 운전해서 B지역에 있는 교회에 출석합니다. 만약 내가 출석하는 B지역에 있는 교회가 나의 평생의 교회라고 생각하면 B라는 동네로 이사 가서 교회 중심의 삶을 살아야 하는 것 아닙니까? 살고 있는 지역과 멀리 떨어져 있는 교회를 일주일에 한 시간, 두 시간씩 차를 몰고 가서 예배드리고 오는 것이 도대체 무슨 의미가 있습니까? 그럴 바에는 방송으로 예배드리는 것이 훨씬 낫습니다. 우리가 주일에 교회에 가는 가장 중요한 이유는 성도들과 교제하기 위함입니다. 절대 착각하시면 안 됩니다. 우리가 주일에 교회에 가는 것은 예배드리기 위함이 아닙니다. 예배드리는 것이 목적이라면 방송으로 예배드려도 됩니다. 우리가 왜 교회에 갑니까? 성도들과 교제하기 위해서입니다. 성도가 누구입니까? 하나님으로 인해 만나게 된 그리스도 안에서 새로운 가족입니다. 그 새로운 가족들과 온전한 사랑을 나누기 위해서 우리는 교회에 가는 것입니다. 예를 들면 안양에 있는 교회를 내 교회라고 생각한다면 안양으로 이사 와야 하지 않겠습니까? 그래야 주중에 지체들과 만날 수 있고 그 지체들과 함께 신앙의 문화를 만들어 낼 수 있습니다. 살고 있는 곳은 의정부인데 일요일만 안양에 와서 예배드리는 것이 무슨 의미가 있습니까? 진짜 신앙은 일상의 삶에서 발현되어야 하는데 일상의 교제를 나눌 수 없고 신앙의 문화를 함께 건설할 수 없다면 그것을 어떻게 교회 공동체라고 할 수 있습니까? 진짜 신앙이 무엇인지, 교회 공동체가 무엇인지를 모르기 때문에 거주하는 지역과 출석하는 교회가 위치한 지역이 다른 이런 현상들이 벌어지고 있습니다.

한국 교회는 1980년 이후 교회 됨을 많이 잃어버렸습니다. 1980년 대 초반까지만 하더라도 대부분의 교회는 지역 교회였습니다. 대부분이 자신이 거주하고 있는 지역 교회를 다녔습니다. 그런데 1980년대 이후 소위 마이카 시대가 되면서 살고 있는 지역과 출석하는 교회가 위치한 지역이 다른 경우들이 늘어나기 시작했습니다. 교인들의 관계가 일요일에만 잠깐 얼굴 보는 관계가 된 것입니다. 이것을 그리스도 안에서 형제자매라고 할 수 있을까요? 주중에는 전혀 만나지도 못하고 어떻게 살아가는지 관심도 없는데 그리스도 안에서 한 가족이라고 말하는 것이 과연 옳을까요? 그 정도의 모습을 교회라고 생각하면 안됩니다. 진짜 잘 보셔야 합니다. 키에르케고르가 한 말이 여전히 우리에게도 유효합니다. 너무나 많은 사람들이 하나님을 믿는다는 것이 무엇인지도 모르면서 하나님을 믿고 있다고 착각하고 있는 것입니다.

저는 20세 이후 하나님을 제대로 믿겠다고 작정한 순간부터 하나님 외에는 모든 것을 상대화하며 살고자 노력하고 있습니다. 제가 가장 존경하는 분은 어머니입니다. 제가 신학교에 입학하기 전에 어머니와 언약을 체결한 적이 있습니다. 지금까지 세 번 어머니를 독대했는데 그때마다 어머니는 도마와 칼을 가지고 와서 그것을 가운데 놓고 함께 무릎을 꿇습니다. 이때는 어머니께서 저에게 아주 중요한 말씀을 하시는 날입니다. 신학교 입학을 앞두고 어머니께서 이런 말씀을 하셨습니다. "오늘부로 엄마와 아들로서 관계는 끝이다. 너는 오직 하나님의 자녀이니 부모 신경 쓰면서 먹고 살기 위해 목회하지 말고 너는 오직 하나님의 사람이니까 하나님이 원하시는 대로만 걸어가라." 1989년 2월에 어머니께서 저에게 하신 말씀입니다. 어머니께서 이런 말씀을 하셨다고 모자 관계가 끊어지겠습니까? 그렇지는 않겠지만 어머니께서 제게 깨우쳐주신 말씀의 의미는 분명했습니다. 하나님을 믿고 섬기며 따르려고 할 때 다른 어떤 것도 그 길을 가로막는 장애물이 되지 않도록 하라는 것입니다. 핑계대지 말라는 것입니다. 하나님 앞에서 모든 것을 상대화시키라는 것입니다. 저는 이것이 신앙이라고 생각합니다. 우리가 하나님 앞에서 모든 것을 상대화시켜야 하는데 하나님만큼이나 자녀를 우상처럼 섬기고 하나님만큼이나 자기 욕망을 우상으로 섬기면서 입으로는 하나님을 믿고 있다고 착각하는 신앙인들이 얼마나 많습니까? 하나님의 일을 한다는 목사가 어떻게 억대 연봉을 받고 고급 승용차를 타고 다니면서 자기는 하나님을 열심히 섬기고 있다고 착각하는 자들이 얼마나 많습니까? 정말 삯꾼들은 정신을 차려야 합니다. 학개는 1장 5절은 너희들의 상태를 스스로 성찰해 보라고 권면합니다.

학개 1장 8절입니다.

너희는 산에 올라가서 나무를 가져다가 성전을 건축하라 그리하면 내가 그것으로 말미암아 기뻐하고 또 영광을 얻으리라 여호와가 말하였느니라.

본문은 성전 건축에 자주 오용되는 말씀입니다. 성전 건축을 할 때 학개 1장 8절을 주제 성구로 자주 인용합니다. 하지만 먼저 기억해야 할 것은 학개 당시 성전은 하나님 나라의 중심이었습니다. 성전은 건물이 아닙니다. 학개가 말한 '성전을 짓자'는 것은 하나님 나라를 건설하자는 것입니다. 건물로서의 성전 건축에 올인 하자는 말이 아닙니다. 그 당시 성전이라는 것은 하나님 나라의 중심을 말하는 것이지 건물로서 예배당을 말하는 것이 아닙니다. 학개는 하나님 나라를 후순위로 밀어 넣고 개인이나 가정의 일을 중심에 두고 있는 이스라엘 백성들에게 하나님 나라를 중심에 두라는 의미에서 성전 건축을 강조한 것입니다. 오늘날 생각하는 예배당 건축에 전념할 것을 촉구하는 그런 말이 아닙니다.

또 하나 생각할 것은 오늘날에도 성전이 있는가 하는 것입니다. 건물을 지을 때마다 관행적으로 성전 건축이라는 표현을 사용하는데 엄밀한 의미에서 예배당 건축이라고 해야 합니다. 목사들의 권위를 높이기 위해 제사장이라고 말하는 것도 자제해야 합니다. 예수님은 자기를 따르고자 하는 제자들에게 자기 부인을 요청하셨는데 하나님을 따르겠다는 사람들이 개인과 자신이 사역하는 현장의 권위를 왜 이렇게 높이려고 하는지 잘 모르겠습니다. 학개 1장 8절에서 성전을 건축한다는 말은 하나님 나라를 건설한다는 것입니다. 구약 시대 이스라엘 백성들에게 성전은 하나님 나라의 중심이고 세계 통치의 보좌로 인식되었습니다. 이스라엘 공동체 안에서 온전한 하나님 나라를 건설하자는 맥락에서 학개는 성전 건축을 강조한 것입니다. 오늘날 우리가 일반적으로 생각하는 예배드리는 장소로 성전을 짓자는 것이 아님을 기억해야 합니다.

학개 2장 9절입니다.

이 성전의 나중 영광이 이전 영광보다 크리라 만군의 여호와의 말
이니라 내가 이 곳에 평강을 주리라 만군의 여호와의 말이니라.

솔로몬의 성전을 기억했던 사람들은 지금 재건된 성전을 바라보면
서 실망하고 낙담했습니다. 왜 그렇습니까? 외형적으로 너무도 초라
했기 때문입니다. 솔로몬이 지은 성전은 금으로 도금했기에 너무나 화
려했습니다. 그런데 지금 재건된 성전은 금으로 도금하지 않았기에 너
무나 초라했습니다. 이것 때문에 낙담한 사람들이 있었습니다. 하나님
은 학개를 통해 무엇을 말씀하셨습니까? 성전의 핵심은 크기나 화려
함이 아니라는 것입니다. 그러면 성전의 핵심은 무엇입니까? 거룩함
입니다. 하나님은 큰 성전을 요구하지 않으시고 거룩한 성전을 요구하
셨습니다. 하나님은 화려한 성전을 요구하지 않으시고 거룩한 성전을
요구하셨습니다. 이 말씀이 또 어디에 나옵니까? 요한계시록에 나옵
니다. 요한계시록을 보면 하나님의 심판을 받는 바벨론을 수식하는 단
어는 '큰 성 바벨론'입니다. 그런데 하늘로부터 내려오는 새 예루살렘
을 수식하는 말은 '거룩한 성 예루살렘'입니다. 이것을 기억해야 됩니
다. 하나님은 한 번도 이 땅의 교회를 향해서 큰 교회가 되라고 말씀하
신 적이 없습니다. 거대한 교회가 되라고 말씀하신 적이 없습니다. 화
려한 교회가 되라고 말씀하신 적이 없습니다. 다만 어떤 교회가 되라
고 요청하셨습니까? 거룩한 교회입니다. 큰 교회가 되지 못해도 이 땅

에 있는 모든 교회는 거룩한 교회가 되어야 합니다. 무엇이 거룩입니까? 세상의 주류 문화와 가치에 지배받지 않는 것이 거룩입니다. 세상과 구별된 것이 거룩입니다. 그런 거룩한 교회를 우리는 이 땅에 세워야 합니다. 거룩한 교회를 세우는 일에 열과 성을 다해야 합니다.

스가랴는 소선지서 중에서 가장 긴 책이고 가장 메시아적인 책입니다. 학개의 예언이 성전 재건을 중심으로 한 현실적인 문제를 다루고 있다면 스가랴는 장차 오실 메시아와 주의 백성들을 괴롭히던 열방의 멸망을 선포하고 있습니다. 이러한 선포를 통해 주의 백성에게 미래에 대한 소망과 기대를 갖게 만듭니다. 스가랴의 많은 말씀들이 메시아 예언입니다. 나귀 새끼를 타신다는 것, 목자를 치게 되면 양들이 흩어질 것이라는 것 등이 스가랴에 나오는 말씀들입니다. 스가랴는 14장으로 두 단락으로 나눌 수 있는데, 1~8장은 여덟 가지 환상과 금식 이야기를, 9~14장은 메시아를 통한 회복 이야기를 다루고 있습니다.

스가랴 1장 1절입니다.

다리오 왕 제이년 여덟째 달에 여호와의 말씀이 잇도의 손자 베레갸의 아들 선지자 스가랴에게 임하니라 이르시되.

스가랴의 이름의 뜻은 '여호와께서 기억하신다' 입니다. 스가랴가 신약에서는 사가랴로 나오는데 세례 요한의 아버지 이름이 사가랴입니다. 신약에서의 사가랴를 구약에서의 스가랴로 이해하시면 됩니다. 둘 다 이름의 뜻이 '여호와께서 기억하신다' 입니다.

스가랴는 1장 3~4절이 아주 중요한데 스가랴의 핵심 주제 구절이라고 할 수 있습니다.

그러므로 너는 그들에게 말하기를 만군의 여호와께서 이처럼 이르시되 너희는 내게로 돌아오라 만군의 여호와의 말이니라 그리하면 내가 너희에게로 돌아가리라 만군의 여호와의 말이니라 너희 조상들을 본받지 말라 옛적 선지자들이 그들에게 외쳐 이르되 만군의 여호와께서 이같이 말씀하시기를 너희가 악한 길, 악한 행위를 떠나서 돌아오라 하셨다 하나 그들이 듣지 아니하고 내게 귀를 기울이지 아니하였느니라 여호와의 말이니라.

본문에서는 두 가지가 중요합니다. 하나는 "너희는 내게로 돌아오라"는 것이고, 다른 하나는 "너희 조상들을 본받지 말라"는 것입니다. 조상들은 무엇을 했습니까? 하나님께 돌아오지 않았습니다. 하나님께 돌아오지 않은 조상들, 회개하지 않은 조상들을 본받지 말라는 것입니다. 이 말씀은 무엇을 연상시킵니까? 신명기를 연상시킵니다. 신명기의 주제가 무엇입니까? 신명기는 모세가 죽기 전에 출애굽 2세대에게 행했던 유언적인 설교입니다. 주제는 실패한 조상들을 본받지 말라는 것입니다. 왜 출애굽 1세대가 실패했습니까? 가나안을 향해 걸어가지 않고 애굽으로 돌아가려고 했기 때문입니다. 즉 향가나안이 아니라 환애굽을 하려고 했습니다. 자신들에게 너무나 익숙한 옛사람으로 돌아가려고 했습니다. 이것 때문에 출애굽 1세대는 실패했습니다. 실패한 1세대를 본받지 말라는 유언적 설교가 신명기인데 스가랴 1장 3~4절과 너무도 비슷합니다. 실패한 조상들을 본받지 말라는 것입니다. 그리고 하나님께 돌아오라는 것입니다. 여기 하나님께 돌아오라는 것은 하나님과 올바른 관계를 유지하라는 것입니다. 하나님과 올바른 관계를 유지하는 모습은 어떻게 드러납니까? 하나님의 말씀에 온전히 순종함을 통해서 드러납니다.

스가랴 7장 5절입니다.

온 땅의 백성과 제사장들에게 이르라 너희가 칠십 년 동안 다섯째 달과 일곱째 달에 금식하고 애통하였거니와 그 금식이 나를 위하여, 나를 위하여 한 것이냐.

금식을 해보신 분들은 아시겠지만 금식을 한다는 것은 정말 쉽지 않은 일입니다. 인간의 가장 중요한 본능 가운데 하나가 식욕입니다. 그런 의미에서 금식은 정말 엄청난 결단이 필요합니다. 그런데 이스라엘은 일 년에 네 달씩 금식했습니다. 그것을 몇 년이나 그렇게 한 것입니까? 70년을 그렇게 했습니다. 정말 대단하지 않습니까? 그런데 하나님께서는 스가랴를 통해서 너희들이 70년 동안 했던 그 금식이 진짜 나를 위해서 한 것이냐고 반문하십니다. 왜 하나님께서 그렇게 말씀하셨을까요? 이스라엘은 끊임없이 매년 네 달씩 금식하고 있었는데 문제는 일상에서 하나님의 말씀에 대한 순종이 없었습니다. 그렇게 오랜 세월 새벽기도를 드리고 수요예배를 드렸는데도 하나님 말씀에 대한 순종이 없었습니다. 한마디로 종교 의식에만 열심이었습니다. 여기에 대한 하나님의 책망의 말씀이 스가랴 7장입니다. 여기서 우리가 조심해야 할 것이 있습니다. 금식 자체는 잘못된 것이 아닙니다. 금식보다 더 중요한 것이 있습니다. 더 중요한 것은 무시하고 덜 중요한 것에 올인 하는 것은 올바른 신앙의 자세가 아닙니다. 이것은 금식 자체를 우습게 만드는 것입니다. 예를 들어 새벽기도를 잘 드리고 나서 만나는 사람들에게 거짓말 하고 사기 치고 폭력을 행사하고 속이고 세속의 가치와 손 맞잡고 살아간다면 그가 드린 새벽기도는 도대체 무슨 의미가 있습니까? 예배 잘 드리고 나서 세상 사람들과 똑같이 살아간다면 그가 드린 예배는 과연 무슨 의미가 있습니까?

오늘날 세상 사람들이 교회를 향해서 예배 무용론을 말합니다. 예배를 아무리 많이 드려도 교인들이 바뀌지 않는다는 것입니다. 거기다 아무리 좋은 설교를 들어도 사람이 바뀌지 않는다는 설교 무용론까지 말합니다. 예배도 잘 드리고 설교도 많이 듣지만 여전히 자기 밖에 모르고 수십 년 교회를 다녀도 변화가 없다는 것입니다. 예수 믿지 않는 사람과 별반 다르지 않다는 것입니다. 그러면 세상 사람들은 뭐라고 말합니까? 예배 백날 드려봤자 사람은 안 바뀐다, 설교 백날 들어봤자 사람은 안 바뀐다고 말합니다. 이것이 무엇입니까? 예배 무용론이고 설교 무용론입니다. 우리가 예배 잘하면 하나님께서 좋아하지 않으실까, 우리가 기도를 많이 하면 하나님이 좋아하지 않으실까, 우리가 금식하면 하나님이 기뻐하지 않으실까 생각하는데 천만의 말씀입니다. 일상의 삶에서 순종이 없으면 그 사람이 행한 금식과 예배와 기도가 도대체 무슨 의미가 있습니까? 이 모든 종교 의식은 일상의 순종을 온전케 하기 위한 것이지 그 자체로 의미를 갖는 것은 아닙니다. 종교 의식에는 열심을 내고 있는데 일상에서 순종이 없다면 그 종교 의식의 무력함을 증거하는 부끄러운 일이 되는 것입니다. 스가랴 7장에 나오는 말씀은 형식화된 종교 의식에 대한 경고입니다. 오늘 우리의 예배, 찬양, 만남이 과연 하나님의 백성으로 우리를 어떻게 변화시켜 내는지를 다시 한 번 돌아봐야 합니다.

교인들이 대형교회를 선호하는 이유가 있습니다. 그런데 자신이 속한 대형교회의 크기를 자신의 믿음의 크기로 착각하는 분들을 만나게 됩니다. 대형교회를 다니는 분들에게 "어느 교회를 다니세요"라고 물어보면 자신만만하게 교회 이름을 말합니다. 그런데 작은 교회를 다니는 분들에게 "어느 교회를 다니세요"라고 물으면 대부분 "말해도 잘 모르실 거예요"라고 대답합니다. 작은 교회를 다니는 분들은 이미 스스로 위축되어 있습니다. 그런데 자기가 다니는 교회가 작다고 해서 자신의 믿음이 작은 것은 아니지 않습니까? 자신이 출석하는 교회에 성도가 2만 명이 있다고 해서 자신의 믿음이 그만큼 큰 것입니까? 절대 그렇지 않습니다. 제가 볼 때 그 교회에 몇 명이 모이는가 하는 것은 중요하지 않습니다. 이것은 전형적인 자본주의 마인드입니다. 목회자들도 모이면 서로 이런 질문을 많이 합니다. 교인이 몇 명인지, 예산이 얼마인지를 묻습니다. 제가 볼 때 이런 질문은 회심하지 않은 목사들의 특징이라고 할 수 있습니다. 그것이 뭐가 중요합니까? 질문을 하고 싶으면 이렇게 물어야 합니다. "그 교회 공동체를 통해서 인식이 바뀌고 삶이 변화된 사람이 있습니까?"

교인이 수천 명인데 그 교회를 다니는 성도 가운데 하나님이 원하시는 대로 생각이 바뀌고 삶이 바뀐 사람이 없다면 수천 명이 모이는 것이 도대체 무슨 의미가 있습니까? 반대로 30명이 모이는 작은 교회라고 하더라도 그 교회에서 신앙생활을 통해 하나님과 신실하게 동행하고 세속적인 욕심을 극복하고 사람들에게 함부로 하지 않고 진실하게 살려고 애쓰는 존재로의 변화가 일어난다면 그 교회야말로 정말 대형교회라고 할 수 있습니다. 출석하는 교회의 10년 전과 현재를 비교했을 때 나의 인식과 삶에 어떤 변화가 있는지를 진지하게 생각해 보고 특별한 변화가 없다면 그 교회는 빨리 나오는 것이 좋습니다. 앞으로도 그 교회를 5년, 10년 더 다녀도 변화가 없을 것입니다. 이 질문을 목회자들도 스스로에게 해야 합니다. 자신이 한 교회를 5년, 10년 목회했는데 교인들의 의식과 삶에 변화가 없다면 자신의 목회에 대한 진지한 고민을 해야 합니다. 그것이 정직한 목사의 자세라고 생각합니다.

스가랴 9장 9절입니다.

시온의 딸아 크게 기뻐할지어다 예루살렘의 딸아 즐거이 부를지어다 보라 네 왕이 네게 임하시나니 그는 공의로우시며 구원을 베푸시며 겸손하여서 나귀를 타시나니 나귀의 작은 것 곧 나귀 새끼니라.

본문은 메시아 예언입니다. 이 땅에 오신 메시아는 백마를 타지 않았습니다. 말은 전쟁을 상징합니다. 반면 나귀는 평화를 상징합니다. 메시아는 백마를 타지 않습니다. 평화를 상징하는 나귀를 탑니다. 그것도 나귀 새끼를 탑니다. 화려하고 위엄이 넘치는 것을 타지 않았습니다. 메시아는 자신을 한없이 낮추시는 겸손하신 분이십니다. 그런데 이런 메시아를 주님으로 믿는다는 목사들이 고급 승용차를 타고 운전 기사를 두는 것은 잘못되었습니다. 독일 신학자 칼 하임은 이렇게 말했습니다. "하나님 나라에는 쿠데타가 없다." 왜 하나님 나라에는 쿠데타가 없을까요? 하나님 나라에서는 위에 있는 자들이 섬기는 자이기 때문입니다. 위에 있는 자일수록 더 자기를 낮춰야 하기 때문에 쿠데타를 일으키지 않습니다. 쿠데타를 일으키는 이유가 무엇입니까? 권력을 획득하기 위해서입니다. 왜 권력을 획득하고 싶어 합니까? 권력을 소유하게 되면 군림할 수 있고 내가 원하는 것을 가질 수 있기 때문입니다. 그런데 하나님 나라에는 쿠데타가 없습니다. 가장 위에 있는 자일수록 자기 목숨을 내어 놓아야 합니다. 자기를 낮춰야 하고 사람들을 섬겨야 합니다. 권력을 가지라고 해도 사람들은 그것을 거부합니다. 그래서 하나님 나라에는 쿠데타가 없는 것입니다. 하나님이 이스라엘에게 기대하셨던 모습이 바로 이것입니다. 이것을 거룩의 위계 질서 사회라고 말합니다. 가장 위에 있는 자들이 하나님의 백성답게 살아가는 것이 무엇인지를 보여주는 것입니다. 진실하게 살아간다는 것이 무엇인지, 사랑하며 살아간다는 것이 무엇인지를 몸소 보여주는 것입니다. 그 모습을 밑에 있는 사람들이 보고 감동을 받고 따라하는 것입니다. 이것이 하나님이 이스라엘에게 기대하신 본래의 모습입니다.

말라기는 에스라, 느헤미야와 동시대 인물입니다. 학개, 스가랴는 바벨론 귀환 1세대이고 에스라, 느헤미야는 그 이후의 인물입니다. 에스라가 가나안 땅으로 돌아왔을 때가 주전 458년이었고, 느헤미야는 주전 445년에 돌아왔습니다. 에스라, 느헤미야와 동시대 또는 몇 십

년 후에 사역한 예언자가 말라기입니다. 말라기가 사역했던 때는 주전 450년에서 400년 사이입니다. 말라기를 보면 3장에 십일조 이야기가 나옵니다. 그래서 목사님들이 십일조 이야기를 할 때 말라기 3장을 자주 인용합니다. 여기서 중요한 질문이 있습니다. 왜 말라기가 십일조에 대한 이야기를 하고 있을까요? 당시 이스라엘 백성들이 십일조를 내지 않았습니다. 십일조를 내지 않게 되면 어떤 일이 벌어지게 됩니까? 십일조를 통해 생계를 유지하던 사람들의 삶이 벼랑 끝으로 몰리게 됩니다. 십일조를 내지 않는 것은 공동체 안에 있는 소자들을 돌보지 않는 행위입니다. 이스라엘이 가나안 땅에 들어간 직후에 지파 별, 가문 별, 가족 별로 땅을 분배 받았습니다. 이스라엘이 가나안 땅에 정착하게 되었을 때 모든 가족들은 땅을 분배 받았습니다. 그러다가 솔로몬 때 강제 노역에 시달리게 되면서 자신의 땅을 빼앗긴 사람들이 생겨나게 된 것입니다. 그러면서 이스라엘 공동체 안에 부익부빈익빈의 양극화가 발생하게 되었습니다.

십일조는 스스로 생계를 꾸려갈 수 없는 사람들을 도왔던 사회 복지 구제 기금입니다. 가나안 땅에 이스라엘이 정착했을 때 농사지을 자기 땅을 분배 받지 못한 사람들이 누구입니까? 레위인입니다. 스스로의 힘으로 살아갈 수 없는 사람들의 대표가 누구입니까? 고아와 과부입니다. 구약에서 고아와 과부는 바늘과 실처럼 한 짝으로 등장하고 있습니다. 구약 시대 아버지가 없는 사람을 고아라고 불렀습니다. 오늘날에는 아버지와 어머니가 없는 사람을 고아라고 하지만 구약 시대에는 아버지가 없는 사람이 고아입니다. 남편이 없는 사람은 과부입니다. 한 집안에서 가장이 죽게 되면 아내는 과부가 되는 것이고 자녀들은 고아가 되는 것입니다. 그래서 고아와 과부는 항상 함께 등장합니다. 이때는 가부장 사회였기 때문에 자신의 몸을 파는 창기 외에는 여성들이 돈을 벌 수 있는 기회가 거의 없었습니다. 그러니까 가장이 죽게 되면 고아와 과부는 먹고 살아갈 길이 막막했습니다. 이때 이러한 밑바닥 인생들의 삶을 돌보도록 하기 위해서 하나님께서 만드신 안전장치가 십일조입니다. 십일조는 원래 헌금이 아닙니다. 사회 복지를 위한 구제 기금입니다. 일종의 구제세라고도 할 수 있습니다. 그래서 세금 조(租)를 써서 십일조라고 했습니다. 이것을 잘 구별해야 합니다. 구약 시대 십일조는 세금이고 성전세도 세금입니다. 오늘날 헌금이라고 할 수 있는 것은 레위기 1~5장에 나오는 5대 제사입니다. 번제, 소제, 화목제, 속죄제, 속건제는 자발적 헌금이며 십일조는 세금입니다. 무엇을 위한 세금입니까? 스스로의 힘으로 살아갈 수 없는 사람들을 돕기 위해 냈던 사회 보장 구제 기금입니다.

이스라엘은 정치와 종교가 일원화된 사회였습니다. 이스라엘은 하나님을 믿는 신앙 공동체로 이스라엘 자체가 정치 공동체임과 동시에 종교 공동체였습니다. 이스라엘에서 냈던 세금이 십일조였습니다. 그런데 주전 5세기에 문제가 벌어졌습니다. 이때는 페르시아 제국이 이스라엘을 지배할 때입니다. 페르시아는 이스라엘을 지배하면서 이스라엘 백성들에게 엄청난 세금을 부과했습니다. 대표적인 것이 토지세입니다. 그 외에도 소득세, 통행세, 인두세와 같은 세금을 부과했습니다. 한번 생각해 보십시오. 구약 시대에는 십일조를 일 년에 한 번 냈습니다. 왜냐하면 농경사회였기 때문입니다. 오늘날처럼 노동하며 월급을 받는 구조가 아닙니다. 한 해 농사를 짓고 나면 그 해 수확물 가운데 10분의 1을 십일조로 낸 것입니다. 예를 들면 일 년에 100만 원을 벌었다고 가정해 보십시오. 그러면 100만 원 가운데 10만 원을 사회 보장 구제 기금으로 내는 것입니다. 그런데 페르시아 식민 지배를 받게 되는 순간 토지세, 소득세, 통행세, 인두세와 같은 세금들을 내게 되는데 이것들을 합하면 총 소득의 15% 이상이 됩니다. 내가 100만 원을 번다면 15~20만원을 페르시아 제국에 세금으로 낸 것입니다. 거기에 십일조까지 내게 되면 25~30만원이 세금으로 나가게 됩니다. 그러면 남은 70만원을 가지고 생활해야 하는데 70만원으로 생활하는 것이 현실적으로 쉽지 않았습니다.

이런 상황에서 이스라엘 백성들은 어떻게 했을까요? 이방 제국에는 세금을 납부하고 십일조는 내지 않게 된 것입니다. 왜 그렇게 했을까요? 이방 제국에 세금을 내지 않으면 처벌을 받습니다. 토지세를 내지 않으면 토지를 빼앗깁니다. 소득세를 내지 않으면 감옥에 갇힙니다. 이방 제국이 부과하는 세금을 내지 않으면 처벌을 받게 되지만 십일조는 처벌 조항이 없습니다. 십일조는 자발적으로 내는 것입니다. 옛날에는 100만원을 벌면 십일조로 10만원을 내고 남은 90만원을 가지고도 생활할 수 있었습니다. 그런데 페르시아 제국이 엄청난 세금을 부과하는 시점부터 페르시아 제국이 부과하는 세금을 다 납부하고 거기다 십일조까지 내면 먹고 살기가 어렵습니다. 이때 이스라엘 백성들이 페르시아 제국이 부과하는 세금은 처벌 조항으로 인해 어쩔 수 없이 납부했지만 십일조는 처벌 조항이 없으니까 점점 내지 않게 된 것입니다. 그러면 어떤 일이 벌어지게 될까요? 악순환이 반복됩니다. 자기 수입이 있는 사람들이 십일조를 내지 않게 되면 십일조를 받아서 먹고 살아야 하는 사람들의 삶이 벼랑 끝으로 몰리게 됩니다. 그들이 무엇을 먹고 살 수 있겠습니까? 삶의 벼랑 끝에 몰린 밑바닥 인생들의 절규가 극에 달한 상황에서 나온 말씀이 말라기 3장 10절입니다. 여기서 십일조를 내라는 말은 삶의 벼랑 끝에 몰린 사람들을 돌보라는 것입니다. 스스로의 힘으로 살아갈 수 없는 연약한 자들을 돌보라는 것입니다. 그들을 살리기 위해 수고하라는 것입니다. 그러면 하나님이 너희를 살려주겠다는 것입니다. 이것을 말하고 있는 본문이 말라기 3장 10절입니다.

말라기 3장 10절은 너희가 하나님께 투자한 것 이상으로 너희가 회수할 것이라는 말씀이 아닙니다. 공동체 안에 있는 가장 연약한 자들을 돌보면 하나님께서도 우리의 삶을 책임져 주시겠다는 말씀입니다. 말라기에 나오는 십일조에 대한 내용을 제대로 이해하려면 구약의 십일조가 사회 보장 구제 기금이었다는 것을 기억해야 합니다. 그리고 말라기 시대 이스라엘 백성들이 십일조를 내지 않은 이유, 그들이 십일조를 내지 않는 것으로 인해 발생한 사회 경제적 문제를 주목해야 합니다. 십일조 납부에 대한 강조의 말씀을 통해 우리는 나도 먹고 살기 어렵지만 나보다 더 힘든 사람들이 있다는 것을 기억해야 합니다. 무엇보다 삶의 벼랑 끝으로 몰린 이웃의 삶을 수수방관하고 방치하지 않아야 합니다. 그들을 도와야 합니다. 그러면 하나님께서 우리 삶도 책임져 주신다는 것이 이 말씀의 핵심입니다.

말라기 1장 2~3절입니다.

여호와께서 이르시되 내가 너희를 사랑하였노라 하나 너희는 이르기를 주께서 어떻게 우리를 사랑하셨나이까 하는도다 나 여호와가 말하노라 에서는 야곱의 형이 아니냐 그러나 내가 야곱을 사랑하였고 에서는 미워하였으며 그의 산들을 황폐하게 하였고 그의 산업을 광야의 이르들에게 넘겼느니라.

본문은 번역이 조금 아쉽습니다. 여기서 하나님께서 야곱은 사랑했고 에서는 미워했다고 생각하기 쉽습니다. 본문은 '사랑했다', '미워했다' 로 번역하기보다는 '더 사랑하고', '덜 사랑하고' 로 번역하는 것이 좋습니다. 하나님은 누군가를 사랑하기 위해 누군가를 미워하시는 그런 분이 아닙니다. 하나님은 야곱을 더 사랑하신 것입니다. 그렇다고 에서를 미워하셨습니까. 에서를 포기하셨습니까? 창세기 어디에도 하나님께서 에서를 미워하거나 버리셨다는 표현이 나오지 않습니다. 에서는 야곱에 비해 덜 사랑 받은 것입니다. 야곱은 더 사랑하셨고 에서는 덜 사랑하신 것입니다. 그러면 덜 사랑 받은 에서의 입장에서는 기분 나쁠 수 있지 않겠습니까? 여기서 기억해야 할 것이 달란트 비유입니다. 하나님께서 누군가에게 더 큰 사랑을 주실 때에는 하나님이 기대하시는 바가 있습니다. 하나님이 주신 사랑은 내가 소유하고 끝나는 것이 아닙니다. 받은 만큼의 몫을 남겨야 합니다. 다섯 달란트를 받았으면 다섯 달란트를 남겨야 합니다. 두 달란트를 받았으면 두 달란트를 남겨야 합니다. 그렇게 하면 똑같이 착하고 충성된 종이라는 칭찬을 받게 됩니다. 하나님께 더 많은 사랑과 은혜를 받은 자들은 더 많은 몫의 순종을 해야 하는 것입니다. 더 많은 사랑을 받았다는 것이 반드시 기쁨이 되는 것이 아닙니다.

말라기 1장 2~3절과 유사한 번역이 로마서 9장 21절에도 나옵니다. 바울은 토기장이 이야기를 통해서 귀히 쓸 그릇과 천히 쓸 그릇을 구분합니다. 여기도 마찬가지입니다. 그릇 가운데 천히 쓰는 그릇이 어디 있습니까? 여기서 천히 쓴다는 것은 덜 귀하게 사용된다는 것이고 평범하고 일반적인 그릇으로 사용된다는 것입니다. 하나님은 누군가는 사랑하고 누군가는 미워하는 분이 아닙니다. 누군가는 더 사랑하고 누군가는 덜 사랑하십니다. 누구에게는 다섯 달란트를 주시고 누구에게는 두 달란트를 주십니다. 그럼 덜 사랑 받은 사람, 더 적은 달란트를 받은 사람은 기분이 나쁠 수도 있지 않겠습니까? 여기서 기억해야 할 것이 달란트 비유입니다. 달란트 비유의 핵심은 내가 달란트를 받고 내 소유로 끝나는 것이 아니라는 것입니다. 하나님께 받은 사랑, 하나님께 받은 은혜는 그만큼의 몫을 남길 책임이 있는 것입니다. 하나님께 더 많은 달란트를 받았다고 해서 우쭐거릴 필요도 없는 것이고 적은 달란트를 받았다고 해서 위축될 필요도 없는 것입니다.

말라기 1장 8절입니다.

만군의 여호와가 이르노라 너희가 눈 먼 희생제물을 바치는 것이 어찌 악하지 아니하며 저는 것, 병든 것을 드리는 것이 어찌 악하지 아니하냐 이제 그것을 너희 총독에게 드려 보라 그가 너를 기뻐하겠으며 너를 받아 주겠느냐.

하나님께 예물을 바치면 그 예물을 기쁘게 열납하실 것이라고 생각합니다. 그런데 하나님께서 사람들의 인식에 대해 문제 제기를 하십니다. 그렇다면 오늘 우리의 예배와 예물을 하나님이 기뻐 열납하실까요? 한국 교회 예배에는 변화가 필요합니다. 우리들이 주일마다 드리는 예배에는 성령이 역사하실 틈이 없습니다. 대형교회에서는 주일 4부, 5부 예배를 드리면서 대표기도 3분, 설교 25분으로 모든 순서마다 시간이 정해져 있습니다. 한 편의 연극처럼 물 흐르듯 자연스럽게 순서가 진행됩니다. 성령이 역사하실 틈을 주지 않습니다. 정해진 대본대로 진행되어야만 예배가 끝난 후에 뿌듯함을 느낍니다. 이것은 교인들을 청중으로 하는 한 편의 잘 짜인 공연을 하는 것 아닙니까? 우리가 찬양을 드리다가 하나님의 강력한 감동이 있다면 그 찬양을 2번, 3번 반복해서 부를 수 있는 것 아닙니까? 설교자가 설교를 25분 준비했는데 하나님께서 무엇을 더 선포하라고 역사하신다면 40~50분 설교할 수 있는 것 아닙니까? 그러면 어떻게 되는가 하면 주차 전쟁이 일어납니다. 주차 전쟁이 반복되면 교인들은 좀 더 편안한 교회로 이동합니다. 그래서 절대로 그렇게 할 수 없습니다. 성령이 돌발적으로 역사하시면 안 되는 것입니다. 준비된 콘티에 따라 진행되어야지 절대 성령이 역사하시면 안 됩니다. 이것을 예배라고 할 수 있습니까? 그래서 저는 4~5부 예배를 드리는 것에 대해 반대합니다.

말라기 2장 8절입니다.

너희는 옳은 길에서 떠나 많은 사람을 율법에 거스르게 하는도다 나 만군의 여호와가 이르노니 너희가 레위의 언약을 깨뜨렸느니라.

말라기 시대에도 이스라엘은 전체적으로 타락했습니다. 바벨론 포로기 이후였지만 여전히 하나님 앞에서 온전히 서지 못한 것입니다. 그런데 그 타락의 주범이 누구입니까? 레위인, 즉 목회자입니다. 오늘날도 마찬가지입니다. 목회자가 누구입니까? 하나님께 전적으로 자신을 헌신하기로 결단한 사람입니다. 저는 개인적으로 저분이 목회자인지 삯꾼인지를 구별하는 나름의 잣대가 있습니다. 일단 호텔을 자주 들락날락하는 사람은 삯꾼일 가능성이 높습니다. 교인들과 비싼 식당에 가서 자주 식사하는 사람도 삯꾼일 가능성이 높습니다. 교인들과 김치찌개를 먹으면 안 됩니까? 꼭 고급 호텔에 가서 식사해야 합니까? 결국 돈 있는 교인들이 목사를 독점하게 되는 것입니다. 여러분들은 절대 이런 삯꾼들과 어울리지 마시기 바랍니다. 그런데 한국 교회는 이런 삯꾼들이 교단에서 왕 노릇하고 있습니다. 그래서 한국 교회는 개혁이 불가능합니다. 다시 말씀드리지만 한국 교회는 개혁이 불가능합니다. 왜 그런지 아십니까? 목사들 때문에 안 됩니다.

한국 교회는 무자격 목회자들을 양산하고 있습니다. 목사 10명 가운데 5명이 정상적인 신학 교육을 받지 않았을 것입니다. 신대원도 면접만 보고 입학하는 곳이 너무도 많습니다. 저는 수십 년 동안 목회자들을 만났지만 성경에 자신의 인생을 거는 목회자들을 거의 만나지 못했습니다. 이런 목회자들에게 목양 받고 있는 상황에서 무슨 선한 열매를 기대할 수 있겠습니까? 교회가 타락하게 되는 것에 대해 심각하게 생각해야 합니다. 타락한 교회에 상처 입은 사람들이 무신론자가 됩니다. 타락한 교회가 무신론자들을 끊임없이 양산해내고 있습니다. 교부 키프리언은 "교회 밖에는 구원이 없다"고 했습니다. 오늘날 이런 주장이 부메랑이 되어 교회를 향해 돌진해오고 있습니다. 세상 사람들은 교회를 향해 이렇게 말합니다. 그러면 "교회 안에는 구원이 있는가?" 교회는 지속적으로 "교회 밖에는 구원이 없다"고 말해왔는데 오늘날 세상 사람들은 교회를 향해 "그러면 교회 안에는 구원이 있는가?"라고 역으로 질문하고 있습니다.

마지막으로 말라기 3장 10절입니다.

만군의 여호와가 이르노라 너희의 온전한 십일조를 창고에 들여 나의 집에 양식이 있게 하고 그것으로 나를 시험하여 내가 하늘 문을 열고 너희에게 복을 쌓을 곳이 없도록 붓지 아니하나 보라.

앞에서 말씀드린 것처럼 이 말씀을 오해하시면 안 됩니다. 내가 하나님께 십일조를 많이 내게 되면 내가 바친 것 이상으로 하나님께서 복을 주실 것이라는 말이 아닙니다. 공동체 안에서 가장 연약한 자들을 너희가 책임져주면 내가 너희들의 삶을 책임져 주겠다는 하나님의 약속의 말씀입니다. 십일조는 사회 보장 구제 기금입니다. 스스로의 힘으로는 살아갈 수 없는 사람들, 생산력이 없는 사람들을 돕는 구제세입니다. 그런 의미에서 십일조 헌금을 받으면서 구제 헌금을 따로 작정하는 교회는 잘못된 교회입니다. 십일조가 구제 세금 아닙니까? 그런데 십일조도 받고 구제 헌금도 받는 것은 진짜 말도 안 되는 것입니다. 십일조가 무엇인지를 모르기 때문에 이런 일이 일어나고 있는 것입니다. 한국 교회는 십일조를 내라는 강조는 많이 하면서도 교인들이 낸 십일조를 십일조의 용도대로 사용하지 않습니다. 이것은 옳지 못한 일입니다. 너무 다양한 종류의 헌금이 있는데 이것도 건강한 교회의 모습이 아닙니다. 이상으로 예언서 강의를 마치고 질문 받겠습니다.

Q 소선지서 12권이 하나의 묶음으로 묶여 있다고 하셨는데요. 그러면 12권은 저자도 다르고 통일성도 갖고 있는 것이 아니지 않습니까? 소선지서에서 미가가 중심이라고 하셨는데 그러면 소선지서 12권이 예레미야나 이사야처럼 기승전결로 연결된 책은 아닌 것인가요?

A 그렇지 않습니다. 신학자들의 논문 중에는 호세아부터 말라기까지 12권을 구조로 분석하여 소선지서의 통일성을 말하는 것도 많이 있습니다. 이것을 신학에서는 엑스자 구조라고 합니다. 엑스를 그리게 되면 A B C D C′ B′ A′ 의 구조가 됩니다. 예를 들면 처음에 호세아와 마지막에 말라기는 형식적인 예배에 대한 비판이라는 동일 주제를 가지고 있습니다. 처음 본문과 마지막 본문의 주제가 상응하는 것입니다. 그리고 '여기(A B C)와 여기(C′ B′ A′)가 상응하고 그 중간이 바로 미가(D)다' 라는 식으로 호세아부터 말라기까지를 하나의 구조로 이해하려는 시도들이 있습니다.

Q 한국 교회가 새로워지기 위해서 가장 역점을 두어야할 것이 무엇일까요?

A 한국 교회가 새로워지려면 말씀으로 돌아가는 것 외에 다른 길이 없습니다. 비록 우리의 삶이 부담스럽다 하더라도 말씀 앞에 정직하게 서야 합니다. 말씀으로 우리의 의식을 바꾸어 내고 말씀에 근거

한 새로운 문화를 만들어 내야 합니다. 무엇보다 세속화된 교회 안의 잘못된 모습들을 과감하게 청산하는 개혁의 후예다운 모습이 일어나야 합니다. 우리가 기억해야 할 것은 하나님의 말씀에 순종할 때 성령 하나님께서 우리를 도와주실 것이라는 확신입니다. 저는 이것을 믿습니다.

예언서 강의

| 이사야 - 말라기 |

지은이 | 양진일
초판 발행 | 2024. 6.14

등록번호 | 제 2022-000023호
펴낸이 | 이현걸
펴낸곳 | 미션앤컬처

주소 | 서울시 동작구 여의대방로 22길 121
전화 | 02-877-5613/010-3539-3613
팩스 | 02-877-5613
E-mail | missionlhg@naver.com

표지 디자인 | 이시우
내지 디자인 | 정영수
인쇄 | (주)한솔에이팩스